2019/2020

中国家用纺织品行业发展报告

2019/2020 ZHONGGUO JIAYONG FANGZHIPIN HANGYE FAZHAN BAOGAO

中国家用纺织品行业协会　编著

中国纺织出版社有限公司

内 容 提 要

《2019/2020中国家用纺织品行业发展报告》分为七篇。行业报告篇介绍并分析了2019年家纺行业的运行情况及未来发展趋势，对布艺行业从规模结构到发展能力进行了深度分析。国际动态篇根据联合国商贸数据库的数据资料，对2018年全球家纺贸易特点及主要出口国家进行了分析论述，重点分析了2019年我国家纺进出口情况。国内市场篇分别从全国大型零售市场、全国纺织专业市场对2019年家纺内销市场做出系统分析，并着重分析了床上用品零售市场的运行情况及发展趋势。上市公司篇分别对家纺行业主板上市公司和新三板上市公司2019年的生产经营情况及发展特点进行了分析综述。专家论坛篇介绍了企业面对充满不确定性的经济环境、消费变迁与科技进步，如何获取系统性成长；并介绍了与家纺行业密切相关的家具行业的最新发展现状，为家纺行业的发展寻求新机遇。研发创新篇着眼家纺时尚与文化创新力，对中国家纺协会2019年举办的三个全国性的家纺设计大赛成果进行了总结，并发布了2020~2021年家纺流行趋势。相关产业篇涵盖了与家纺产业链密切相关的棉纺织、化纤、印染及缝纫行业的年度运行情况。另外，附录部分收录了2019年度各类奖项及相关经济数据等资料。

本书是一部集中反映家用纺织品行业年度发展情况与趋势的研究报告，旨在为相关企业、部门机构科学决策和国家宏观经济管理提供权威性和指导性的参考依据。

图书在版编目（CIP）数据

2019/2020中国家用纺织品行业发展报告 / 中国家用纺织品行业协会编著 .-- 北京：中国纺织出版社有限公司，2020.8

ISBN 978-7-5180-7719-9

Ⅰ.①2… Ⅱ.①中… Ⅲ.①纺织工业—工业发展—研究报告—中国—2019-2020 Ⅳ.① F426.81

中国版本图书馆 CIP 数据核字（2020）第 140110 号

责任编辑：孔会云　　责任校对：王花妮　　责任印制：何　建

中国纺织出版社有限公司出版发行
地址：北京市朝阳区百子湾东里A407号楼　邮政编码：100124
销售电话：010—67004422　传真：010—87155801
http://www.c-textilep.com
中国纺织出版社天猫旗舰店
官方微博http://weibo.com/2119887771
北京华联印刷有限公司印刷　各地新华书店经销
2020年8月第1版第1次印刷
开本：889×1194　1/16　印张：15.25
字数：301千字　定价：268.00元
京朝工商广字第8172号

《2019/2020中国家用纺织品行业发展报告》
编辑委员会

序 Foreword

当前，我们正处在一个特殊的时期。2019年全球经济增速放缓，主要发达经济体增长动力不足，新兴经济体下行压力加大。2020年更是不平凡的一年，新冠肺炎疫情的全球蔓延，极大抑制了国内外经济发展，中美贸易摩擦的走向仍具不确定性，国际贸易大受影响。但同时也要看到挑战中蕴藏的重大机遇，在本书完成组稿之际，我国成功召开"两会"，今年的两会是在新冠肺炎疫情防控常态化的特殊背景下召开的，意义非凡，中国纺织行业在本次疫情中的快速反应、积极作为，也让大众充分感受到了中国制造的强大。自豪之余也应思考，家纺行业如何强化中国品牌，提升文化自信与世界时尚话语权，压力与变局之下，迫切要求我们把握机遇，开拓思路，融合创新，转型升级，向"绿色、科技、时尚"的产业发展。

《2019/2020中国家用纺织品行业发展报告》在维持原有风格的基础上，继续深挖行业研究，发布我国"家纺布艺产业的研究报告"，清晰展现布艺行业发展现状与趋势。在"专家论坛"栏目中，特约中国家具协会为本书撰写"我国软体家具产业现状与发展趋势"，以相关行业视角呈现家纺布艺发展情况；特别刊登"刷新大变局时代的成长优势"，此文是"2019中国纺织创新年会"演讲内容，阐述了企业如何面对充满不确定性和多种可能性的经济环境、消费变迁与科技进步，获取系统性成长，以期开拓行业发展思路。

《中国家用纺织品行业发展报告》自问世以来，获得了业界和社会的多方关注和好评。编著人员进行了大量工作，最后形成行业发展报告。虽然还有不尽完善之处，但中国家纺行业协会一直努力，力求把《中国家用纺织品行业发展报告》打造成一部集中反映行业年度发展情况与趋势的研究报告，为产业发展升级提供服务指南。

最后，本书在编写过程中得到了社会各界人士的大力支持、真诚鼓励和热心帮助，在此本人代表中国家纺行业协会向相关单位及个人表示衷心的感谢！

杨兆华

2020年6月

目录 Contents

行业报告

国际动态

国内市场

上市公司

专家论坛

研发创新

相关产业

附 录

行业报告

2019年中国家用纺织品行业运行特点及2020年展望

杨兆华　王冉

2019年国际贸易环境更趋复杂，国内外风险挑战明显增多，内外市场需求放缓、综合成本持续提升，多重因素导致家纺行业主要经济运行指标出现回落，行业运行压力较大。与此同时，家纺行业继续深入供给侧改革，注重提升产品内在质量及品牌核心竞争力，积极调整产业结构，多维度探索产业融合和发展之路，勇于面对机遇和挑战，推动行业向高质量发展方向迈进。

一、2019年家纺行业运行概况

（一）下行压力加大，行业景气度回落

2019年我国家纺行业在内外销需求不足、期间费用上涨等原因的影响下，行业主营业务收入和利润总额均呈现不同程度的降幅。行业整体景气指数有所下降。

根据国家统计局数据显示（图1），2019年，全国1790家规模以上家纺企业实现主营业务收入1854.31亿元，同比下降3.19%；实现利润总额94.79亿元，同比下降7.34%。这是自2015年以来，家纺行业首次出现负增长。

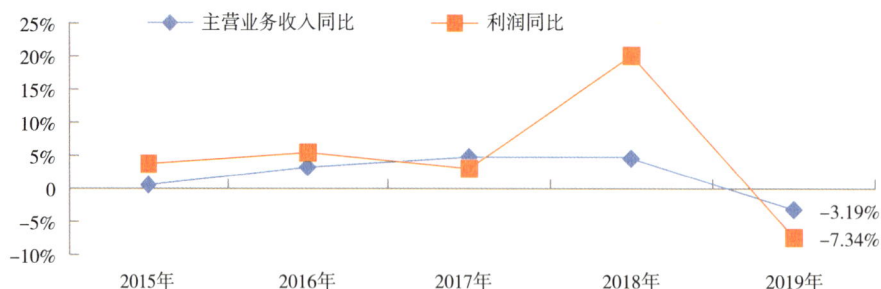

图1　全国家纺规模以上企业主营业务收入与利润增速走势
数据来源：国家统计局

2019年，家纺市场需求不景气，导致家纺价产品价格总体呈缓慢下降走势。据中国柯桥纺织指数网数据显示（图2），2019年家纺产品价格指数为105.23，较上年下降1.13个点。据中纺联"中国纺织企业经营管理者问卷调查"结果测算（图3），2019年家纺企业的产品销售

价格指数为47.93，较上年下降16.35%；盈利指数为50.70，较上年下降5.11%。

图2　2018~2019年家纺价格指数
数据来源：中国柯桥指数网

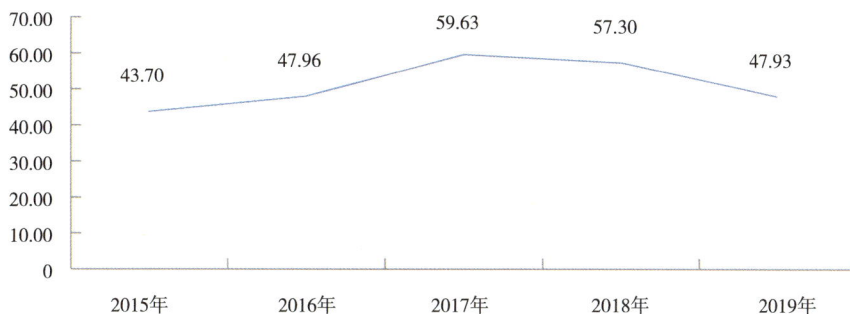

图3　2015~2019年家纺企业销售价格指数
数据来源：中国纺织企业经营管理者调查问卷

市场需求不旺，产品价格下降从而导致行业内销产值同比减少。据国家统计局数据测算（图4），2019年全国1790家规模以上家纺企业内销产值1317.19亿元，同比下降2.90%，是近五年以来首次出现负增长。

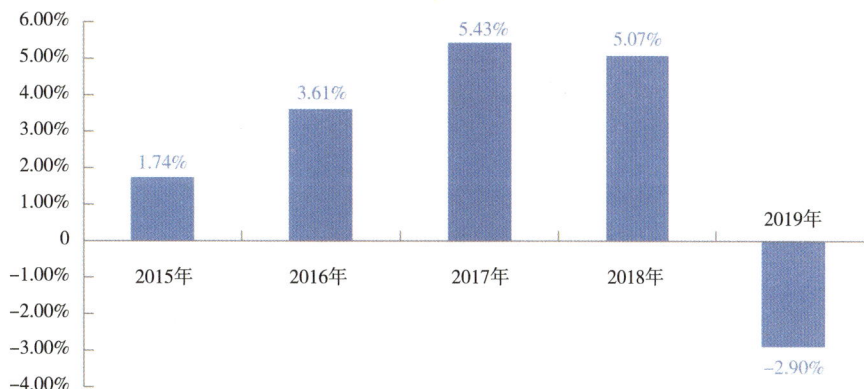

图4　全国规模以上家纺企业内销产值历年增长趋势
数据来源：国家统计局

2019年，家纺行业各项主营业务成本呈下降态势，但期间费用高涨从而影响了行业利润。据国家统计局数据显示，2019年全国规模以上家纺企业主营业务成本为1577.88亿元，同比下降4.45%。增速较近五年来有所下降。其中，原材料成本及用工成本均呈下降趋势。据中国纺联"纺织企业经营管理者问卷调查"结果显示（图5），2019年家纺企业的原材料购进价格指数为56.08，较前几年逐步回落；2019年家纺企业从业人员指数为47.69，较上年下降1.71个点。

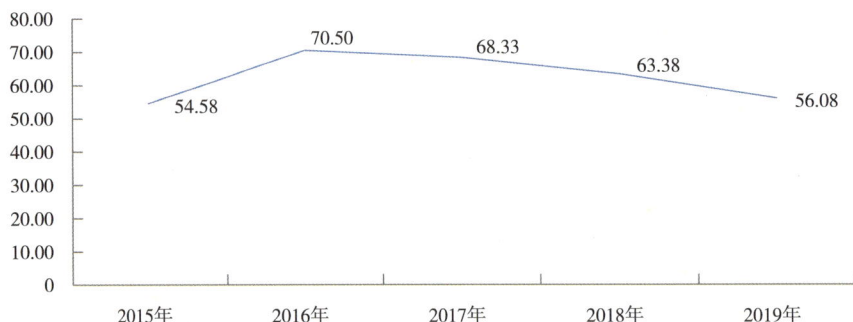

图5　2015~2019年家纺企业原材料购进价格指数
数据来源：中国纺织企业经营管理者调查问卷

三项费用的提升，进一步挤压了行业的利润空间。据国家统计局数据测算（图6），2019年全国规模以上家纺企业的营业费用、管理费用及财务费用合计同比提高2.09%，三费比例较上年扩大8.74%。

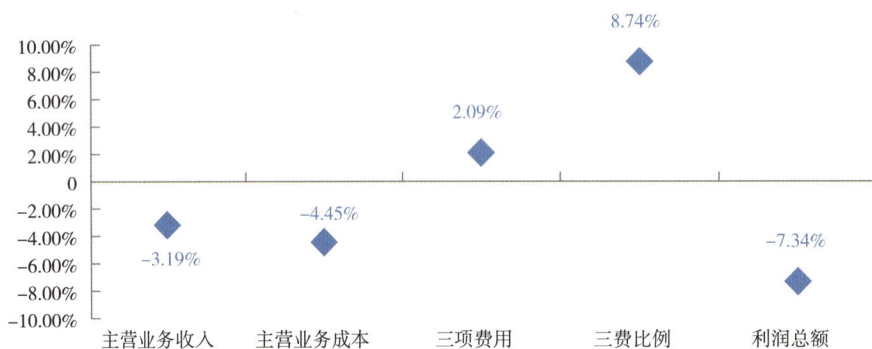

图6　2019年全国规模以上家纺企业主要指标增幅
数据来源：国家统计局

据中国柯桥纺织指数网数据显示（图7），2019年家纺行业景气指数为1262.91，较上年下降9.16%；家纺行业流通景气指数1356.33，较上年下降7.92%；生产景气指数为1169.49，较上年下降10.61%。总体来看，受市场影响，行业主营业务收入下降，三项费用增加，影响了行业利润，从而给行业带来极大压力。

（二）主要市场维稳，推动出口小幅增长

据中国海关数据显示，2019年全国家用纺织品出口共计426.79亿美元，同比增长1.41%。

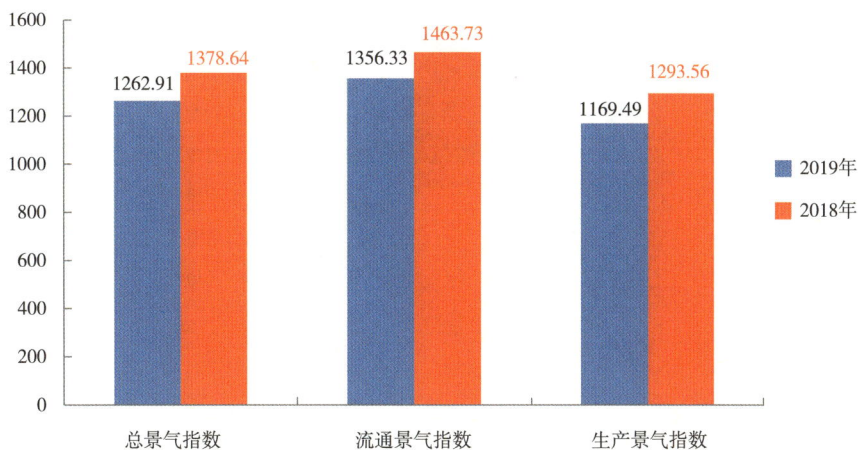

图7 全年家纺行业景气指数

数据来源：中国柯桥纺织指数网

从图8可以看出，近五年家纺行业出口贸易一直保持稳步增长，增速逐年提升。2019年，在复杂的国际贸易背景下，尤其是中美贸易摩擦及国际需求放缓的环境下，家纺行业出口贸易仍然保持了小幅增长，但增速较上年明显放缓。

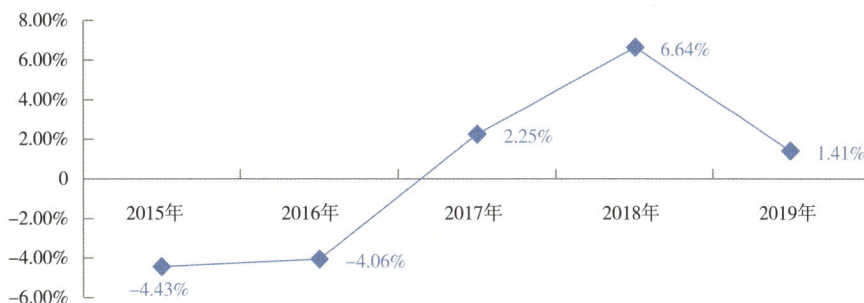

图8 2015~2019年我国家纺产品出口增速

数据来源：中国海关

　　维持出口小幅增长的原因，一方面是由于出口数量增长的拉动，另一方面是全球主要市场保持持平且新兴市场增长良好。据中国海关数据显示（图9），2019年我国家纺出口数量同比增长6.67%，全球几大出口市场的出口数量均有不同程度的增长；而单价同比呈下降趋势，中国海关数据显示2019年我国家纺出口单价同比下降4.39%。

　　从我国家纺出口的主要市场情况看（表1），2019年，我国对美国、欧盟、日本三大传统家纺市场成交额共计222.58亿美元，较上年基本持平，同比略降0.30%。受中美贸易摩擦影响，2019年我国对美国出口家纺产品同比下降0.96%，其中地毯出口同比下降26.09%，是几类出口产品中下降幅度最大的品类。日本市场则相对疲软，2019年对日本出口家纺产品同比下降1.31%。欧盟市场近几年一直保持相对稳定，2019年我国对欧盟出口家纺产品同比增长1.35%。

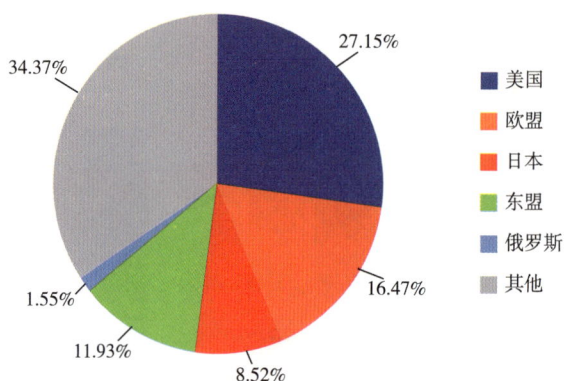

图9 2019年家纺几大出口市场所占份额
数据来源：中国海关

表1 2019年美国、欧盟、日本三大传统市场产品占比份额及同比增幅 (%)

产品类别	美国		欧盟		日本	
	占比	同比	占比	同比	占比	同比
家纺产品	100	−0.96	100	1.35	100	−1.30
床上用品	39.02	2.60	28.45	2.32	40.12	−4.28
布艺产品	14.09	−5.46	18.79	3.49	10.33	4.69
毛巾产品	4.21	−8.05	3.76	−12.31	10.06	−2.25
地毯	4.47	−26.09	7.50	3.94	9.81	−1.28
毯子	10.64	12.95	8.48	−7.53	5.32	−8.78
餐厨用纺织品	6.11	2.12	9.24	2.50	5.64	3.04
绳、边、线、带	2.66	−14.57	5.68	−4.85	2.79	9.02
其他制成品	18.81	−0.48	18.10	6.15	15.95	3.17

数据来源：中国海关

新兴市场东盟和俄罗斯则增长强劲。据中国海关统计（图10），2019年我国对东盟出口家纺产品共计50.90亿美元，占比为11.93%，份额超过日本，是目前我国的第三大家纺出口市场。且东盟市场近两年表现活跃，2019年出口额同比增幅高达13.90%。此外，俄罗斯市场也表现良好。据中国海关统计，2019年我国对俄罗斯出口家纺产品共计6.63亿美元，同比增长6.68%，增速高于我国家纺出口平均增速5.27个百分点。

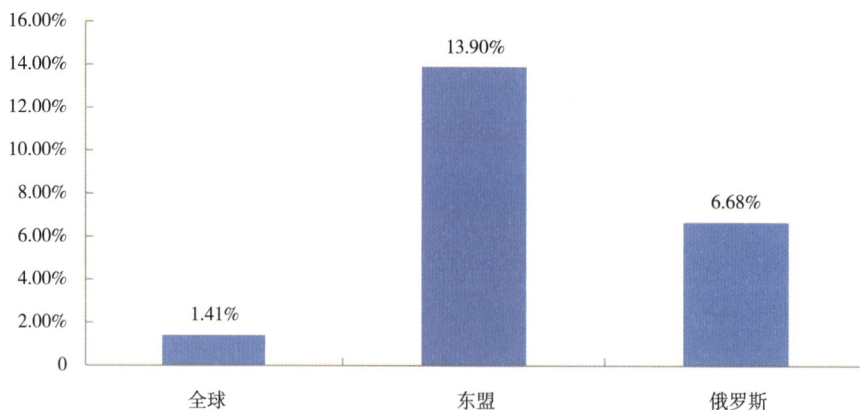

图10 2019年新兴市场家纺产品出口增速
数据来源：中国海关

从家纺出口产品类别情况看（表2），出口规模最大的是床上用品，占出口总额的30.86%，出口额较上年增长2.69%。其次为布艺类产品，占家纺出口总额的18.43%，同比略增0.04%。餐厨用纺织品是几类家纺出口产品中增长幅度最大的，较上年增长7.75%，占家纺出口总额的6.09%。与此同时，毛巾类产品出口额下降幅度最大，降幅为15.05%。在中美贸易摩擦影响下，地毯是美国对中国第二批2000亿美元产品加征关税中主要受影响的家纺产品，2019年地毯出口额同比下降2.24%。

表2　2019年各类家纺产品出口所占比重及同比增幅

产品类别	占比（%）	同比（%）
家纺产品	100	1.41
床上用品	30.86	2.69
布艺产品	18.43	0.04
毛巾产品	6.18	−15.05
地毯	6.86	−2.24
毯子	8.70	1.32
餐厨用纺织品	6.09	7.75
绳、边、线、带	8.51	4.52
其他制成品	14.37	6.72

数据来源：中国海关

2019年我国出口棉制家纺产品降幅较为明显。据中国海关数据统计（表3），我国出口的棉制毛巾、棉制床品、棉制絮胎、棉制刺绣装饰品等主要品类均呈现较大幅度的下降。尤其是毛巾类出口产品大都以棉为原料，2019年我国出口纯棉毛巾24.85亿美元，同比下降16.07%；其次为棉制床品，同比下降9.6%。

表3　2019年我国出口主要棉制家纺产品及增幅

项目	全球		其中：美国	
	金额（万美元）	同比（%）	金额（万美元）	同比（%）
棉制毛巾	248501	−16.07	47393	−7.64
棉制床品	148786	−9.60	45327	−11.33
棉制絮胎	15663	−9.69	2740	−28.51
棉制装饰织物制品	13378	−15.13	2734	−24.37
棉制餐桌用纺织品	8317	−9.46	3545	−14.20
棉制手帕	7586	−14.56	1353	−40.05
棉制纱罗及网眼织物	657	−19.36	22	−68.41

数据来源：中国海关

对主要市场美国出口的棉制家纺产品也呈现这一态势。据美国商务部统计，2019年我国对美国出口棉制家用纺织品出口额同比下降16.97%。据我国海关数据统计，2019年我国对美国出口的棉制家纺产品中所占份额最多的为毛巾和床品类产品，分别呈现−7.64%和−11.33%的降幅；棉制纱罗及网眼类织物和棉制手帕下降幅度最大，降幅分别为68.41%和40.05%。

（三）主要子行业下行压力大

1.床品行业降幅明显

2019年床品行业下行压力较大，内外需放缓、产品价格下降等多种原因对行业造成重大影响。据国家统计局数据显示（图11），全国973家规模以上床品企业实现主营业务收入995.05亿元，同比下降4.26%，近五年以来首次出现负增长局面，且下降幅度大于家纺行业平均水平。近几年床品行业效益增速普遍低于收入增速，2019年这一态势越发明显。据国家统计局数据显示，2019年全国973家规模以上床品企业利润总额43.31亿元，同比大幅下降22.63%，达到近五年来最低水平；行业利润率为4.35%，较上年同比下降1.03个百分点。协会跟踪的3个重点床品产业集群2019年利润总额同比下降12.55%，其中规模以上企业利润下降幅度较大，降幅为24.39%。

图11　全国规模以上床品企业主要经济指标增长趋势
数据来源：国家统计局

受内外销共同作用的影响，2019年床品行业出口增幅放缓。据中国海关数据统计，2019年我国出口床品同比增长2.69%，增幅较上年回落4.30个百分点。据国家统计局数据显示（图12），973家规模以上床品企业内销占比超过60%，内销产值679.04亿元，同比下降3.31%，近五年以来首次出现负增长；成本费用利润率为4.61%，较上年降低1.06个百分点。

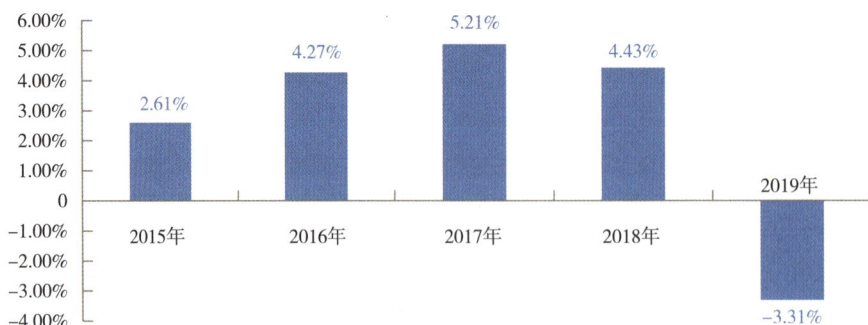

图12　全国规模以上床品企业内销产值历年增长幅度
数据来源：国家统计局

市场销售价格下降，三项费用占比提升，从而影响了床品行业的发展。据国家统计局数据显示，2019年全国规模以上床品企业的三费比例为9.17%，较上年增长3.90个百分点。据中国柯桥纺织指数网数据显示（图13），2019年床品行业价格指数为108.27，较上年下降2.44%。2019年床品行业总景气指数为1436.16，同比下降3.94%；流通景气指数1758.45，同比下降6.26%。

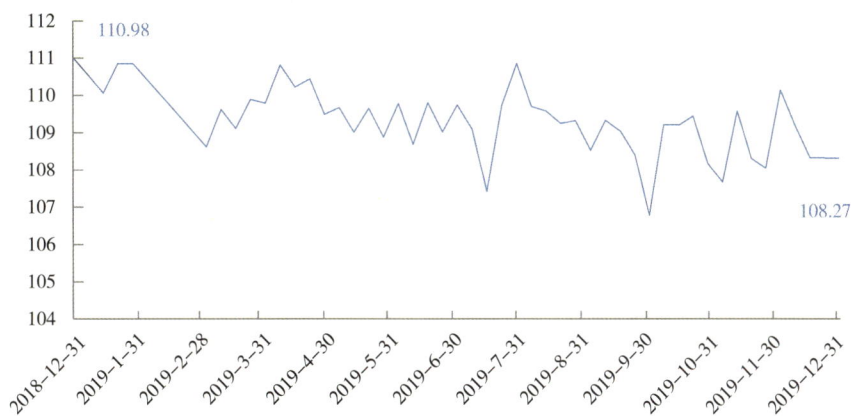

图13　2018~2019年床品价格指数

数据来源：中国柯桥指数网

2.毛巾行业收入下降，效益提升

据国家统计局数据显示，2019年全国231家规模以上毛巾企业的收入增速跌落至−8.09%（图14）。与此同时，毛巾企业的成本也得到有效控制，从而保证了行业利润维持平稳增长速度。

图14　全国规模以上毛巾企业主要经济指标增长趋势

数据来源：国家统计局

据我国海关数据显示，2019年我国出口毛巾产品共计26.36亿美元，同比下降15.05%。另据国家统计局数据显示（图15），231家规模以上毛巾企业中，内销占比达到75%以上，实现内销产值250.82亿元，同比下降10.60%，降幅达近五年中最大。内外销同时下降，严重影响毛巾行业收入。

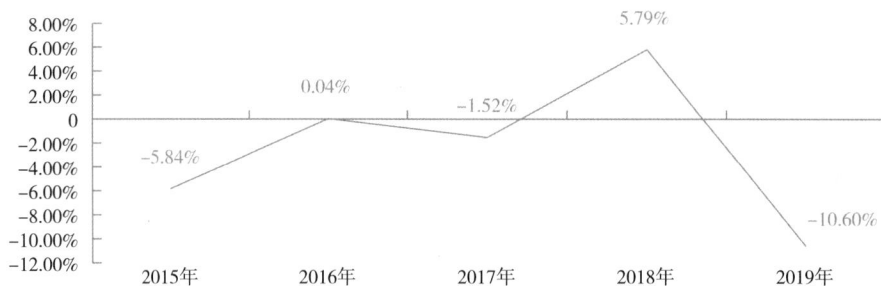

图15 全国规模以上毛巾企业内销产值历年增长趋势
数据来源：国家统计局

在较为严峻的形势下，毛巾行业更加注重成本控制、提升效率、保证行业效益维持正增长。2019年国家统计局统计的231家规模以上毛巾企业主营业务成本同比下降9.49%；利润总额同比增长1.81%，增速较前两年均有小幅增长。

原料成本下降对毛巾行业带来利好因素。毛巾行业普遍以棉为主要原料，2019年受外部不确定因素影响，国内棉花需求量减少，国内棉花价格同比下降对家纺行业的成本控制带来利好因素（图16）。另外，在国内外复杂的宏观环境压力下，企业更加注重有效地提高效率，降低能耗；注重创新，提高自动化水平，从而使成本得到有效控制。

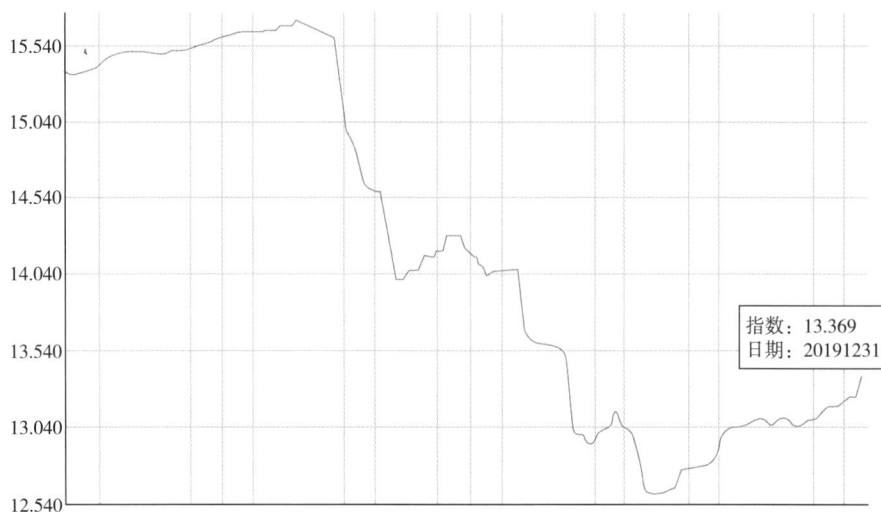

图16 2019年国内棉花（CCINDEX 3128B）价格走势
数据来源：中国纺织经济信息网

3.布艺行业增速放缓

布艺行业效益自2016年以来增速向好，2019年依然保持着收入与利润双增长的稳定局面，但增长速度均有所放缓。据国家统计局数据显示（图17），2019年全国242家规模以上布艺企业实现主营业务收入216.42亿元，同比增长4.17%，增速较前两年有所回落。2019年，布艺行业的效益在前几年20%左右的高增长基础上依然保持增长，但增速明显放缓。全国242家规模以上布艺企业2019年实现利润总额同比增长6.29%。

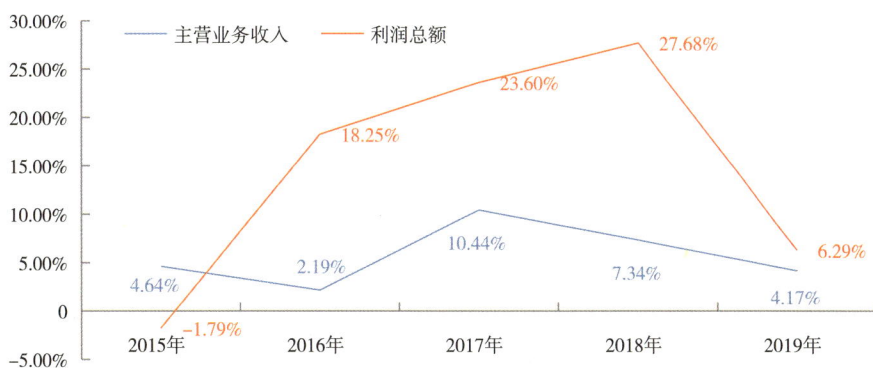

图17 全国规模以上布艺企业主要经济指标增长趋势
数据来源：国家统计局

2019年布艺行业受国内需求放缓影响，行业各项景气指数下降。据国家统计局数据测算（图18），布艺行业内销产值增速放缓，但依然保持了正增长态势。全国242家规模以上布艺企业内销产值同比增长7.32%，较上年回落5.57个百分点。

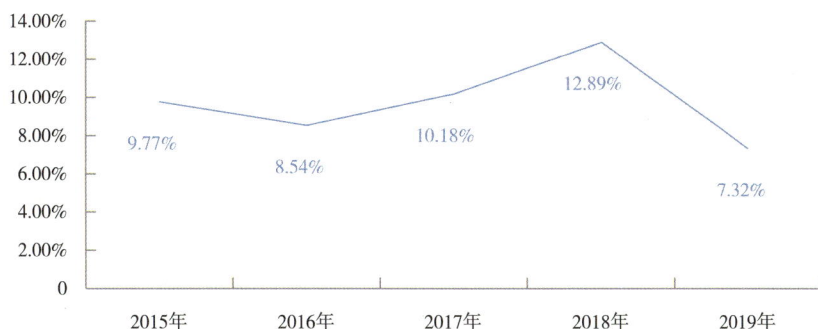

图18 全国规模以上布艺企业内销产值历年增长趋势
数据来源：国家统计局

据中国柯桥纺织指数网数据显示，2019年窗帘总景气指数下降11.53%，流通景气指数下降13.13%，生产景气指数下降9.54%，价格指数略降0.05%；窗纱总景气指数下降8.10%，流通景气指数下降4.62%，生产指数下降13.70%，价格指数下降0.29%。

二、行业2020年发展面临的机遇和风险

（一）疫情发展使行业内外销均受影响

自2020年1月以来，新型冠状病毒肺炎疫情在全国范围内的全面爆发，对于劳动力密集型的家纺行业产生了很大的影响。同时，随着疫情在海外的蔓延发展，对行业出口造成影响。

家纺企业普遍预计疫情对2020年上半年营业收入的影响达到10%~50%，其中预计减少20%~30%的企业相对较多。在疫情结束后一段时间内面临外贸订单流失及国际竞争加剧的情况，进一步增加了发展不确定性。企业预计上半年利润比上年同期会减少10%~50%。出口型

企业大多预计受疫情影响2020年上半年收入同比会减少10%~20%。

2020年全球经济总体将充满不确定性。国内宏观经济政策将更加着重稳增长、防风险，并将完善中小民营企业政策环境放在更重要位置。在宏观经济长期向好的基础上，为积极应对突发疫情对行业造成的不利影响，家纺行业将在政府帮助扶植下，多方面采取行动支持企业尽快复工、减轻企业税赋负担。家纺行业需要加强市场宣传与开拓，创新商业模式，以恢复消费信心。此次疫情也是推动企业内部经营管理数字化转型的契机，促进企业从生产、客户服务以及内部管理的数字化改造。突发疫情也让家纺企业看到了新的发展空间，健康、抗菌家纺产品在医疗等公共场所的应用将成为家纺行业的一个新增长点。

（二）中美贸易摩擦的不确定性增加海外市场压力

美国是世界主要的家纺产品消费市场，也是我国家纺产品出口最主要的国家。自2018年9月以来，美国先后对我国出口的地毯、毛巾、装饰辅料、餐厨用纺织品等约43亿美元的家纺产品加征关税，不仅给我国家纺产品的出口造成影响，同时对国际经济环境增加了更多不确定的风险因素。

在我国对美国出口的家纺品类中，睡袋、化纤床品件套、毯子、手帕、芯被类产品、装饰织物制品等产品在美国进口市场中占有主导地位，市场占有率基本都在70%以上。褥垫、床罩、窗帘、厨卫用纺织品、装饰布面料等产品在美国进口市场优势也较明显。而占比份额小于40%的棉制床品件套、毛巾、地毯这几类产品在美国的市场份额均不敌印度，排在第二位。同时，印度、巴基斯坦和土耳其也是全球重要的家纺产品制造与出口国，依托原料及劳动力成本等竞争优势，在美国占有非常重要的市场地位，是我国强劲的竞争对手。

目前中美双方的谈判磋商仍在进行，呈现积极良好的态势，但贸易不确定性因素仍然存在，严重影响家纺企业海外投资的信心。对此，家纺行业应积极展开思考，把握不确定，确保行业企业平稳健康发展。

（1）密切合作，确保绝对市场竞争优势。企业要密切保持与美国的经销商和零售商的沟通与合作，要求对方向美国有关政府部门将这些品类排除在加税清单外，确保企业出口稳定。

（2）做强自己，提升企业综合竞争力。加强精益生产管理，提高产品质量，利用我国完整产业链优势减少中间环节，降低成本，使产品性价比提高；持续推进企业的转型升级，由生产型企业向生产服务型企业转变，提高企业对美的直接出口比例和自主品牌的出口，提升企业的综合竞争力。

（3）加强技改，加快智能制造改造升级。加大研发和技术投入，提高企业智能化、数字化水平。不断优化产业链生产流程，培育建设全球具有品质、成本、交期绝对优势的智能制造家纺企业。

（4）布局全球，积极开拓多元国际市场。以国际化视野合理推进企业国际化布局，在国家"一带一路"政策引导下，利用投资国原材料优势、劳动力优势以及贸易政策优势，积极开展产能合作。在保持我国家纺产品对美国出口稳定的同时，进一步拓展"一带一路"沿线国家的贸易合作，以降低对美市场的依赖。

（5）反映诉求，积极争取国家政策支持。营造有利于出口生产企业的生态环境，不断完善进出口税政、税则，对相关原料进口给予支持。维护产业链的完整和提升，在产业集群中保持纺织印染等关键环节的生产稳定与发展。

三、行业发展趋势与重点方向

（一）深化供给侧结构性改革，提升产品质量、品牌核心竞争力

随着向往美好生活的消费者对家用纺织品质量、设计、品牌、安全性等方面要求越来越高，家纺行业面临着消费升级的重要机遇，提升家纺产品设计质量、推动家纺产业迈向中高端水平已成为行业共识。

2019年，家纺行业在质量提升、标准推进、团标引领等方面向前发展了一大步。《精品纯棉床上用品》《精品鹅绒被》《精品毛巾》《毛巾健康使用指南》《床品用涤棉提花转移印花布》5项与家纺相关的团体标准正式实施。随着全行业和企业质量管理意识的提升，供应链管理能力不断加强，各项标准体系的深入推进实施和不断完善升级。

在助推行业向高质量发展迈进的进程中，设计创新是引领发展的重要一环。2019年，家纺行业在培养设计师人才、传承与繁荣产业文化、积极推进产品设计研发等方面实现了重要发展。侧面反映出在新经济形势下，企业开始日益重视加强自身设计研发能力，大力培育设计人才，注重用产品设计创新提升品牌附加值和竞争力，努力实现由中国制造向中国创造转变。

（二）深入推进行业跨界合作，为行业发展拓宽新思路

在产业转型升级的重要时期，家纺企业为赢得更多产业升级先机和主动权，突破固有模式，以更快的频率进行自我革新和跨界尝试。2019年家纺行业从多维度将跨界合作引向深入，将行业向无界延伸，使行业与行业、企业与企业之间的融合变得更加紧密。

1.渠道跨界

与天猫家纺联合家纺品牌进行的渠道跨界，在春、秋两季家纺展上打造了主题为"25小时舒适上瘾"的潮流家纺展、"换个窗帘换个家"互联网家装新体验等活动，使家纺企业充分利用展会平台拓展跨界新模式。

2.技术跨界

2019年家纺行业与海尔集团的技术跨界实现进一步深入合作，打破了传统产业上下游封闭的商业模式，形成了一个洗衣机企业、家纺企业、洗涤剂企业等共创共赢的生态平台，为资源方、平台方实现价值增值和资源赋能，也为用户提供全流程的解决方案。

3.领域跨界

实现与家具行业的跨领域合作，通过直洽会、参观交流、"一对一"沟通等多种形式，精准匹配需求，让跨界合作真正落地。

4.电商跨界

直播与电商两者的结合已是现阶段购买转化率最高的营销方式，其经济效益已经大幅超越传统电商。这种快速成交的购物方式也正在倒逼整个供应链升级。跨领域、跨技术的交流

协作加快了行业实现数字化、智能化的步伐，推动了产业由生产型向生产服务型转变。

（三）推动"一带一路"贸易合作，为行业发展注入新能量

当前，全球产业呈现深度融合发展态势，家纺行业也借力"一带一路"推动海外布局，不断为产业升级与发展注入全新的能量。2019年，随着国际经济环境更加复杂多变，家纺企业"走出去"的意愿尤为强烈，行业考察交流的国际范围更加广阔。随着产业融合走向深入，原来的竞争者将转变成贸易合作伙伴。借助"一带一路"倡议的平台，家纺行业还将积极稳妥地开展全球布局，在尊重和沟通的基础上塑造企业共同的价值观，拓宽国际视野，兼顾社会责任，以此获得行业发展的新机遇。

综上所述，随着家纺行业抵御下行风险的韧性逐步增强，2020年，家纺行业仍将积极面对各种挑战和不确定性，坚持深化供给侧结构性改革，勇于探索新的发展路径，向着行业高质量发展不断迈进。

中国家用纺织品行业协会

我国家纺布艺产业的研究报告

杨兆华　魏启雄　王冉　刘丹

研究方法

布艺面料按幅宽可分为两大规格，沙发（家具）布幅宽多为140~150厘米，窗帘(装饰)布、窗纱、墙布的幅宽主要为280~300厘米。为便于统计和说明问题，设定145cm为标准幅宽，在2017年的基础数据上建立研究模型，按照市场端与产业端对照的分析方法进行研究。市场端由国内居家消费、社会消费和出口构成，产业端是对布艺产业集群和相关产业集群的统计和调查研究。

概述

布艺是家用纺织品行业的重要组成部分，布艺制品是指广泛用于室内悬挂（帘、幔）、墙面装饰（墙布、墙面软包、壁挂）、家具覆盖（布艺沙发、软体家具、台布、茶几布）以及各种枕、垫和其他室内布艺装饰物的纺织制品（包括布艺半制品和终端产品）。"布艺"一词是国内家用纺织品行业内流传和应用较广，具有约定俗成特点的专业词汇。"布艺"从字面上可解释为"布"的"艺术"，它突出了各类纺织装饰制品及其终端产品在室内软装饰中的装饰功能和审美性特质。

随着我国经济和消费水平的提高以及住房条件的改善，我国布艺产业得到迅速发展，产业格局不断完善，布艺产品品种日益丰富，用途越来越广泛。除居家生活用外，还广泛用于酒店、办公楼宇、交通工具、医院、养老院、学生公寓、影院等公共场所，对改善人们生活，提升生活质量具有越来越重要的作用。2017年，我国布艺行业在内外销市场上销售收入为3048亿元，其中国内市场规模为2225亿元，占73%；出口823亿元（其中直接出口709亿元，通过国内家具企业间接出口114亿元），占27%（图1）。

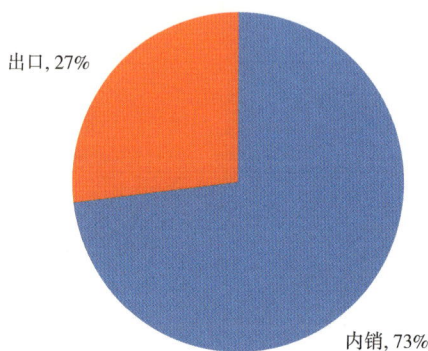

图1 2017年我国布艺内外市场价值比重

一、产能规模

（一）布艺面料年产量122亿米，产值1516亿元

2017年，我国布艺面料产量为122亿米，产值为1516亿元。从市场端来看，2017年我国布艺面料市场销量为111亿米，其中，窗帘（装饰）布53亿米，占47.8%；沙发（家具）布30.3亿米，占27.3%；窗纱15.6亿米，占14.1%；墙布12亿米，占10.8%（图2）。布艺产业产能分布见表1。

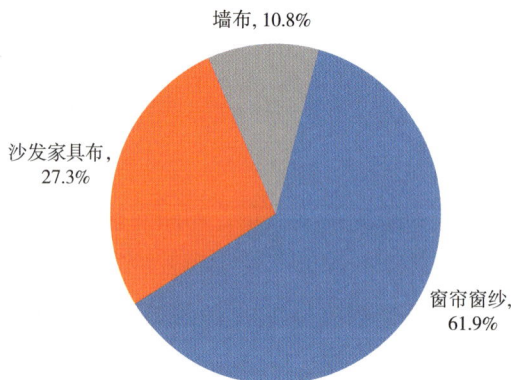

图2 2017年我国布艺面料主要品种年销产量构成

表 1 布艺产业产能分布

地区 / 行业	产量（亿米）	营收（亿元）	备注
六大布艺产业集群	87	821	
长丝织造集群	35	245	
经编集群	10	150	直销市场的部分
其他	20	300	
合计	122	1516	

注 六大布艺产业集群为许村、余杭、桐乡、柯桥、杨汛桥、义桥

布艺面料中，沙发（家具）布广泛用于布艺沙发、软包座椅、软床、床垫等软体家具。沙

发（家具）布内外市场规模为737亿元，其中，内销市场消费341亿元，占46.3%；面料及制成品出口282亿元，占38.2%；通过国内家具生产企业间接出口的面料价值114亿元，占15.5%（图3）。

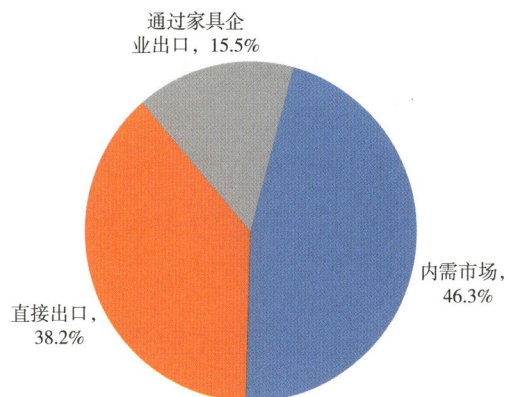

图3 沙发家具布内外销市场比重

（二）布艺面料年消耗纤维436万吨

2017年，我国布艺面料生产纤维原料用量为436万吨。其中，窗帘（装饰）布纤维消耗量为238.7万吨，占54.9%；沙发（家具）布纤维消耗量为151.6万吨，占34.8%；窗纱纤维消耗量为9.4万吨，占2.1%；墙布的纤维消耗量为35.9万吨，占8.2%（图4）。布艺生产主要纤维原料为涤纶、棉纤维、粘胶纤维和锦纶，2017年的用量分别为355.9万吨、20.9万吨、16.6万吨和10.5万吨（表2）。

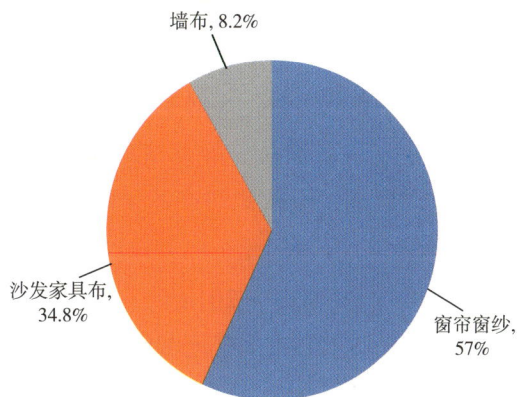

图4 2017年我国布艺面料主要品种原料消耗比重

表2 2017年我国布艺主要原料和消耗量

原料	消耗量（万吨）
涤纶	355.9
锦纶	10.5
棉	20.9
粘胶纤维	16.6
其他	31.8
合计	435.6

产业集群是我国纺织产业的重要组成部分，也是推动我国现代纺织产业发展的重要力量，截至2018年，全国已有216个地区与中国纺织工业联合会签署了产业集群试点关系，合计企业户数19.43万户，主营业务收入3.6万亿元，利润总额2195亿元，分别占纺织行业总量的41%、43%和45%。

我国布艺产业产能绝大多数集中在产业集群。浙江省是布艺产业规模发展较快、产业较为集中的地区，在杭州湾周边的区、县、镇形成了高集中度的布艺产业群体，已有5个地区被纺织工业联合会命名为产业特色名城（镇）（表3）。

表3　中国纺织工业联合会命名的布艺及相关产业特色名城（镇）

类别	地区	产业集群称号
布艺产业集群	浙江省杭州市余杭区	中国布艺名城
	浙江省海宁市许村镇	中国布艺名镇
	浙江省桐乡市大麻镇	中国沙发布生产基地
	浙江省绍兴市柯桥区杨汛桥镇	中国窗帘窗纱名镇
	浙江省杭州市萧山义桥镇	中国床垫布名镇
相关产业集群	浙江省海宁市马桥镇	中国经编名镇
	江苏省苏州市吴江区	长丝织造产业集群
	浙江省湖州市长兴县	长丝织造产业集群

1.杭州余杭——中国布艺名城

杭州市余杭区致力发展高档装饰布艺面料，形成了从研发设计到终端产品销售的全产业链，产品涵盖窗帘布艺、沙发布艺、床上用品、静电植绒、花式纱线等，其中中高档装饰布占全国生产和销售的比重较大。目前，余杭家纺产业集群有上千家家纺企业，从业人员6万余人，其中规模以上企业153家，产值超亿元企业35家，拥有各类织机2万余台，年产布艺面料超10亿米，其中沙发（家具）布8亿米。2018年，余杭家纺153家规模以上纺织企业实现工业产值125.86亿元，主营业务收入123.16亿元，利润4.24亿元，纳税3.33亿元。形成了一批在行业内有较大影响的骨干企业，并正努力加快外贸转型升级，从传统的家纺制造基地向家纺研发设计基地、品质品牌基地发展。2015~2018年余杭家纺主营业务收入增速如图5所示。

2.海宁许村——中国布艺名镇

家纺产业是海宁市三大传统产业之一。海宁许村家纺产业经过近40年的发展，构筑起了原料加工、生产织造、印染后整理和市场贸易一条龙的家纺装饰布生产销售体系，产业注册的"海宁家纺"已被认定为浙江省级区域名牌，海宁市许村镇已成为全国及全球重要的大提花面料生产基地，被中国纺织工业联合会命名为"中国布艺名镇"，同时与中纺联、中国家用纺织品行业协会共建世界级家纺产业集群。

许村镇高度集聚了家纺企业，拥有家纺企业9300家（含印染企业），占全市家纺企业

图5　2015~2018年余杭家纺主营业务收入增速

95%以上，家纺从业人员超5万人。家纺营销队伍遍及全国各个城市，国内市场占有率高，产品远销东南亚、南非、中东及欧美等40多个国家和地区。拥有宽幅织机1.3万台，年产布艺面料折合标准幅宽为17亿米，其中窗帘（装饰）布9亿米，沙发（家具）布7亿米，墙布1亿米。许村家纺布艺企业全口径统计，2019年实现工业总产值184.85亿元，主营业务收入179.94亿元，利润总额6.58亿元。许村布艺产业在骨干企业的带动下，积极打造特色，呈现良好的发展势头。2015~2018年海宁许村家纺主营业务收入增速如图6所示。

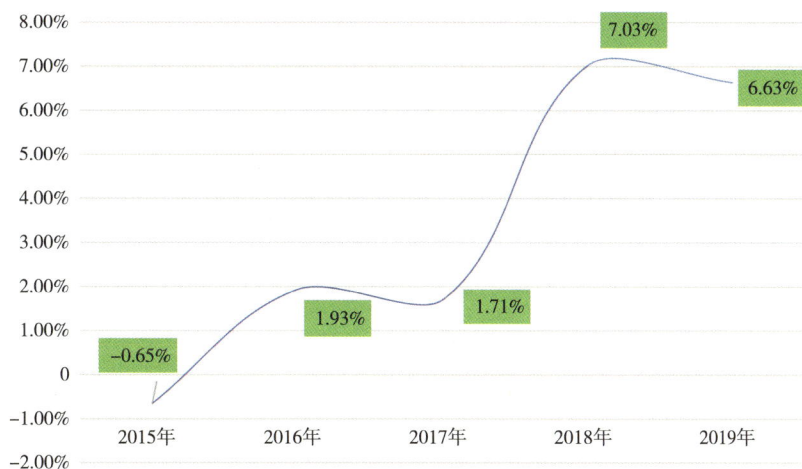

图6　2015~2018年海宁许村家纺主营业务收入增速

3.桐乡大麻——中国沙发布生产基地

经过30多年的蓬勃发展，大麻镇已成为国内布艺生产的重要乡镇，基本形成了以中小企业集群为基础，特色工业功能区为支撑、专业化市场为依托的原料供应、面料织造、成品加工、印染后整理和产品设计、质量检测、销售为一体的主导产业和区域特色品牌。截至2018年，全镇建有家纺布艺工业园区3200亩，园区拥有杭州湾轻纺城、大麻轻纺原料市场等家纺专业市场，家纺企业3140家（含个体户），规模以上企业56家，产值超亿元企业8家。多年来，大麻镇一直坚持培育龙头企业，特别是在土地、融资等资源要素上，优先安排，鼓励加大技改投入，突出主业，增强核心竞争力。延长产业链，鼓励企业向家纺产业上下游拓展，向"专、精、特、新"方向发展。推动企业技术改造，更新设备，实施机器换人，购置电子龙头等，提升生产效率。全镇拥有丝织机、剑杆机、经编机、纤经机等各类机器总量8981台，生产各类沙发布、窗帘布和真丝面料，其中沙发布占85%以上，是全国最大的沙发布生产基地。产品销往北京、上海、广州、成都等国内城市以及东京、首尔、法兰克福和迪拜等国际大都市。家纺产值占全镇工业总产值的90%以上，从业人员达1.37万人。家纺产业对整个镇域经济的拉动作用明显。大麻镇家纺企业全口径统计，2019年实现工业总产值152.6亿元、主营业务收入151.91亿元、利润总额5.7亿元。2015~2018年桐乡大麻家纺主营业务收入增速如图7所示。

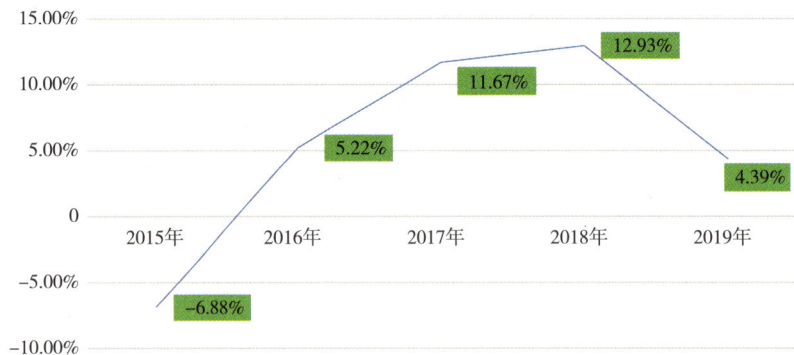

图7　2015~2018年桐乡大麻家纺主营业务收入增速

4. 绍兴柯桥杨讯桥——中国窗帘窗纱名镇

浙江绍兴柯桥杨汛桥是以窗纱、窗帘产品为重点的特色产业发展方向，并重点加强经编家纺产业的技改投入，做大做强窗帘窗纱产业。经过多年的提升发展，窗帘窗纱已成为柯桥杨汛桥重点产业，形成了一条从纺丝、纺纱到织造、经编、绣花、印染整理、成品的产业链，主要产品有纺丝、纺纱、装饰布、经编布、提花布、绣花布、家居用品等。注重科技发展，加快企业转型升级。全镇有33家企业申报省科技型中小企业并获得通过，规模以上企业技术研究开发费用投入不断提高，组织企业申报各类专利182项。杨汛桥镇坚持每年举办窗帘窗纱展，截至2019年，共举办12届窗帘窗纱展，并成功配合举办了中国·柯桥窗帘窗纱展。

5. 长丝织造产业集群

随着我国纺织产业的不断完善和深化发展，对化纤长丝原料和面料产品的需求快速增长。2018年，我国化学纤维产量5011万吨，其中化纤长丝3476万吨，占纺织纤维加工总量的55%以上，化纤长丝织物总产量达到500亿米，喷水织机作为长丝织造的主要装备，其规模达到50多万台，主要集中在江浙地区，其中江苏吴江、浙江长兴的长丝织造产业集群也是我国布艺面料的重要产地，主要用于家纺面料生产的装备超过10万台。

江苏苏州市吴江区平望镇直接从事纺织业的生产企业788家，全部为民营企业，主要集中在平望镇民营经济开发区和梅堰镇工业集中区。全镇拥有无梭织机6.2万台，其中喷水织机5.7万台，拥有150万吨合纤生产能力，年产化纤坯布50亿米，化纤成品布30亿米。

江苏苏州市吴江区七都镇纺织业历史悠久，现有纺织企业115家，其中规模以上企业81家，从业人员2万多人。主要产品为特丽纶、平纹遮光布、大提花遮光布等窗帘产品，年生产加工能力11亿米，被中国纺织工业联合会授予"中国家纺面料名镇"称号。

浙江湖州市长兴县作为全国家纺面料、窗帘布、服装辅料主要供应地之一，有纺织生产与经营单位近4000户，规上企业292家，喷水织机9.2万台，喷气织机198台，剑杆织机1300余台，全行业从业人员近6万人。2018年，全县共生产化纤长丝机织布50余亿米，纺织工业实现产值352.7亿元。长兴县也先后荣获"中国长丝织造名城""中国衬布名城"等称号。

二、国内市场

布艺产品市场需求与人们的居住环境和要求密切相关，同时也受到旅游宾馆、酒楼影院、交通工具、医疗保健、教育办公等产业和设施的影响，总体来说，布艺产品在内销中可以分为居家用和社会公共用。2017年，国内市场布艺消费合计为2225亿元，其中，用于居家用消费的为1866亿元，约占84%；用于社会及商业用消费的359亿元，约占16%（表4）。

表4 国内市场中居家与社会用布艺消费额

项目	居家消费（亿元）	社会消费（亿元）	合计（亿元）
沙发布	190	151	455
窗帘布	1185	135	1320
窗纱	123	13	136
墙布	368	60	428
总计	1866	359	2225

（一）居家消费

在国内市场中，居家用需求是布艺最主要的消费市场。2017年，全国住宅销售面积14.5亿平方米，另有存量房63350万套（图8）。新增住宅的装修和使用，以及存量房的交易和二次装修构成了布艺产品的家居消费，形成了庞大的内需市场。2017年，国内居家用布艺面料消费量为60亿米，市场价值1866亿元。其中，居家消费沙发（家具）布10.55亿米，窗帘（装饰）布31.6亿米，窗纱9.67亿米，墙布8.19亿米。

（二）社会消费

社会消费中，宾馆、酒楼、影院、交通工具、学校、医院、办公写字楼及商业营业等对窗帘、墙布、沙发和软体家具等有较大的需求，随着我国经济的发展，布艺的社会消费需求呈现稳定且增长的态势。布艺面料在我国社会及商业用的年消费量达9.17亿米，市场价值359亿元（表5）。

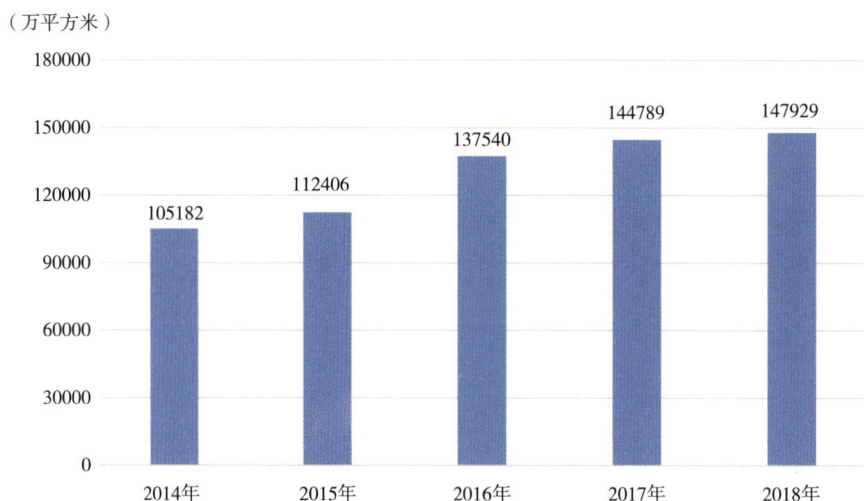

（万平方米）

图8 2014~2018年我国住宅销售面积

表5 国内社会消费布艺面料市场金额

项目	市场金额（亿元）
宾馆	108.16
餐饮、影院	81.75
办公楼及商业营业用房	73.62
学校教育	36.16
医疗卫生和社会服务	21.09
交通工具	5.17
其他	32.60
合计	358.55

截至2017年底，我国拥有宾馆类住宿设施31.74万家，客房共计1548万间/套，年增长率在10%左右；我国办公楼销售面积为4756.2万平方米，商业营业用房销售面积为12838万平方米；全国有餐饮企业465.4万个，经营网点数量超过800万的规模，其中餐饮门店581万家；全国影院数量达到10176家，全国银幕累计达到50776块。

2017年，我国研究生、普通本专科、中等职业教育和特殊教育合计招生1435.5万人，比上年增长1.24%；我国医疗卫生机构拥有床位数量为785万张，比上年增长5.1%；社会服务机构床位749.5万张，比上年增长5.9%，社会服务床位数除收养性机构外，还包括救助类机构、社区类机构以及军休所、军供站等机构的床位。

截至2017年底，我国拥有铁路客车7.3万辆，同比增长3%；拥有载客汽车81.61万辆，2099万客位；拥有出租车140万辆；另外拥有飞机3261架，客船船舶载客量96.75万客位。铁路客车、客车、出租车、船舶和飞机等客运交通工具对布艺面料有着普遍的需求。

2019/2020中国家用纺织品行业发展报告

三、我国布艺产品出口及国际贸易

据我国海关统计，2017年，我国布艺面料及产品出口共计105.8亿美元（折合人民币708.86亿元），其中布艺面料出口58.1亿美元，布艺产成品出口47.7亿美元，其中成品窗帘出口23.3亿美元、装饰用织物制品出口15.3亿美元、刺绣品出口9.1亿美元（表6）。

表6 2017年布艺面料及产品出口金额

产品	金额（亿美元）
布艺面料	58.1
其中：沙发布	29.4
窗帘产品	23.3
装饰用织物制品	15.3
刺绣品	9.1
合计	105.8

我国约85%的布艺产成品是出口到北美、欧洲和亚洲。2017年，我国布艺产成品对北美洲出口15.6亿美元，占比为32.7%；对欧洲出口12.2亿美元，占比为25.5%；对亚洲出口12.6亿美元，占比为26.5%（图9）。

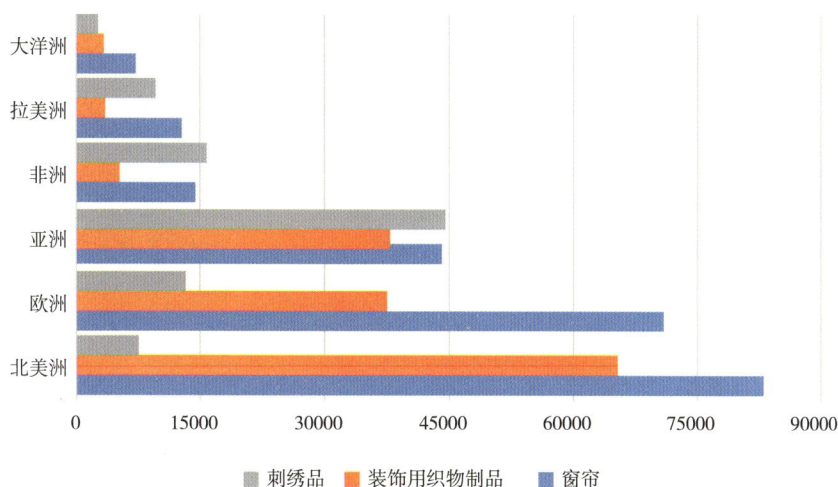

图9 2017年我国布艺成品对各大洲出口额（万美元）

我国布艺产成品中的窗帘、装饰用织物制品的主要出口市场为美国、欧盟和日本。2017年，我国68.4%的窗帘和75.3%的装饰用织物制品是出口到美国、欧盟、日本这三大市场（图10、图11）。

另据联合国商贸数据库统计，2017年，世界布艺产成品出口贸易额为112.8亿美元，其中窗帘46.8亿美元、装饰用织物制品35亿美元、刺绣品31亿美元，中国产品出口额的比重均排在第一位，分别为50.3%、43.6%和41.7%。在世界布艺产成品出口贸易中，出口额排在前5位的国家为中国、印度、墨西哥、德国和土耳其，其中中国的出口额占比为45.9%,远远高出其他国家（图12）。

俄罗斯, 1.5%　　　　其他, 18.4%

韩国, 1.8%

澳大利亚, 2.6%

加拿大, 3.3%

东盟, 3.9%　　　　　　　　　　　　　美国, 32.5%

日本, 7.9%

欧盟, 28.1%

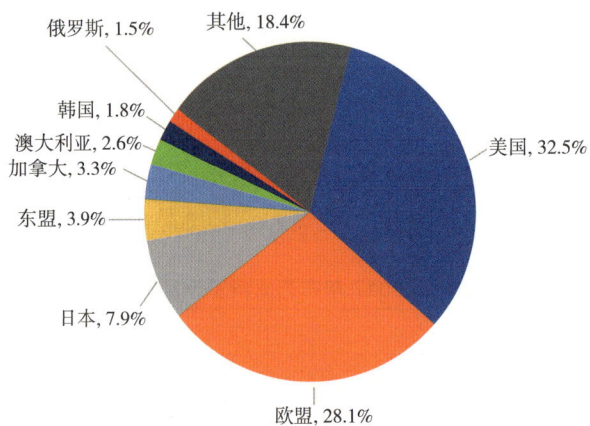

图10　2017年我国窗帘产品对主要国家和地区出口额比重

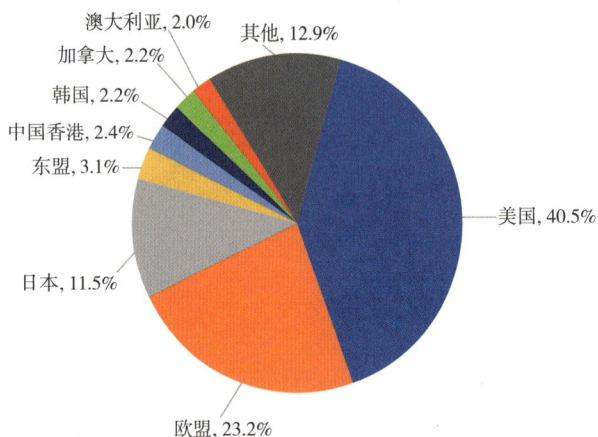

澳大利亚, 2.0%　　　其他, 12.9%

加拿大, 2.2%

韩国, 2.2%

中国香港, 2.4%

东盟, 3.1%

美国, 40.5%

日本, 11.5%

欧盟, 23.2%

图11　2017年我国装饰用织物制品对主要国家和地区出口额比重

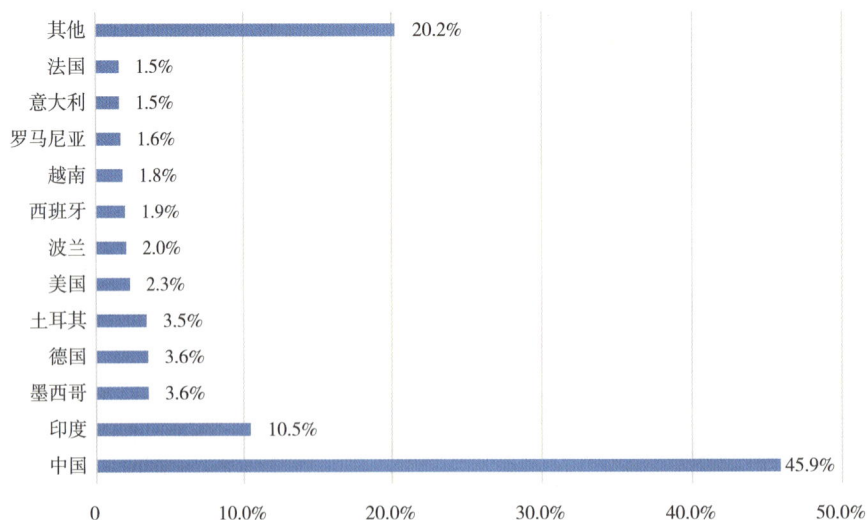

其他	20.2%
法国	1.5%
意大利	1.5%
罗马尼亚	1.6%
越南	1.8%
西班牙	1.9%
波兰	2.0%
美国	2.3%
土耳其	3.5%
德国	3.6%
墨西哥	3.6%
印度	10.5%
中国	45.9%

0　　　10.0%　　20.0%　　30.0%　　40.0%　　50.0%

图12　2017年世界布艺成品出口贸易中主要国家出口额占比

四、存在问题与挑战

（一）同质化较严重，不利于产品研发与创新

布艺行业属于劳动密集型产业，且大部分为加工型企业，初级产品的技术含量不高，进入的门槛也相对较低，加上企业规模普遍不大，企业研发投入较少，产品同质化现象比较严重，形成市场不规范竞争，对行业健康发展造成不良影响。也严重影响到产品的研发与创新，致使行业研发投入总体偏低，整体科技创新能力不强，表现为功能性面料的研发和运用能力不强，极大制约功能性布艺产品的开发与生产。功能性产品是现代布艺产品的发展方向，在引领消费、适应消费升级、满足日益增长的多样化消费需求、实现人们对美好生活追求等方面发挥着越来越多的作用。

（二）自动化、数字化水平低

行业总体装备水平不高，自动化、数字化水平低。两化融合发展尚属刚刚起步阶段，信息技术、自动连续化生产仅在骨干企业开始应用，绝大多数中小企业仍停留在较传统的生产方式，生产效率较低，质量参差不齐。需要不断探索完善示范企业以及电子商务、智能仓储、现代物流等，加强推广和应用。

（三）品牌缺失、渠道创新慢

品牌特征不明显，布艺行业缺乏全国性知名品牌，区域品牌也不多，不少窗帘布艺生产企业有意打造全国性品牌，但受到企业规模、产品结构及营销方式的制约，影响了企业品牌的建设。另外，很多布艺产品个性化定制的特点比较突出，由于生产流通环节多，在一定程度上影响到品牌推广的进度。

同时，行业的渠道创新能力不足，渠道创新进程缓慢。随着消费群体和消费理念的变化，随着互联网技术的发展，产业格局和产品结构也随之产生关联的变化，在流通方式不断更新的年代，布艺行业在渠道创新方面进程较慢，产业与消费的距离没有得到明显改善，从而影响了企业的规模发展和品牌发展。

（四）国际环境不确定因素增多

随着中美贸易摩擦的不断演化，随着疫情对国际政治、经济的强烈冲击，国际上一股去国际化及疫情后的行业重构，给行业发展带来极大的不确定性和挑战。我国是最大的家纺产品生产国和出口国，美国是世界最主要的家纺产品消费市场和最大的进口国家，同时美国也是我国家纺最大的出口市场，我国家纺出口产品中的1/4是出口到美国，其中装饰用织物和窗帘产品对美国的出口更是占到同类产品出口总额的1/3。美国单方面发起的对我国出口产品加征关税严重影响了行业生产和贸易的正常运营，削弱了我国产品在美国市场的竞争力。同时，加重关税引起的贸易摩擦带来了双方贸易的不定性，对经销商的合作信心造成较大影响，进而引发定单向其他国家转移，对我国家纺的世界贸易格局带来不利影响。

五、行业发展与趋势

（一）加强研发，做优做强产品

加大产品研发投入，做优做强装饰面料及布艺产品，广泛应用和推广新型纤维，如阳离子染色纱、原液染色纱、彩点纱、段彩纱、金银丝纱、竹节纱、AB纱、色纺麻灰纱，雪尼尔纱、氨纶包覆纱、锦纶高弹丝、苎麻针织纱线、苎麻色纺纱线、原液染色纤维等，通过特色纤维、纱线的应用，丰富产品品种、优化产品性能、强化产品特性，扩大应用范围。提高功能性原料及再生纤维用量，开发功能性和环保产品。不断开发具有透气、遮光、防水、防污、阻燃、抗菌、防皱、除甲醛、防臭、防静电、防辐射、防紫外线等个性化功能产品及特殊功能的布艺产品，满足日益增长的个性需求。

（二）加强技改，提高数字化转型

加强技术改造，加快数字化技术转型，不断深化两化融合，以信息化带动工业化发展，走新型工业化道路。不断推进数字化信息技术与家纺布艺企业在技术、产品、业务等方面的融合，促进互联网、大数据在布艺产业的应用与创新，建立现代化企业运营模式，实现从采购、生产、销售及物流等各个环节的相互联通，打造柔性供应链平台。推进先进技术装备在行业的应用，缩短工艺流程，提升生产效率，如先进的无梭喷气织机、喷水织机、剑杆织机、经编机以及自动连续开裁缝制整理生产线、成品生产吊挂线等，提高布艺行业的自动化、连续化、智能化生产水平。

（三）加强服务，加快渠道创新

一是向服务型企业转型，实施先进制造业与现代服务业深度融合，服务化转型是布艺产业发展的重要方向，通过服务化转型推动企业拓展产品服务能力，提升客户价值，寻求产业发展新的增长点，提高市场竞争力。二是商业模式创新，加快产业向流通终端延伸，随着布艺企业的不断发展与成熟，加快适应市场发展与变化，从单一的面料生产向"设计+生产+终端服务"方向发展，加大对设计研发、销售、售后服务等环节发力，大力推进产业的商业模式创新，通过窗帘4S店、整体软装定制等"产品+服务"模式加强与消费者互动，不断拉近产业与消费者的距离。

（四）加强布局，推进国际化发展

着眼国际化布局，以国际化视野推进布艺企业在海外的布局与发展，充分利用好两个市场、两种资源，加强国际产能合作。根据党和国家领导人最新指示，深化供给侧改革，依托巨大的国内市场和产业基础，重构国际国内双循环。通过对"一带一路"沿线国家和地区市场的深度开拓，实现新的出口增长。加强国际研发和渠道协作，向产业链高增值环节迈进，加大与欧美等发达地区研发设计人员及团队的合作，建立与国外品牌配套的快速生产反应体系。深入实施"三品战略"，提升我国家纺产业在国际分工中扮演的角色，提升核心竞争力，打造具有国际竞争力的大型跨国企业。同时，行业和企业要加大在国际市场上的宣传力度，积极参与相关国际性展览会、贸易对接会，开拓和发展多元国际市场。

在我国纺织行业中，家纺布艺产业可谓是新型的时尚产业，充满了发展活力，将沿着"科技、时尚、绿色"的发展路径加快转型与提升，为我国家纺行业高质量发展做出更大的贡献。

中国家用纺织品行业协会

海宁家纺杯

2020

中国国际家用纺织品创意设计大赛

2020 China International Home Textiles
Design Competion Awards

主办单位

中国家用纺织品行业协会
中国国际贸易促进委员会纺织行业分会
法兰克福展览（香港）有限公司
浙江省海宁市人民政府

承办单位

中国家用纺织品行业协会设计师分会
海宁市许村镇人民政府

协办单位

海宁中国家纺城股份有限公司
海宁市家用纺织品行业协会
海宁市许村镇时尚产业新生代联合会

支持单位

中国版权协会
中国版权保护中心

更多详细信息请登陆中家纺官网：www.hometex.org.cn

中国国际家用纺织品产品设计大赛

China International Home Textiles
Design Competition Awards

2020

DESIGN
张謇杯ZHANGJIANCUP

主办单位

中国家用纺织品行业协会
中国国际贸易促进委员会纺织行业分会
法兰克福展览（香港）有限公司
南通市人民政府

承办单位

中国家用纺织品行业协会设计师分会
中共南通市委宣传部
南通市市场监督管理局
南通市通州区人民政府
海门市人民政府

协办单位

中国家用纺织品行业协会床品专业委员会
中国家用纺织品行业协会布艺专业委员会
中国家用纺织品行业协会毛巾专业委员会
中国家用纺织品行业协会经销商专业委员会

承办单位

91家纺网

更多详细信息请登陆中家纺官网：www.hometex.org.cn

第五届
震泽丝绸杯

中国丝绸家用纺织品创意设计大赛

丝

聚

主办单位	承办单位	大赛官网
中国家用纺织品行业协会	中国家用纺织品行业协会设计师分会	更多详细信息请登陆大赛官网：www.zzscbds.com
江苏省苏州市吴江区人民政府	江苏省苏州市吴江区震泽镇人民政府	

国际动态

2018年全球家用纺织品出口贸易综述

中国家用纺织品行业协会产业部

本文根据联合国商贸统计数据库❶按全球税则号HS编码对家用纺织品类进行归纳整理，归纳出床上用品、地毯、毛巾、毯子、窗帘、装饰织物制成品、刺绣装饰品、厨卫用纺织品及手帕九类产品，并对2018年全球各类家用纺织品出口的整体概况及主要出口国家的特点进行综述分析。

一、整体概述

自2015年以来，全球家用纺织品贸易逐渐回暖，增幅不断攀升。随着全球经济整体复苏创造了良好的宏观环境，全球家用纺织品出口贸易进一步呈现稳步增长态势（图1）。2018年，全球九大类家用纺织品出口共计820.81亿美元，出口金额同比上年增长5.28%，增幅较上年有所扩大，出口市场整体呈现活力，床上用品、地毯、毛巾等大类产品增势良好，家用纺织品出口额同比均保持了正增长，奠定了2018年全球家用纺织品贸易繁荣向好的基础。

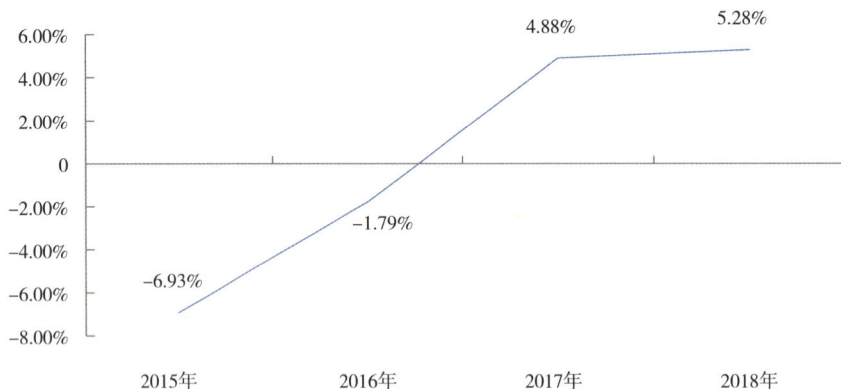

图1 2015~2018年全球家纺出口贸易趋势
资料来源：联合国商贸统计数据库

---

❶ 联合国商贸统计数据库（https://comtrade.un.org）由联合国统计署创建，是全球最大的且最具权威性的国际商品贸易数据库。涵盖了全球99%的商品交易数据。

九类家用纺织品中，床上用品所占比重最大，占全球家用纺织品出口总额的35.02%，同比上年增长7.84%，增幅在九类产品中最高（图2）；出口占比份额较大的地毯和毛巾两类产品2018年也均实现了较好增长，增幅分别为4.43%和3.83%。对2018年出口整体起到拉动作用（图3）。

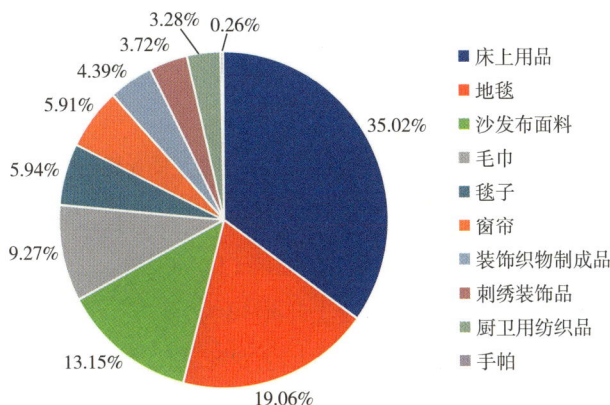

图2　2018年全球主要家纺产品出口份额占比
资料来源：联合国商贸统计数据库

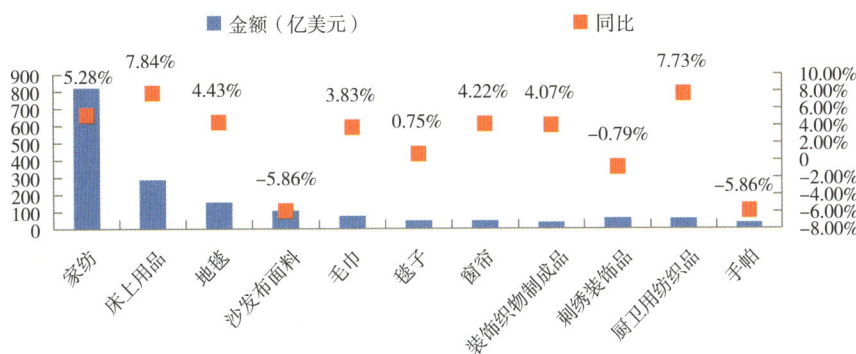

图3　2018年全球主要家纺产品出口金额及同比增幅
资料来源：联合国商贸统计数据库

从全球家用纺织品主要出口国家情况看，2018年排备前十五位的国家实现的出口额占出口总额的83.56%，中国出口额348.97亿美元，实现同比增长6.15%，占全球家用纺织品出口总额的43.14%；欧洲主要出口国家，德国、波兰、法国和葡萄牙实现了良好增长，涨幅在10%左右。印度、土耳其和巴基斯坦均保持了稳定增长态势。只有比利时、美国和韩国同比略有下降（图4）。

二、各类家用纺织品出口情况

（一）床上用品

床上用品是全球最大的出口品类，2018年实现出口287.43亿美元，同比增长7.84%。排

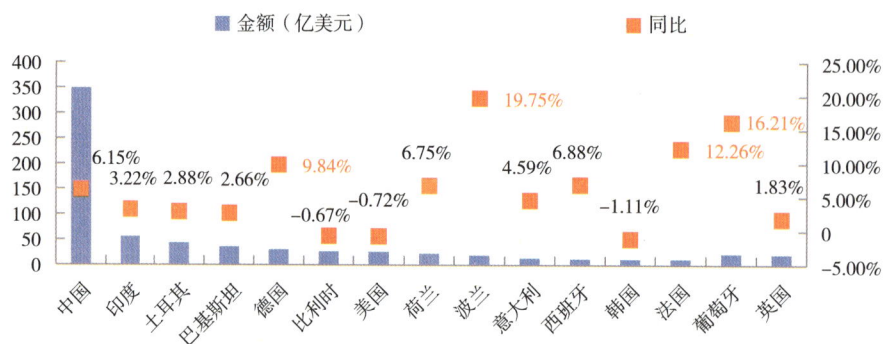

图4　2018年全主要国家出口金额及同比增幅
资料来源：联合国商贸统计数据库

名前十五位的国家中（表1），除了意大利同比略降1.90%以外，均实现正增长。中国贡献最大，实现出口128.96亿美元，占44.87%，较上年增幅为7.37%。排名在第三至五位的国家印度、波兰及德国实现了较好增长，增幅分别高达12.78%、19.72%和13.83%；所占份额比重分别为6.54%、3.99%和3.82%。

表1　2018年全球主要国家床上用品出口份额及同比增幅

排名	主要国家	出口额占比（%）	同比（%）
1	中国	44.87	7.37
2	巴基斯坦	8.38	4.67
3	印度	6.54	12.78
4	波兰	3.99	19.72
5	德国	3.82	13.83
6	土耳其	2.67	3.36
7	美国	2.01	1.10
8	葡萄牙	1.99	16.70
9	荷兰	1.90	2.57
10	意大利	1.70	-1.90
11	西班牙	1.60	7.63
12	比利时	1.51	4.44
13	法国	1.33	9.09
14	越南	0.98	1.93
15	英国	0.87	6.62

资料来源：联合国商贸统计数据库

（二）地毯

2018年全球出口地毯共计156.46亿美元，占全球家用纺织品出口总额的21.95%，是出口占比份额第二大的品类，出口金额较上年增长4.43%。中国、土耳其、印度和比利时都是全球最主要的地毯出口国，所占份额达到55.69%。其中，中国出口额为29.78亿美元，较上年增长10.20%，土耳其和印度分别为22.64亿美元和17.53亿美元，较上年分别增长4.75%和

0.02%。阿联酋是增长幅度最大的国家，同比大幅增长34.67%（表2）。

表2 2018年全球主要国家地毯出口份额及同比增幅

排名	主要国家	份额占比（%）	同比（%）
1	中国	19.03	10.20
2	土耳其	14.47	4.75
3	印度	11.20	0.02
4	比利时	10.99	−1.59
5	荷兰	8.13	8.87
6	美国	6.25	−2.14
7	德国	4.05	3.53
8	英国	2.32	11.97
9	埃及	2.02	0.76
10	法国	1.80	7.00
11	波兰	1.75	10.34
12	意大利	1.45	12.69
13	丹麦	1.43	10.47
14	阿联酋	1.25	34.67
15	泰国	1.07	1.73

资料来源：联合国商贸统计数据库

（三）沙发布面料

2018年，联合国商贸统计数据库整理出的全球主要沙发布面料出口额共计107.93亿美元，同比增长4.84%。全球排名前十五位的国家和地区出口额占总量的89.15%。中国出口沙发布348.97亿美元，占全球出口总额的51.92%，增势良好，增幅为10.88%。其余国家和地区所占份额均低于10%。2018年欧洲主要国家出口额保持较好增长。前十五位的国家和地区中，欧洲国家有8个，其中6个国家实现正增长（表3）。

表3 2018年全球主要国家沙发布出口份额及同比增幅

排名	主要国家和地区	份额占比（%）	同比（%）
1	中国内地	51.92	10.88
2	韩国	7.06	−1.46
3	美国	5.71	1.35
4	德国	4.87	2.37
5	日本	4.34	5.93
6	意大利	2.76	9.11
7	比利时	1.90	−2.56
8	西班牙	1.82	16.84
9	中国香港	1.81	−11.00

排名	主要国家和地区	份额占比（%）	同比（%）
10	土耳其	1.55	−2.31
11	荷兰	1.30	18.77
12	英国	1.20	−29.78
13	法国	1.03	11.91
14	墨西哥	0.95	24.61
15	波兰	0.94	44.49

资料来源：联合国商贸统计数据库

（四）毛巾

毛巾是全球重要的家用纺织品出口品类。2018年全球出口毛巾共计76.09亿美元，占全球家用纺织品出口总额的10.67%，出口金额同比增长3.83%。中国是全球最大的毛巾出口国，2018年出口额为31.88亿美元，占比为41.90%，金额同比增长4.57%，增幅高于全球平均增速。全球毛巾出口额排名前十五位的国家中（表4），越南、葡萄牙、德国、马来西亚、法国及意大利等国实现了强劲增长，增幅均高于10%，且增幅除法国和马来西亚以外均有所扩大。印度、巴基斯坦和土耳其是全球重要的毛巾出口国，排在第二和第三位。2018年印度毛巾出口实现小幅增长，而巴基斯坦和土耳其毛巾出口则有不同程度的下降。

表 4　2018 年全球主要国家毛巾出口份额及同比增幅

排名	主要国家	份额占比（%）	同比（%）
1	中国	41.90	4.57
2	印度	14.07	2.34
3	巴基斯坦	10.38	−2.29
4	土耳其	8.08	−1.45
5	越南	3.66	17.71
6	葡萄牙	3.53	18.31
7	德国	1.88	18.55
8	马来西亚	1.60	10.42
9	比利时	1.10	−7.07
10	韩国	1.07	6.09
11	美国	1.05	−1.42
12	荷兰	0.87	−9.03
13	西班牙	0.83	2.28
14	法国	0.81	21.67
15	意大利	0.73	15.48

资料来源：联合国商贸统计数据库

（五）毯子

2018年全球出口毯子共计48.74亿美元，同比增长0.75%。全球75.27%的毯子出口由中国贡献，实现出口额36.69亿美元，同比增长0.65%。印度2018年出口毯子1.62亿元，占比为3.32%，排在第二位，出口金额较上年大幅下降10.26%。其他各国毯子出口份额均低于2%。2018年毯子出口额排名前十五位的国家中（表5），斯洛伐克是增长幅度最大的国家，在上年1.14倍增幅的基础上，2018年又实现5.56倍的增长，出口额为3320万美元。

表5 2018年全球主要国家毯子出口份额及同比增幅

排名	主要国家	份额占比（%）	同比（%）
1	中国	75.27	0.65
2	印度	3.32	−10.26
3	阿联酋	1.68	−26.99
4	德国	1.54	4.50
5	巴拉圭	1.07	5.18
6	土耳其	1.02	−4.70
7	西班牙	1.00	5.83
8	波兰	0.91	19.63
9	意大利	0.88	14.79
10	美国	0.86	14.48
11	比利时	0.84	0.35
12	巴基斯坦	0.72	−20.60
13	荷兰	0.71	5.28
14	法国	0.71	33.27
15	斯洛伐克	0.68	555.99

资料来源：联合国商贸统计数据库

（六）窗帘

2018年全球出口窗帘产品共计48.49亿美元，同比增长4.22%。中国是全球最大的窗帘出口国，占比为50.34%，出口额24.41亿美元，较上年增长3.66%，增长较为平稳。其他国家窗帘出口额所占份额均低于10%。全球窗帘排名前十五位的国家中有11个国家实现了正增长，其中8个欧洲国家出口增势好，增幅大多实现两位数增长（表6）。

表6 2018年全球主要国家窗帘出口份额及同比增幅

排名	主要国家	份额占比（%）	同比（%）
1	中国	50.34	3.66
2	墨西哥	8.03	11.16
3	德国	5.89	14.55
4	波兰	4.18	19.82

排名	主要国家	份额占比（%）	同比（%）
5	美国	2.77	−5.61
6	印度	2.55	−6.00
7	土耳其	2.42	3.79
8	巴基斯坦	2.20	−11.87
9	捷克	2.15	5.85
10	荷兰	1.95	2.21
11	越南	1.85	−32.76
12	法国	1.57	28.53
13	丹麦	1.24	29.30
14	西班牙	1.08	10.59
15	罗马尼亚	1.07	30.98

资料来源：联合国商贸统计数据库

（七）装饰织物制成品

2018年全球实现装饰织物制成品出口共计36.06亿美元，同比增长4.07%。中国实现出口额13.65亿美元，占比为37.87%，出口额较上年略降0.08%。其他国家所占比重均低于5%。欧洲主要国家出口额实现大幅增长：全球排名前十五位的国家中（表7），除西班牙以外8个欧洲国家均实现较好增长，尤其是捷克和丹麦两国表现突出，出口增幅分别达到上年的1.40倍和1.03倍，分别实现出口额4827万美元和2030万美元；德国、乌克兰实现出口增幅在35%以上，实现出口额7517万美元和3491万美元。

表7　2018年全球主要国家装饰织物制成品出口份额及同比增幅

排名	主要国家	份额占比（%）	同比（%）
1	中国	37.87	−0.08
2	罗马尼亚	4.49	19.45
3	西班牙	3.69	−0.29
4	土耳其	2.94	12.85
5	印度	2.41	13.81
6	德国	2.08	35.83
7	捷克	1.34	139.95
8	波兰	1.28	19.68
9	丹麦	1.12	103.05
10	乌克兰	1.09	42.09
11	墨西哥	1.08	−6.86
12	越南	1.04	9.66
13	荷兰	0.80	5.38
14	美国	0.74	9.46
15	法国	0.73	16.52

资料来源：联合国商贸统计数据库

（八）刺绣装饰品

2018年全球出口刺绣类装饰品共计30.54亿美元，同比略降0.79%。中国内地、印度、土耳其和中国香港也是该产品重要的出口国家和地区，占全球的60%以上，2018年四个国家和地区出口额均出现不同程度的下降。与此同时，西班牙和越南以及泰国则实现良好增长。泰国在全球该产品出口中位列第五，2018年增势良好，增幅达9.95%，较上年扩大3.55个百分点。西班牙和越南出口额增幅分别高达17.23%和17.10%，增幅较上年扩大21.25个百分点和4.81个百分点（表8）。

表8　2018年全球主要国家刺绣装饰品出口份额及同比增幅

排名	主要国家和地区	份额占比（%）	同比（%）
1	中国内地	42.28	−0.16
2	印度	8.28	−7.16
3	土耳其	5.24	−6.33
4	中国香港	4.62	−1.50
5	泰国	3.14	9.95
6	法国	3.13	6.65
7	意大利	3.09	−2.65
8	韩国	2.74	−11.59
9	美国	2.67	−3.01
10	德国	1.85	0.19
11	瑞士	1.58	7.48
12	德国	1.40	−0.76
13	西班牙	1.29	17.23
14	越南	1.25	17.10
15	奥地利	1.24	−8.78

资料来源：联合国商贸统计数据库

（九）厨卫用纺织品及手帕

厨卫用纺织品及手帕在家用纺织品出口所占份额较小，只有3.78%和0.30%，主要均由中国贡献，占比份额分别为49.50%和61.46%。2018年，全球厨卫用纺织品出口额排名前十五位的国家中（表9），巴基斯坦、印度和德国的所占份额相对较大，且增势良好，增幅均达到20%以上；全球手帕出口则出现下滑，尤其是占全球手帕出口61.46%的中国较上年下降7.57%，手帕出口整体成收缩态势（表10）。

表9　2018年全球主要国家厨卫用纺织品出口份额及同比增幅

排名	主要国家	份额占比（%）	同比（%）
1	中国	49.50	5.95
2	巴基斯坦	5.90	20.24

排名	主要国家	份额占比（%）	同比（%）
3	印度	4.51	23.63
4	德国	4.44	20.96
5	埃及	3.52	−1.40
6	西班牙	3.18	−4.48
7	土耳其	3.08	4.38
8	比利时	2.88	43.54
9	法国	2.84	25.70
10	意大利	2.21	5.28
11	波兰	1.44	36.33
12	墨西哥	1.44	−18.43
13	美国	1.42	−17.13
14	荷兰	1.33	0.65
15	葡萄牙	1.31	3.78

资料来源：联合国商贸统计数据库

表10 2018年全球主要国家手帕出口份额及同比增幅

排名	主要国家	份额占比（%）	同比（%）
1	中国	61.46	−7.57
2	意大利	6.21	5.87
3	印度	4.12	−6.48
4	法国	3.98	31.65
5	越南	3.42	43.26
6	泰国	3.09	−10.34
7	德国	2.73	13.40
8	西班牙	2.06	8.83
9	马来西亚	1.52	−16.69
10	韩国	1.01	−14.07
11	英国	1.00	−11.62
12	荷兰	0.93	−1.92
13	马达加斯加	0.80	−57.43
14	瑞典	0.76	−14.87
15	比利时	0.67	−31.24

资料来源：联合国商贸统计数据库

三、主要出口国家情况及特点

（一）中国

2018年中国出口家用纺织品整体稳定增长，同比上年增长6.15%，实现出口额348.97亿美元，占全球家用纺织品出口总额的43.14%。其中出口床上用品占比为36.96%，实现出口金额128.96亿美元，同比增长7.37%。其他几类出口产品中，沙发布面料和地毯出口额同比增幅最高，实现出口额分别为56.04亿美元和29.78亿美元，同比增长10.88%和10.20%，地毯增幅较上年扩大3.1个百分点。厨卫用纺织品出口扭转了上年的负增长态势，实现出口额13.33亿美元，同比增长5.95%。此外装饰织物制成品、刺绣装饰品和手帕的出口额则出现不同程度的下降（图5）。

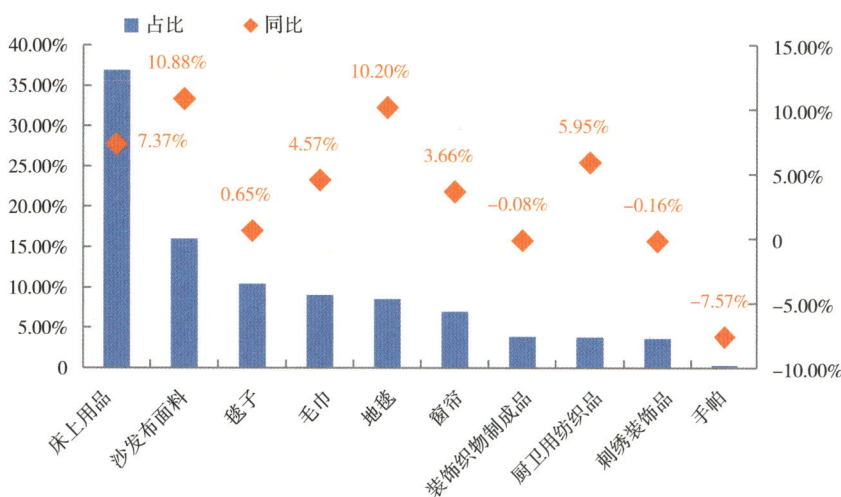

图5　2018中国出口各类家用纺织品所占份额及同比增幅
资料来源：联合国商贸统计数据库

从出口市场情况看（图6），美国、欧盟、东盟及日本是中国最主要的家用纺织品出口市场，出口额合计达到出口总额的63.68%。据中国海关数据显示（图7），2018年中国的四大家用纺织品出口市场美国、欧盟、东盟和日本出口额都大幅提升，尤其对东盟出口增长迅猛，扭转了上年负增长的态势，2018年出口额增幅高达12%。美国是中国最大的家用纺织品出口市场，占比份额达27.81%。2018年中国对美国出口家用纺织品117.02亿美元，同比大幅提升11.26%，增速高于上年4.99个百分点。

美国是中国最大的地毯出口市场，占中国出口市场份额的24%。2018年中美贸易摩擦，地毯正是美国对中国第二批2000亿美元产品加征关税中受影响最大的家用纺织品类。为应对中美贸易摩擦带来的不确定性风险，地毯出口企业及国外进口商在本年内加大了该产品的出口订单，从而使2018年中国对美国地毯出口实现跳跃式增长。根据联合国商贸统计数据库网站的数据显示，2018年中国对美国市场出口额增幅高达19.15%。除美国市场以外，2018年中国对传统市场欧盟和日本地毯出口也实现较好增长。欧盟是中国的第二大地毯出口市场，市场份额达14.02%。2018年中国对欧盟27国出口地毯共计4.17亿美元,同比增长16.75%,使得地毯出口市场整体呈现活力(图8)。

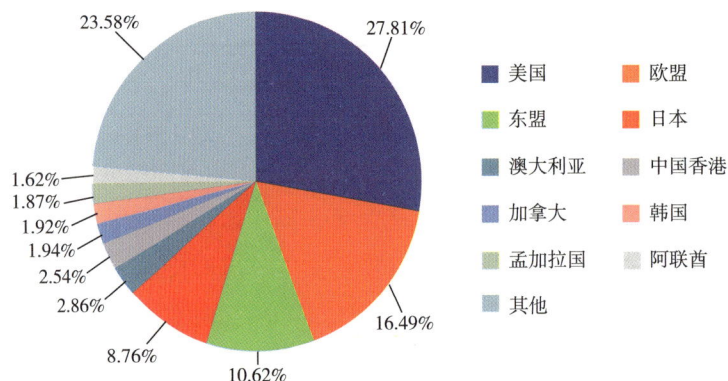

图6　2018年中国家用纺织品主要出口市场份额
资料来源:中国海关

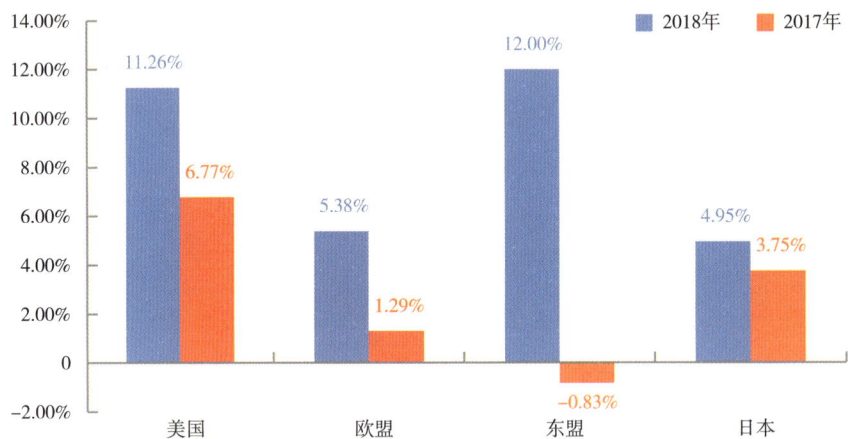

图7　家用纺织品主要出口市场同比增幅
资料来源:中国海关

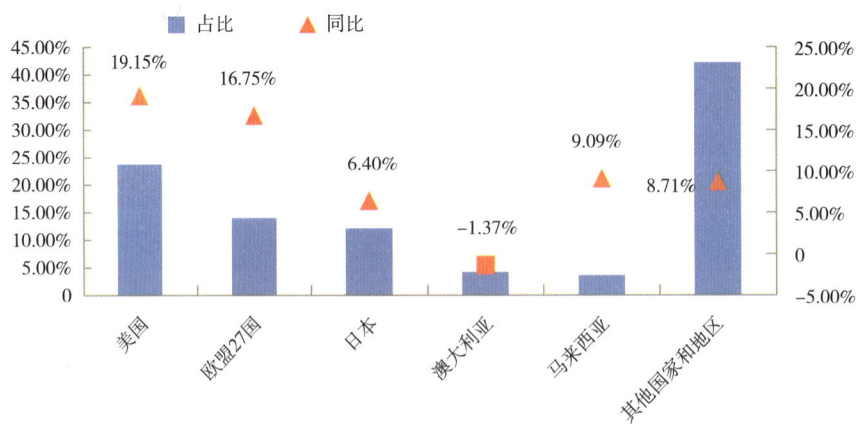

图8　2018中国地毯出口的主要市场份额及同比增幅
资料来源:联合国商贸统计数据库

（二）印度

印度是全球第二大家用纺织品出口国、全球主要的产棉国，也是全球主要的纤维和纱线净出口国。依托该国的原料优势，以棉为原料的床上用品、毛巾及丝绒地毯等产品在全球主要市场占有重要地位。2018年印度出口家用纺织品共计55.5亿美元，同比增长3.22%。其中，床上用品、地毯和毛巾是出口份额最大的家用纺织品类，主要销往美国市场。2018年，该国出口床上用品18.81亿美元，对美国出口占比达62.94%，尤其是棉制床品套件占美国进口市场的46%以上；出口地毯17.53亿美元，其中对美国出口占比为52.52%；出口毛巾共计10.07亿美元，其中对美国出口占比为61.53%（图9）。

图9 2018年印度出口各类家用纺织品所占份额及同比增幅

资料来源：联合国商贸统计数据库

（三）土耳其

土耳其是全球第三大家用纺织品出口国，也是全球重要的产棉国。2018年土耳其出口家用纺织品43.30亿美元，同比增长2.88%。地毯是该国基础实力最为雄厚的家用纺织品类，出口额超过该国家用纺织品出口总额的一半以上，占比为52.30%，实现出口金额22.64亿美元，同比增长4.75%，主要销往美国、欧盟、沙特阿拉伯及伊拉克等国家和地区（图10、图11）。

图10 2018年土耳其出口各类家用纺织品所占份额及同比增幅

资料来源：联合国商贸统计数据库

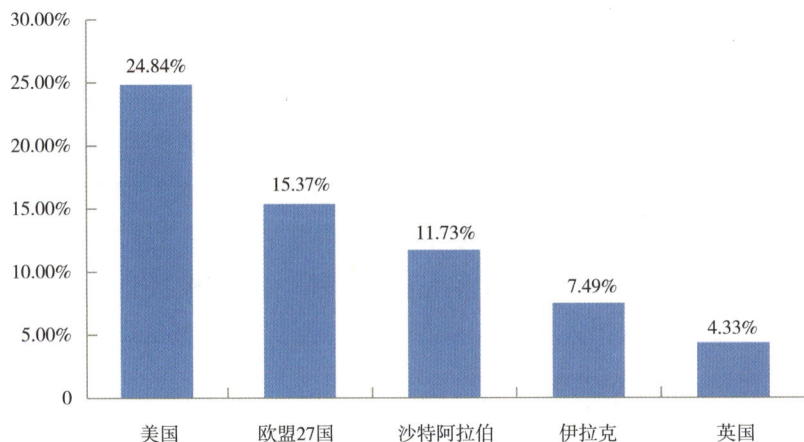

图11　2018年土耳其地毯主要出口市场份额
资料来源：联合国商贸统计数据库

　　床上用品和毛巾在该国出口份额中也占有较大比重，主要销往欧盟和美国。2018年土耳其出口毛巾6.15亿美元，其中55.75%销往欧盟、20.17%销往美国；出口床上用品7.67亿美元，同比增长3.36%，其中59.16%销往欧盟市场，尤其对德国出口占26.49%；对美国出口占9.63%。

　　2018年该国出口化纤床品套件4577万美元，同比增长8.09%，对欧盟出口的市场份额超过50%，同比上年下降13.84%；出口到美国和俄罗斯市场则实现了大幅增长，增幅分别是上年的1.12倍和34.82倍（图12）。

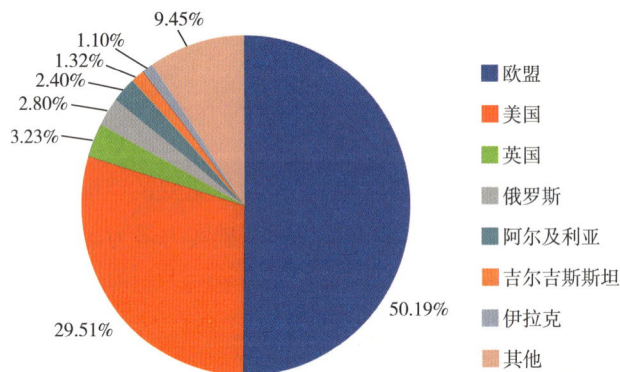

图12　2018年土耳其化纤床品套件主要出口市场份额
资料来源：联合国商贸统计数据库

（四）巴基斯坦

　　巴基斯坦是全球第四大家用纺织品出口国，也是全球第四大产棉国。2018年出口家用纺织品35.81亿美元，同比增长2.66%。其中，床上用品出口额24.08亿美元，占比为67.25%，同比增长4.67%，增势稳定。欧盟和美国是该国最大的出口市场。该国出口的床上用品有48.16%销往欧盟，有22.29%销往美国，另有17.75%销往英国。出口毛巾7.90亿美元，较上年下降2.29%，以美国市场为主，占比为42.8%，另有34.93%销往欧盟，而其他市场所占份额相对较小。刺绣装饰品是巴基斯坦的一个新增长点。2018年实现出口额为325万美元，较上年增长77.57%，所占份额很小（图13）。

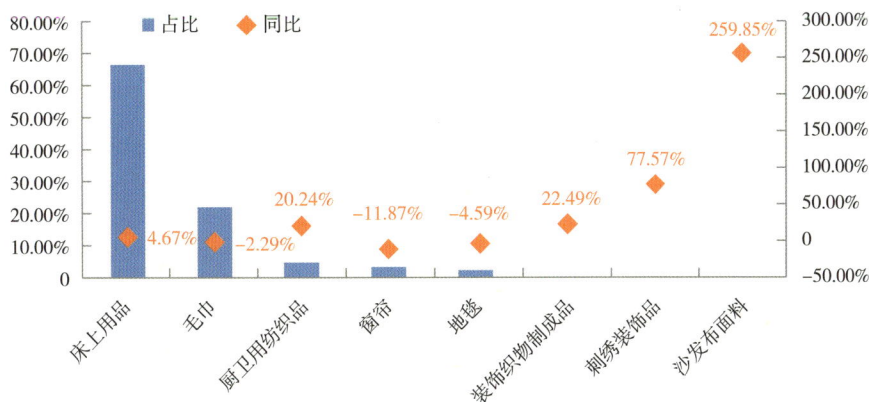

图13　2018年巴基斯坦出口各类家用纺织品所占份额及同比增幅
资料来源：联合国商贸统计数据库

（五）德国

德国是全球第五大家用纺织品出口国，产品品类丰富多样，出口增长势头良好，各类家用纺织品均实现正增长。2018年实现出口额30.18亿美元，同比增幅达9.84%。依托发达的会展经济，出口产品遍布全球。欧盟是德国最大的出口市场。各品类中，床上用品占比份额最大，占比为36.38%，实现出口额10.89亿美元，扭转了上年的负增长态势，大幅增长13.56%，其中出口到欧盟市场所占份额为11.64%。地毯、沙发布面料及窗帘也是该国的主要出口品类。2018年分别实现地毯、沙发布面料和窗帘出口额6.34亿美元、5.26亿美元和2.86亿美元，其中欧盟市场所占比重分别达65.26%、45.26%和66.73%（图14）。

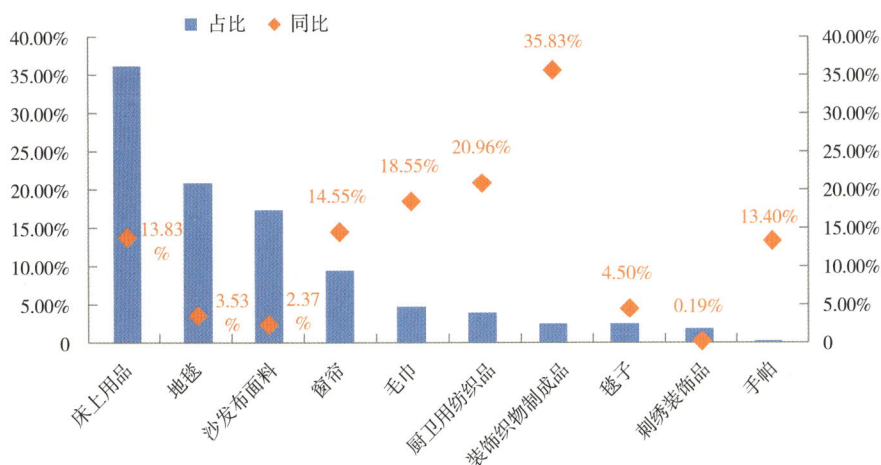

图14　2018年德国出口各类家用纺织品所占份额及同比增幅
资料来源：联合国商贸统计数据库

综上所述，2018年全球家用纺织品出口整体继续保持稳定增长态势，床上用品、地毯、沙发布面料及毛巾等大类产品增长表现较为突出。

欧洲国家整体向好。随着全球消费需求的增长，欧洲政府配合出台相关的积极政策，对欧洲宏观经济起到了一定的刺激作用。以德国为主的主要欧洲国家出口家用纺织品大多实现良好增长，增幅较上年有所扩大。

中国、印度、土耳其、巴基斯坦等全球最主要的家用纺织品出口国家继续保持良好的增长态势。中国2018年出口整体保持稳定增长，占比份额较大的品类起到拉动作用，几大主要出口市场出口额同比上年都有所提升，且增幅进一步扩大。东盟成为中国的第三大出口市场，且出口金额实现大幅增长。印度、巴基斯坦等国出口的棉质产品保持较快增长，国际竞争力不断增强。

撰稿人：王冉

2019年我国家用纺织品进出口贸易综述

中国家用纺织品行业协会产业部

2019年，根据海关总署统计数据显示，我国家纺产品进出口贸易总额441.87亿美元，同比增长1.12%，实现贸易顺差411.72亿美元，同比增长1.72%。其中出口额占到贸易总额的96.6%，进口额只占3.4%。

一、进口贸易进一步下降

2019年，我国进口家纺产品15.07亿美元，同比下降6.52%。自2015年以来再次出现数量同比与单价同比均下降的局面，数量同比下降4.04%，单价同比下降2.58%，值得注意的是，近年来我国进口家纺产品单价增速逐年放缓，2019年单价同比降为负值（图1）。

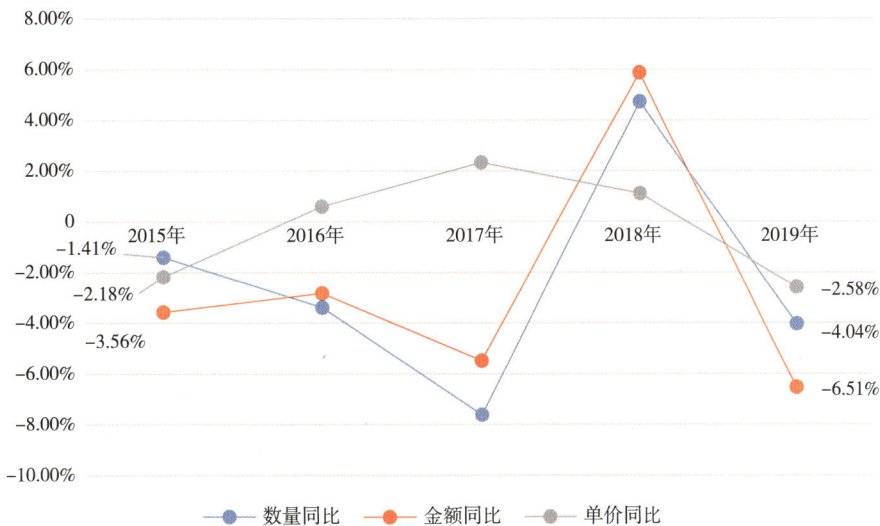

图1 2015~2019年我国家纺产品进口数量、金额、单价同比

（一）一般贸易和进料加工贸易是主要进口方式

我国进口家纺产品贸易方式以一般贸易、进料加工贸易为主，两种方式占总量的7成以上。其中，通过一般贸易方式进口的家纺产品金额最多，2019年实现6.74亿美元，占总量的

44.77%，同比略降0.12%，通过一般贸易进口的产品主要集中在床品、布艺产品和绳边线带中，分别进口1.96亿美元、1.08亿美元和1.37亿美元。进料加工贸易排在第二，进口额4.55亿美元，占比30.21%，同比下降12.05%，降幅明显，通过进料加工最多的产品是布艺产品，进口2.08亿美元，占此贸易方式的46%，同比下降7.06%，另外床品、毛巾、地毯、绳边线带的体量均维持在9%左右，同比下降均达两位数（图2）。

另外，保税库进出境货物和来料加工贸易进口额同比下降明显，进口额分别为1.35亿美元和1.34亿美元，同比分别下降14.87%和18.35%。保税区仓储转口货物量少但进口额增长显著，同比增长14.09%。

图2　2019年我国家纺产品进口主要贸易方式情况

（二）面辅料进口额下降，床品进口额上涨

我国家用纺织品制造能力强，进口量较小，布艺产品、绳边线带和床品的进口规模在大类产品中较为突出。近年来，大类产品进口比重发生一定变化，一方面，进口规模收窄，进口额较2014年减少2亿美元；另一方面，布艺产品、绳边线带和床品仍然是主要进口产品，但其中布艺产品、绳边线带占比较2014年有所收缩，床品较2014年有所扩大。2019年布艺产品进口额占比22.69%，较2014年收窄11.86个百分点；绳边线带进口额占比20.8%，较2014年收窄2.26个百分点；而床品进口额占比19.95%，较2014年扩大了7.08个百分点（图3）。

（三）7成以上来自亚洲，日本成为第一市场

我国家纺产品进口来源地主要在亚洲，2019年从亚洲市场进口家纺产品11.2亿美元，占总量的74.31%（图4），同比下降7.21%。其中床上用品、布艺产品和绳、边、线、带是从亚洲进口的主要产品，分别进口2.12亿美元、2.73亿美元和2.33亿美元，三大类占亚洲市场的60%以上（图4）。

图3 2014年与2019年进口大类产品比重变化

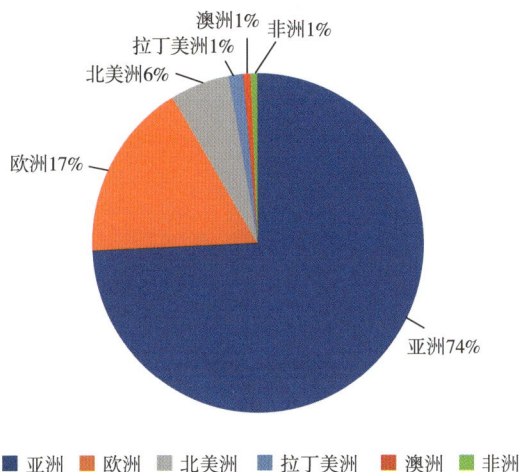

图4 2019年6大洲进口市场情况

其次的进口来源地是欧洲、北美洲市场，分别进口2.58亿美元、0.87亿美元，同比下降4.7%、5.23%，占比17.11%、5.79%。其中从欧洲市场主要进口床上用品和布艺产品，从美洲市场主要进口床上用品和毛巾产品。但以单价来看，从欧洲和美洲市场进口的家纺产品单价远高于亚洲市场，我国从欧美地区进口的家纺产品以中高端为主（图5）。

从具体进口市场来看，前十位进口额合计占总量的78%，分别是日本、中国大陆（原产地）、越南、中国台湾、韩国、泰国、美国、意大利、印度、土耳其。其中日本、越南、泰国3个市场实现进口额增长，同比分别增长3.08%、40.85%和8.17%，值得关注的是日本超过中国大陆（原产地），成为我国家纺产品进口额第一的市场，进口2.53亿美元（图6）。

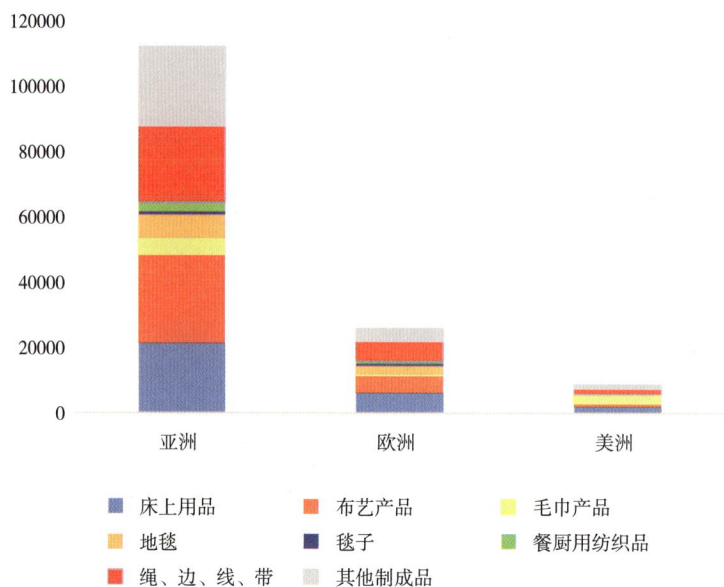

图5 2019年从亚洲、欧洲及美洲市场进口的家纺产品

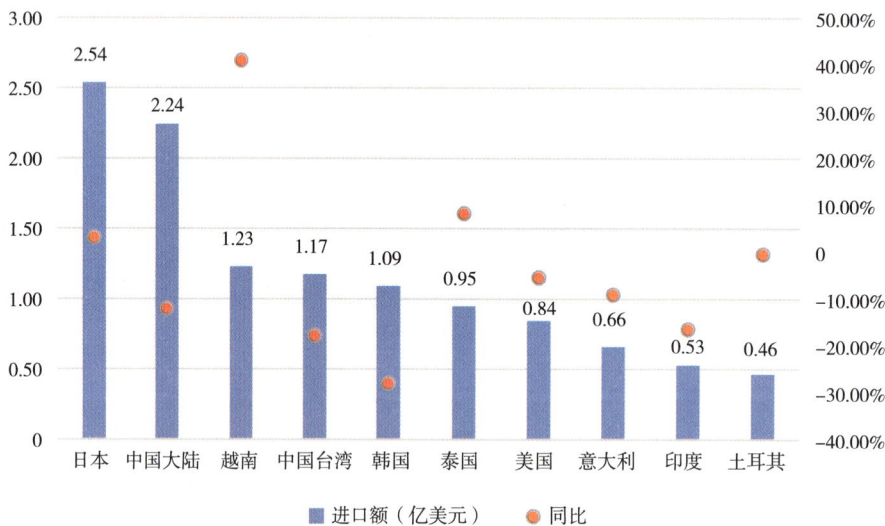

图6 2019年前十进口市场情况

二、我国家纺产品出口额创新高

2019年我国家纺产品出口426.79亿美元，创造新高。在国际局势复杂的情况下出口额实现了1.41%的增长，若扣除绳边线带等装饰辅料出口390.46亿美元，同比增长1.13%。此番增长的原因主要有以下几方面：一是出口数量拉动增长，2019年我国家纺出口数量同比增长6.07%，单价同比降幅进一步收窄；二是对美欧日市场出口保持稳定的同时，新兴市场增长良好，2019年我国家纺产品对除美欧日以外的市场出口额同比增长3.29%，其中东盟市场增幅达13.9%；三是我国出口额最大的床品出口增量良好，同比增长2.69%（图7）。

2019/2020中国家用纺织品行业发展报告

图7 2013~2019年我国家纺产品出口额及同比

（一）床品出口情况较好，毛巾等棉质产品表现乏力

床上用品是我国家纺产品出口规模最大的种类，占总量的三分之一，2019年出口131.72亿美元，同比增长2.69%，增长贡献率58%，是7大类产品中拉动增长的主要力量。以近5年数据来看，床品出口规模呈增长趋势（图8）。

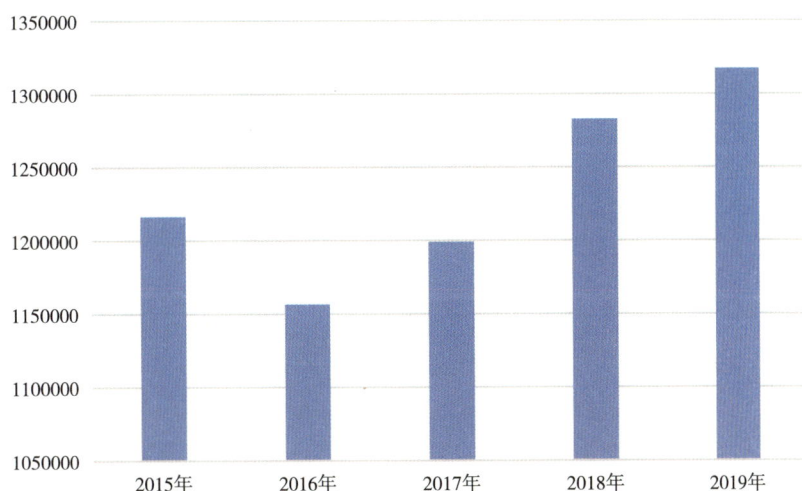

图8 2015~2019年床品出口额变化

我国毛巾等棉制家纺产品出口下降较为明显。我国出口的棉制毛巾、棉制床上用品、棉制絮胎、棉制刺绣装饰品等品类均呈现较大幅度的下降，尤其是毛巾类出口产品大都以棉为原料，2019年我国出口毛巾26.36亿美元，同比下降15.05%，其中纯棉毛巾24.85亿美元，同比下降16.07%。

另外，布艺产品出口金额基本与上年持平，其中制成品出口情况良好，窗帘产品表现尤佳，出口额25.29亿美元，同比增长4.18%。地毯产品受中美贸易摩擦影响，同比下降

· 51 ·

2.24%。餐厨用纺织品增长幅度最大，达7.75%（表1）。

表1 2019年家纺大类产品出口额及同比

产品类别	出口额（亿美元）	同比（%）
床上用品	131.72	2.69
布艺产品	78.67	0.04
毛巾产品	26.36	−15.05
地毯	29.27	−2.24
毯子	37.13	1.32
餐厨用纺织品	26	7.75
绳、边、线、带	36.33	4.52

（二）美欧日市场保持稳定

美国、欧盟、日本传统市场保持稳定，出口规模维持在50%以上。2019年，我国家纺产品对美国、欧盟、日本市场出口222.86亿美元，同比略降0.29%，基本与去年水平相当。其中美国、日本市场下降，欧盟市场稳中有增（图9）。

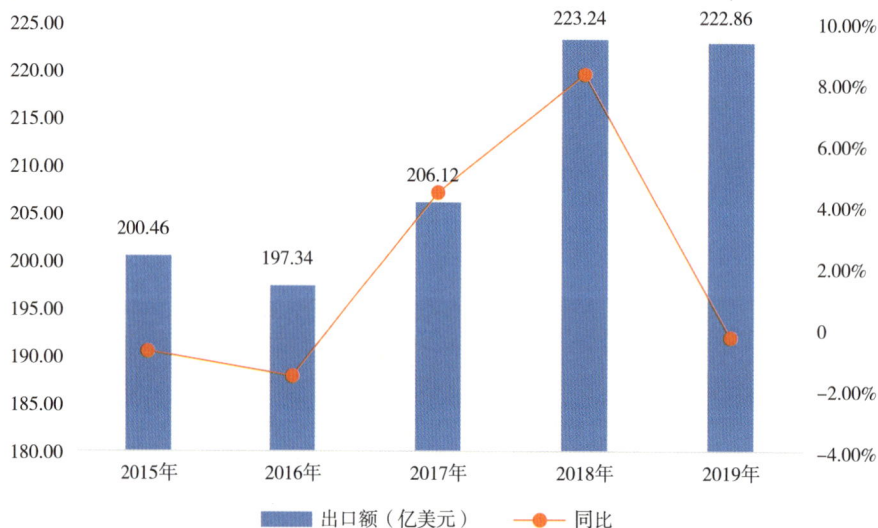

图9 2015~2019年美国、欧盟、日本市场出口额与同比

1.美国市场下降

2019年，我国家纺产品对美国市场出口115.9亿美元，同比下降1%，较2018年11.3%的高增长形成鲜明差异，而导致2018年、2019年变化显著的重要原因是美方发起的贸易摩擦（图10）。

美国自2018年起陆续对我国部分商品加征关税，其中涉及家纺产品的是2000亿美元清单和1100亿美元清单，累计金额40亿美元，约占我国对美出口家纺产品的4成。涉税家纺产品分别在2018年9月、2019年5月和2019年9月实施，中美贸易摩擦给家纺出口贸易带来极大的不确

图10　2014~2019年美国市场出口情况

定性，2018年我国家纺产品对美出口额取得了两位数的增长，随着摩擦的深入，2019年出现回落（表2）。

表2　加征清单情况

加征清单	加征时间	最终加征税率（%）	涉及家纺产品金额（亿美元）
340亿美元	2018.7.6	25	
160亿美元	2018.8.23	25	
2000亿美元	2018.9.24	10	9.39
	2019.5.10	25	
1100亿美元	2019.9.1	15	33.61
	2020.2.14	7.5	
1600亿美元	2019.12.15	取消加征	

在7大类产品中，受影加征关税影响较大的产品是地毯、毛巾、边带装饰辅料。这3类商品全部在加征清单中，其中地毯、边带等装饰辅料于2019年5月在原有加征10%的基础上提高至25%，毛巾产品2019年内加征关税15%，附加的高税率使这些产品出口额明显缩水，2019年分别出口地毯、毛巾、边带装饰辅料5.17亿美元、4.88亿美元、3.08亿美元，同比分别下降26.09%、8.05%和14.57%，较2017年减少了12.1%、4.3%和4.1%（图11）。

布艺产品有两成涉税，2019年对美国出口16.33亿美元，同比减少5.46%，但较2017年有2.4%的增长。床品一直是我国对美国出口的重要家纺产品，涉税金额2成左右，主要集中在部分床上用织物制品和被类产品，在中美贸易摩擦中床品出口规模进一步扩大，2019年出口额45.23亿美元，同比增长2.6%，较2017年增长13.2%，占比扩大1个百分点。毯子及餐厨用纺织品也实现了连续2年的增长（图12）。

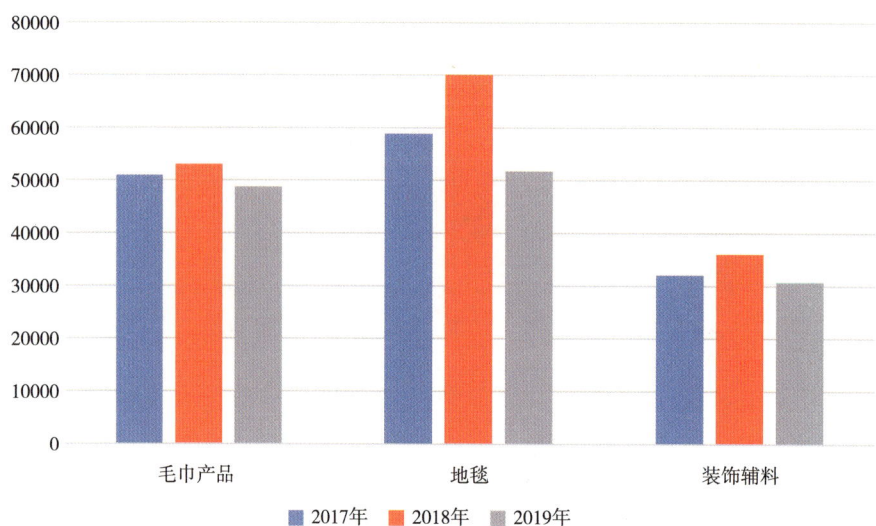

图11　2017~2019年对美出口部分产品金额

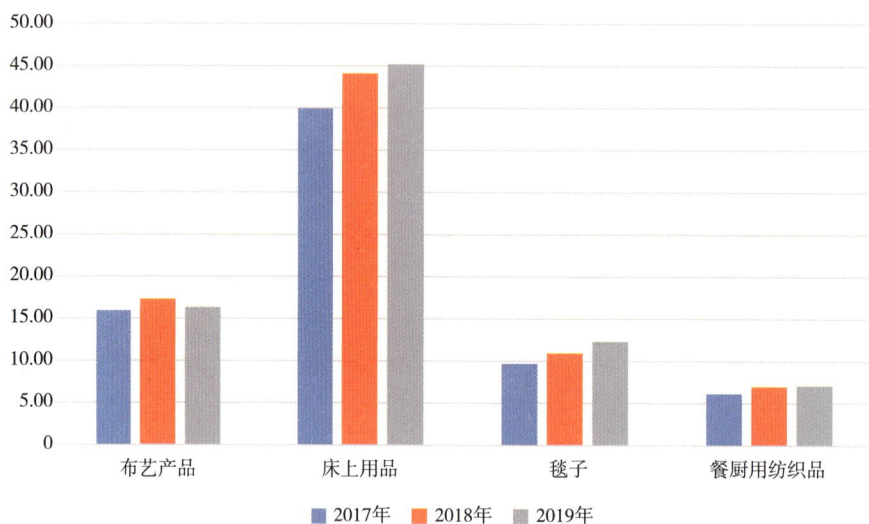

图12　2017年~2019年对美国出口部分产品金额

2.欧盟市场稳中有增

2019年，我国家纺产品对欧盟市场出口70.3亿美元，同比增长1.35%，欧盟市场已连续4年保持1%以上的增长，其中2018年同比增长达5.4%。出口数量同样4年连续明显增长，出口单价从2018年开始也显现出增长势态，2018年增长2.6%、2019年增长0.2%（图13）。

3.日本市场2019年呈现回落趋势

近年来，日本市场整体呈现上涨趋势，2019年稍有回落。2019年我国家纺产品对日本市场出口36.38亿美元，同比下降1.3%，增幅较上一年下降6.3个百分点（图14）。

（三）新兴市场增势明显

2019年，我国家纺产品对除美国、欧盟、日本以外的新兴市场出口203.71亿美元，同比增长3.29%，增速高于美国、欧盟、日本市场3.58个百分点。其中东盟市场基础好增势明显，非洲市场成长快速，另外韩国、阿联酋、土耳其、俄罗斯等市场增长乐观（图15）。

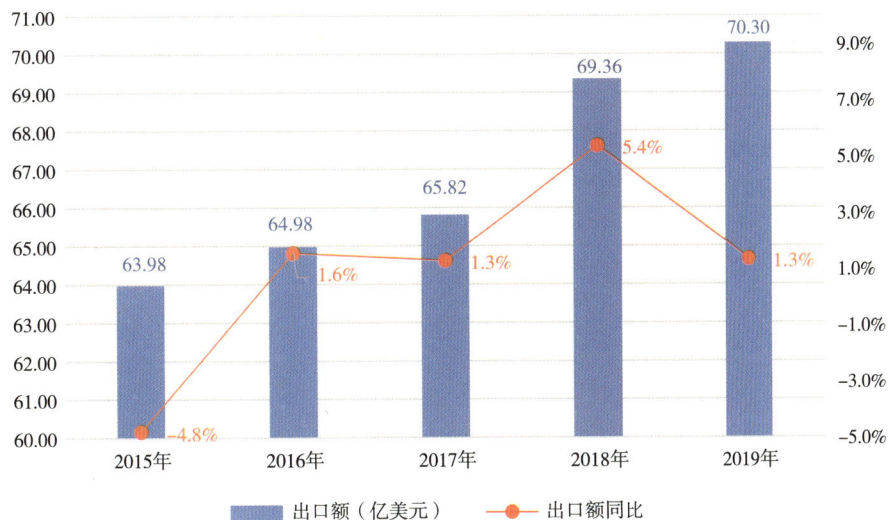

图13 近年来对欧盟市场出口额与同比

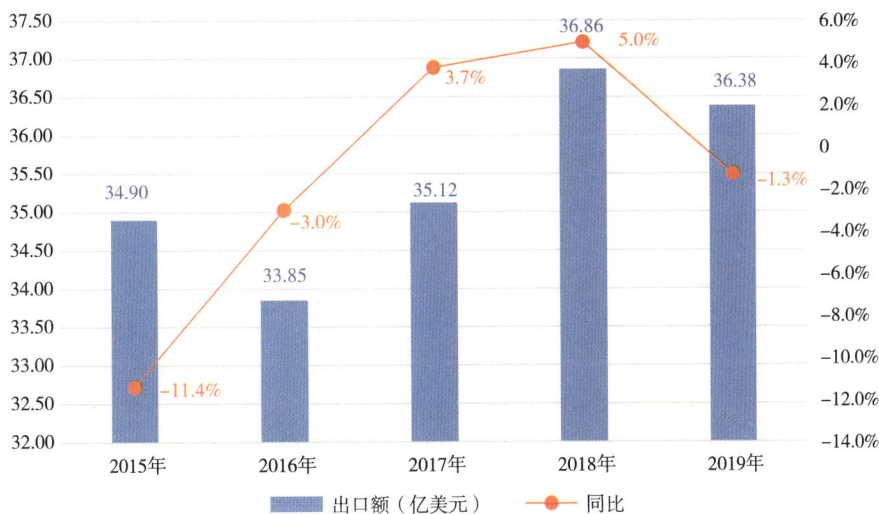

图14 2015~2019年对日本市场出口额及同比

图15 2014~2019年对美国、欧盟、日本市场与其他市场出口额增速

1. 东盟市场高增长

2019年我国家纺产品对东盟市场出口50.9亿美元，同比增长达13.9%，连续两年高增长，市场份额占比达11.93%，超过日本，是目前我国的第三大出口市场。东盟十国中，除体量较小的文莱出口额同比出现下降，其余都有不同程度的增长，其中对越南出口15.06亿美元，同比增长14.84%，菲律宾、马来西亚、缅甸出口额同比增长达18.23%、21.07%和22.55%（图16）。

图16 2015~2019年对东盟市场出口额及同比

2. 非洲市场快速成长

2015年，随着我国"一带一路"倡议的深入，我国家纺产品在非洲快速增长。2019年对非洲出口21.2亿美元，同比增长10.79%。自2016年以来，对非洲出口额增速不断提高，在2018年成为正值，2019年达到两位数增长（图17）。

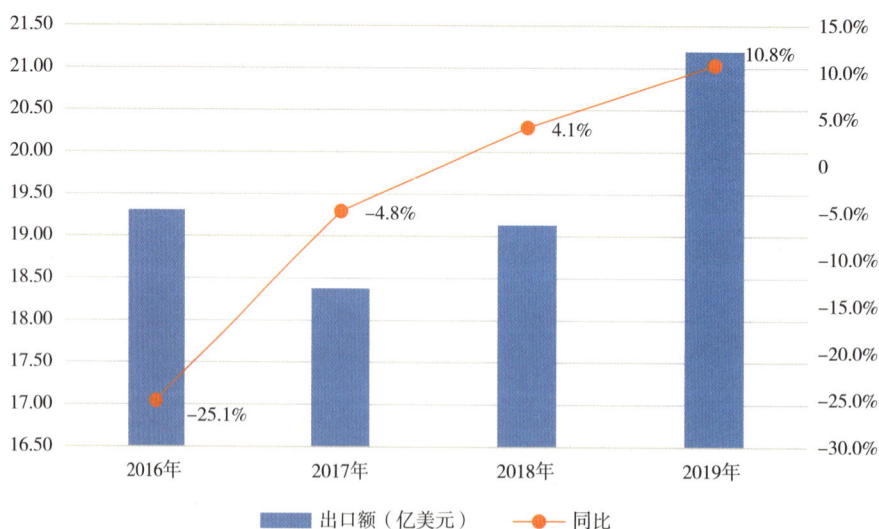

图17 2016~2019年对非洲市场出口额及同比

另外，俄罗斯、韩国、阿联酋、土耳其等市场增长乐观，对俄罗斯出口6.63亿美元，同比增长6.68%；对韩国出口8.56亿美元，同比增长6.1%；对阿联酋出口7.44亿美元，同比增长9.34%；对土耳其出口2.83亿美元，同比增长16.1%。

（四）出关口岸与贸易方式集中

家纺产品出关口岸集中，浙江省和江苏省占总出口量的半壁，前十个省（市）占比将近95%（表3）。2017年家纺产品前十个出关口岸共计出口405亿美元，同比增长1.24%。这十个省市中七个出口额实现增长，其中第一大出关口岸浙江省实现3.65%的增长，福建省、湖北省、河南省则实现两位数增长，值得一提的是河南省增幅达53.49%，一跃进入前十通关口岸。

表3　2017年前十出口口岸出口情况

出口口岸	出口额（亿美元）	同比（%）	占比（%）
浙江省	135.46	3.65	31.74
江苏省	106.13	0.29	24.87
广东省	48.46	5.40	11.36
山东省	45.31	−4.65	10.62
河北省	21.96	−9.27	5.15
上海市	19.85	−8.30	4.65
福建省	10.07	13.44	2.36
安徽省	7.18	1.19	1.68
湖北省	5.34	11.18	1.25
河南省	5.23	53.93	1.23

出口贸易方式以一般贸易为主，2019年占总量的86.36%，出口家纺产品338.56亿美元，同比增长1.21%。进料加工贸易、其他贸易、边境小额贸易分别出口21.05亿美元、19.32亿美元、8.8亿美元，同比分别为−8.13%、25.37%、−12.85%。

三、2020年我国家纺行业国际贸易面临的挑战

（一）突发新冠疫情影响经济发展

自2020年1月以来，新型冠状病毒肺炎疫情在我国大面积爆发，随后在全球蔓延，很大程度上阻碍了生产，抑制了消费热情，作为纺织产业链终端的家纺行业受到极大影响。中国家用纺织品行业协会就"疫情对纺织行业的影响"分别在2月上旬和3月中旬进行了问卷调查，2月的调查问卷显示，在58家外贸型家纺企业中，有36%的企业表示出口产品受到海外市场的限制，同时大多数外贸型家纺企业预计上半年出口同比下降10%~30%，而这一预计区间在三月中旬的调查中上涨到30%~50%。家纺外贸企业面临经营压力，海外订单延期发货甚至取消订单的情况多有发生，使得外贸型家纺企业突然出现库存增加，资金周转困难等问题，并对企业今后的生产经营造成影响。

（二）中美贸易摩擦带来发展的不确定性

美国是世界主要的家纺产品消费市场，也是我国家纺产品出口最主要的国家。自2018年9月以来，美国先后对我国出口的地毯、毛巾、装饰辅料、餐厨用纺织品等40多亿美元家纺产品加征关税，不仅给我国家纺产品的出口造成影响，同时对国际经济环境增加了更多不确定风险。目前中美双方的谈判磋商仍在进行，呈现积极良好的态势，但贸易不确定性因素仍然存在。

（三）国际竞争日益加剧

随着印度、巴基斯坦和土耳其等国家纺织产业的发展，我国家纺产品出口竞争日益加剧，这些国家依托原料及劳动力成本等竞争优势，抢占欧美市场份额。

印度、巴基斯坦、土耳其向欧美市场出口棉质家纺产品规模不断提高，在美国市场这一趋势更加明显。据美国海关分类统计，2019年从全球范围内进口棉质家纺产品72.06亿美元，同比下降2.49%，其中从中国进口24.21亿美元，同比下降9.4%，占总进口量的33.6%，较2018年规模收窄2.6个百分点；而印度、巴基斯坦、土耳其三国增速均高于我国，其中印度、土耳其增长1.78%和5.93%，规模扩大1.43个百分点和0.21个百分点（表4）。

表4　2019年美国进口部分家纺产品来源地

地区	棉质家纺成品		化纤制家纺成品	
	进口额（亿美元）	同比	进口额（亿美元）	同比
全球	72.06	−2.49%	63.96	8.82%
中国	24.21	−9.40%	47.79	10.21%
印度	24.48	1.78%	3.18	10.45%
巴基斯坦	12.67	−2.83%	0.79	6.46%
土耳其	1.93	5.93%	0.53	−4.85%

我国化纤家纺产品在欧美市场仍占主导地位。据美国海关分类统计，2019年美国在世界范围内进口化纤家纺制成品63.96亿美元，同比增长8.82%，其中从我国进口47.79亿美元，同比增长10.21%，占比达74.7%，较上年扩大了1个百分点；从印度、巴基斯坦的进口也实现增长，同比增长1.45%和6.46%，但规模较小，分别占5%和1.24%。2019年欧盟在世界范围内进口窗帘9.82亿美元，同比增长13.55%，其中从我国进口6.6亿美元，同比增长18%，占67%；而印度增速下滑明显，同比下降24%，土耳其、巴基斯坦有4.52%和2.33%的小幅增长，但规模较小。

2019年我国国民经济继续保持总体平稳、稳中有进发展态势，但同时也要看到，当前世界经济贸易增长放缓，动荡源和风险点增多，国内结构性体制性周期性问题交织，经济下行压力依然较大。2019年我国家纺行业进出口贸易总额同比增长1.12%，其中出口贸易增长1.41%，出口额创下历年新高；而进口贸易进一步收缩，同比下降6.53%。在新冠疫情、贸易保护主义以及国际竞争加剧的复杂环境中，家纺行业将迎来更多挑战，家纺人应积极推动行业跨界合作，深化供给侧改革，推进"一带一路"贸易合作，科学走出去，优化全球资源配置，积极转型升级，向高质量发展不断迈进，在挑战中寻找机遇与方向。

撰稿人：刘丹

国内市场

2019年床上用品市场运行情况及发展趋势

中华全国商业信息中心

一、全国重点大型零售企业床上用品市场运行情况

（一）2019年床上用品零售额增速由负转正，提升明显

根据中华全国商业信息中心的统计数据，2019年全国重点大型零售企业床上用品零售额同比增长6.2%，扭转了自2013年以来连续6年负增长的态势，增速相比上年大幅提高10.4个百分点（图1）。

图1   2006～2019年全国重点大型零售企业床上用品零售额增长情况（%）

（二）2019年月度零售额增速逐月攀升

从全国重点大型零售企业床上用品类商品零售额月度数据来看，2019年全年月度增速呈现从年初逐步上升的态势，零售额增速从年初1～2月的同比下降6.5%稳步升高至12月的同比增长6.2%（图2）。

2019/2020中国家用纺织品行业发展报告

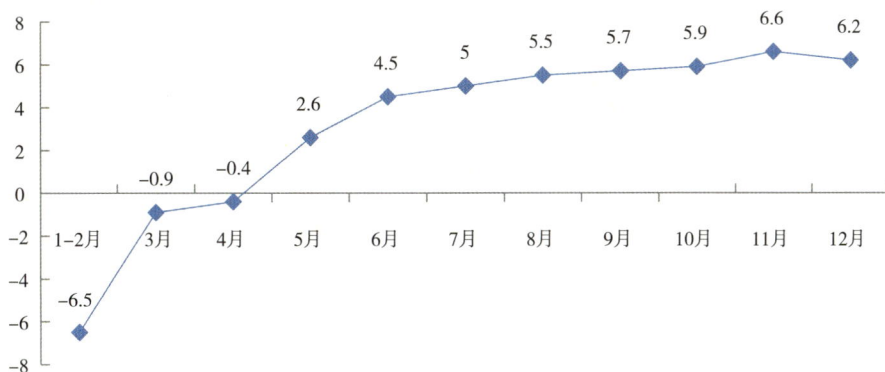

图2　2019年全国重点大型零售企业床上用品类零售额月度增速（％）

（三）平均单价较上年有所下降

2019年全国重点大型零售企业床上用品平均单价呈下降趋势，其中床上用品套件平均单价为599元，相比上年下降8.3%；床上用品各种被平均单价为521元，相比上年下降14.5%（图3）。

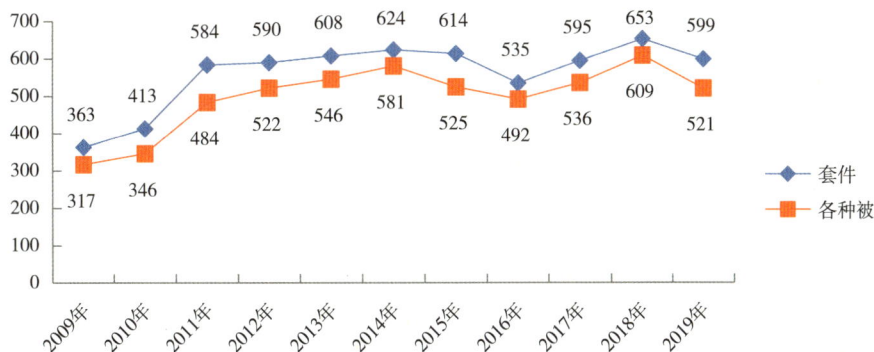

图3　2009~2019年全国重点大型零售企业床上用品套件和各种被平均单价（元）

二、全国重点大型零售企业床上用品市场品牌情况分析

（一）套件

1.前十品牌集中度提升1.0个百分点

根据中华全国商业信息中心对全国重点大型零售企业品牌的监测数据，2019年我国床上用品套件市场集中度继续呈现小幅上升趋势，排名前十的品牌市场综合占有率之和为39.9%，相比上年提升1.0个百分点，前二十品牌市场综合占有率之和为50.8%，相比上年提升0.6个百分点（图4）。

2.领先品牌间市场综合占有率差距略有扩大

2019年全国重点大型零售企业床上用品套件市场领先品牌间差距有所扩大，第一名与第十名品牌、第一名与第二十名品牌之间的市场综合占有率的差值相比上年分别扩大0.2和0.07个百分点（图5）。

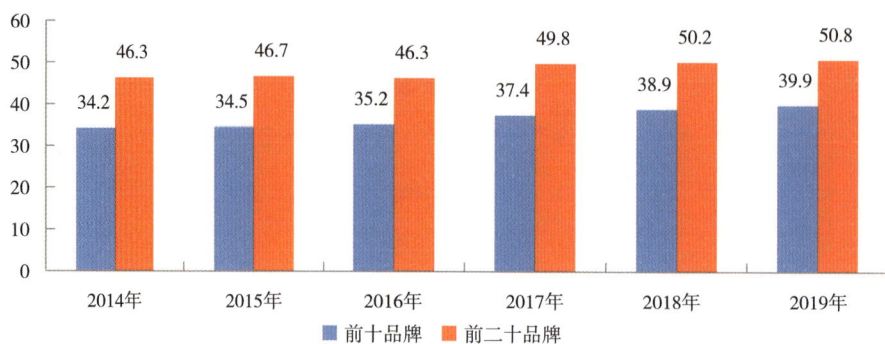

图4 2014～2019年床上用品套件市场综合占有率情况（%）

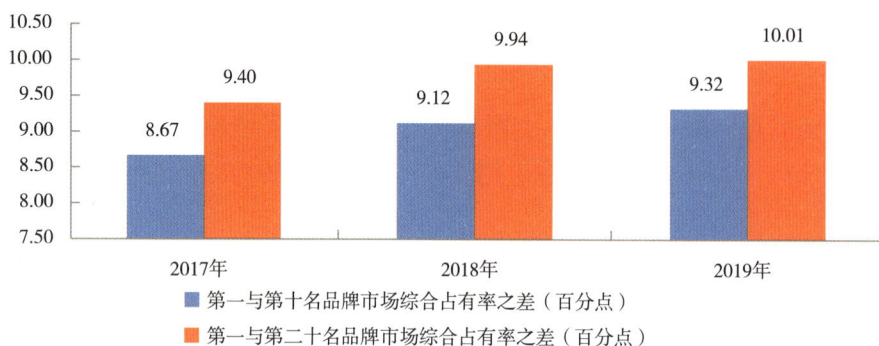

图5 2017～2019年床上用品市场优势品牌间市场综合占有率差值（百分点）

3.前五位品牌格局稳定

与2018年相比，2019年全国重点大型零售企业床上用品套件市场中的优势品牌排名相对稳定，前五位品牌格局未变，显示了这些品牌较好的顾客忠诚度和影响力，第六至十位品牌中仅有一家为2019年新进入前十的品牌。

（二）各种被

1.前十品牌集中度提升0.1个百分点，前二十品牌集中度下降

2019年，全国重点大型零售企业床上用品各种被前十品牌市场综合占有率之和为35.5%，相比上年提升0.1个百分点，前二十品牌市场综合占有率之和为47.0%，相比上年下降1.0个百分点（图6）。

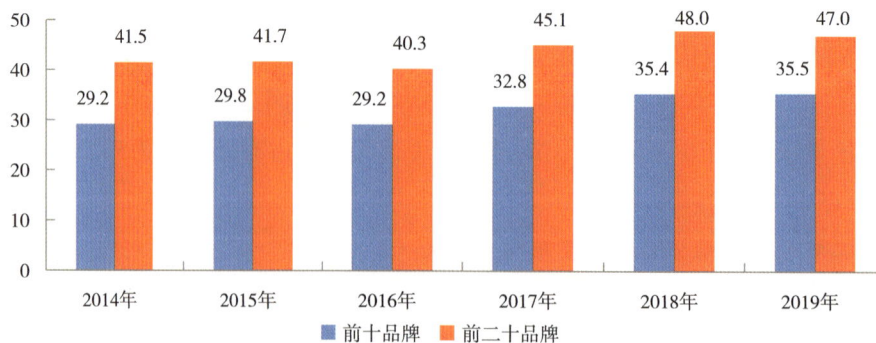

图6 2014～2019年全国重点大型零售企业床上用品各种被市场综合占有率情况（%）

2.领先品牌间市场综合占有率差距扩大

2019年全国重点大型零售企业床上用品各种被市场领先品牌间差距有所扩大,第一名与第十名品牌、第一名与第二十名品牌之间的市场综合占有率的差值相比上年分别上升1.13和1.08个百分点(图7)。

图中数据:
- 2017年:6.39、6.96
- 2018年:6.43、6.96
- 2019年:7.56、8.04

图例:
■ 第一与第十名品牌市场综合占有率之差(百分点)
■ 第一与第二十名品牌市场综合占有率之差(百分点)

图7　2017-2019年床上用品各种被市场优势品牌间市场综合占有率差值(百分点)

3.前三品牌市场综合占有率有所提升

2019年,全国重点大型零售企业床上用品各种被排名前三的品牌市场综合占有率均有所提升,其中罗莱以8.9%的市场综合占有率排名第一,相比上年上升1.0个百分点,提升最为明显;水星家纺和ESPRIT市场综合占有率分别为4.2%和2.0%,相比上年分别提升0.12和0.07个百分点。前十品牌中的其余七个品牌市场综合占有率相比上年有所下降。

三、未来床上用品市场发展趋势

(一)品质化、多样化需求释放消费潜力

随着经济、社会发展,消费者对床上用品的消费需求也趋于品质化、多样化。在产品材质选择上,更注重产品品质,棉、麻、丝、毛等天然纤维产品更受消费者青睐;功能需求方面,消费者不再满足于基本使用需求,而是开始考量材质是否考究、舒适、环保,是否时尚美观,与整体搭配是否协调等;在消费风格方面,呈现出豪奢、隐奢、科技、绿色等多种不同消费取向。此外,新冠肺炎疫情让全民健康意识大幅提升,健康类床上用品将更加受到消费者关注。

(二)消费观念和生活方式转变提升家纺消费频次

首先是消费观念转变,以毛巾和枕巾为例,以往毛巾及枕巾是低频耐用品,但现在消费者都会定期更换,以保证自身的健康和卫生。其次,消费者对于生活质量和生活方式有了更高的要求,尤其是年轻一代,在选择家纺产品时更希望产品能表达自身的生活方式,因此更青睐于选择能够表达其个性审美和实现内心满足感的产品,而不单单只注重产品的耐用性。再者,消费者在购买床品时,也开始更多地考虑家纺产品和家居家具的色调、风格是否

合适，这种提升自身生活质量、表达生活态度的消费方式也使得家纺产品的更换频次有所提升。

（三）床上用品与家居行业一体化发展

我国床上用品与家居行业融合是行业发展趋势之一。目前行业内的成熟品牌已作相关战略调整，逐渐由家纺向家居转型，如罗莱生活、富安娜、梦洁等品牌已向大家居方向转型；家具行业定制衣柜品牌索菲亚，也以木门、窗帘项目进军整体家居领域，并拓展自有品牌床上用品。借鉴国外经验，国外家纺品牌集团一般采用从家纺到家居的一体化经营模式，实现家纺、家装、家具、装饰、设计的抱团式发展，往往市场占有率较高。随着消费升级，消费文化的进步，消费者除了关注产品本身，还将更加关注床上用品与家居的融合。

（四）与"智能化"联结更加紧密

当前部分家纺企业已经开始探索智能化转型，智能制造技术颠覆了这个时代也重塑了纺织服装行业。在床上用品产品方面，深圳和而泰与罗莱、梦洁家纺共同研发了以科学、健康、舒适睡眠为核心的智能卧室系列产品，如监测睡眠状态、生命体征、睡眠质量的产品系列，助眠、睡眠环境营造、智能寝具类产品系列等。智能化的产品具有趣味性、时尚性，能够满足消费者细分化的消费需求，提供更好的消费体验，提升生活品质。

（五）儿童床品成为市场竞争的蓝海

目前，尽管床上用品行业的头部品牌已经陆续推出儿童床品，但是儿童床品的发展仍略显滞后。随着二胎政策的放开，我国每年增加新生儿150万人左右，将带动儿童床上用品市场容量的提升。同时，"80后""90后"父母的品牌意识较强，对儿童床品的款式、质量、环保要求更高，儿童床品时尚化、品牌化的趋势逐渐形成。目前儿童床品市场也被誉为床上用品市场竞争的蓝海。

（六）疫情后，床上用品行业将迎来恢复性增长

新冠肺炎疫情对床上用品终端销售形成了较大冲击，同时，随着疫情在海外的蔓延，也会影响行业的出口。但是，应该看到我国经济长期向好的基本面没有改变，床上用品升级的需求仍然旺盛，外贸的优势依然存在，行业结构优化和高质量发展的特征已经逐步显现，面对疫情带来的冲击，一些企业积极作为，向数字化、品质化转型，一定程度上将带动消费的增长。此外，国家近期也出台了减税降费、租金减免、稳定就业等一系列措施，推动复工和人们生活恢复正常，有助于市场的恢复增长，相信在国内巨大的消费需求下，床上用品市场消费将迎来恢复性增长。

2019年纺织服装专业市场及家纺市场运行分析

中国纺织工业联合会流通分会

2019年，面对严峻的外贸环境和激烈的行业竞争，我国各地纺织服装专业市场积极践行新市场新定位，以发展平台经济为旗帜，不断深化线上线下融合、市场集群融合和内贸外贸融合，以转型促升级，以创新谋发展，基本实现了平稳运行。2019年，我国万平方米以上纺织服装专业市场922家，市场总成交额达2.33万亿元，同比下降1.08%；其中，流通分会重点监测的45家市场商圈总成交额为12833.54亿元，同比增长6.12%，显示纺织服装专业市场两极分化更加明显。

一、总体情况

据中国纺织工业联合会流通分会统计，2019年我国万平方米以上纺织服装专业市场922家，同比增长0.77%；市场经营面积达7606.21万平方米，同比增长0.76%；市场商铺数量142.08万个，同比增长0.82%；市场商户数量115.39万户，同比增长0.85%；市场总成交额达2.33万亿元，同比下降1.08%。

总量规模方面，2015~2019年，我国万平方米以上纺织服装专业市场数量、总经营面积、总商铺数量、总商户数量、总成交额连续多年实现平稳增长，整体运营良好。一方面，行业结束了投资过热的扩张期，进入差异化竞争和划行规市的调整期，新市场投资日趋理性；另一方面，中心城市核心城区专业市场业态的调整步伐加快，对市场整体数量带来了一定影响。总的来看，万平方米以上专业市场总量仍保持逐年上升，但增幅放缓，结构优化取得初步成果。从成交额增速来看，2015～2019年，专业市场总成交额年同比增速依次为2.11%、2.81%、5.12%、3.85%、-1.08%，增长速度逐步放缓，特别是2019年出现了小幅度回落（图1）。

新市场方面，2019年，新开业万平方米以上纺织服装类专业市场7家，新开业专业市场总投资额为60.2亿元，新开业专业市场总经营面积为57.1万平方米。从新增市场情况来看，一方面，新模式、新业态的不断爆发，带动了产业服务类平台型专业市场的投资建设；另一方面，集群延伸和丰富产业链配套建设的产地型单体专业市场成为投资重点。

运行效率方面，2019年纺织服装专业市场商铺效率为164.13万元/铺，同比下降1.89%；商户效率为202.10万元/户，同比下降1.92%；市场效率为30659.00元/平方米，同比下降1.82%。市

图1 2013～2019年纺织服装专业市场总量规模逐年对比表
资料来源：中纺联流通分会统计

场面积、商铺数量、商户数量略有增长，成交额略有下滑，市场的各项运行效率下降。

重点监测市场方面，2019年1~12月，45家重点监测市场商圈总成交额为12833.54亿元，同比增长6.12%。其中，25家市场成交额同比上涨，平均增幅为7.88%；18家市场成交额同比下降，平均降幅为5.59%；2家市场成交额与去年同期持平。从市场运行效率看，1~12月，45家重点监测市场平均运行效率为57693.61元/平方米，同比增长5.28%；平均商铺效率为441.06万元/铺，同比增长5.63%；平均商户效率为490.73万元/户，同比增长5.77%。重点监测市场的市场效率、商铺效率、商户效率高于全国纺织服装专业市场的平均水平，可见我国龙头重点市场转型升级成果显著，同时可见我国纺织服装专业市场两极化趋势日渐明显。

景气方面，2019年，纺织服装专业市场管理者景气与商户景气走势基本一致。3月迎来上半年销售旺季，6月、7月景气指数下滑，经过8月的调整，在9月、10月迎来全年销售黄金期，11月、12月回落；专业市场管理者景气指数全年平均值为50.22，同比下降1.83个百分点，商户景气指数全年平均值为50.52，同比下降0.30个百分点，两项平均数均超过50荣枯线，但相较2018年有所下滑（图2）。

二、家纺市场运行情况

据流通分会统计，2019年，万平方米以上专营家纺产品的专业市场共计27家，占全国纺织服装专业市场总数的2.93%；市场经营总面积382.19万平方米，同比下降3.34%；商铺总数4.18万个，同比下降3.42%；经营商户总数3.92万户，同比增长0.25%；2019年成交额1478.81亿元，占全国纺织服装专业市场总成交额的6.34%，成交额同比增长0.80%，在各品类专业市场中，增速位列第二，仅次于主营小商品的专业市场；家纺市场运行效率为40031.68元/平方米，同比增长4.29%，家纺市场的运行效率高于全国纺织服装专业市场平均运行效率的

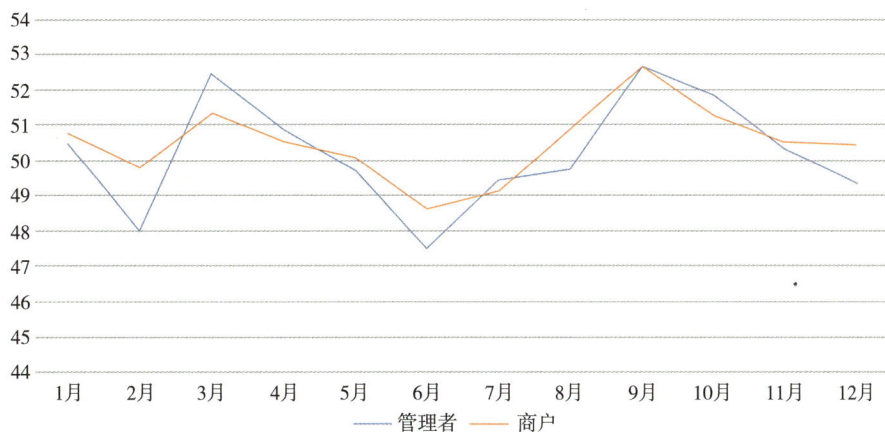

图2　全年景气指数一览
资料来源：中纺联流通分会统计

30659.00元/平方米。

2019年，主营家纺产品的专业市场运行良好，在大行业形势整体遇冷、各品类市场均有下滑的情况下，保持了平稳的运行和交易，仍然实现了0.80%的增长。从规模看，家纺市场的经营面积、商铺数量、商户数量略有调整，家纺集群通过划行规市、创新发展，对市场的内部环境和商户结构进行了调整和重组，削减冗余铺位，扩大单铺面积，精选优质商户，提升整体水平；从成交额看，主营家纺产品的专业市场此前连续三年实现5%以上的增幅，2019年增幅仅0.80%，与自身纵向比较，2019年运行相对下滑。但是也应看到，2019年，除小商品、家纺市场外，其他各品类主要市场成交额均出现了下滑，受到国际贸易环境和国内行业竞争的综合影响，我国纺织服装专业市场2019年运行整体走低，家纺市场通过积极推动线上线下融合发展，确立了新的增长点，实现了稳中有进的良好发展；从市场运行效率来看，主营家纺产品专业市场的运行效率高于全国纺织服装专业市场的平均运行效率，可见家纺市场的抵御风险能力较强，创新发展水平逐年提高（图3，表1）。

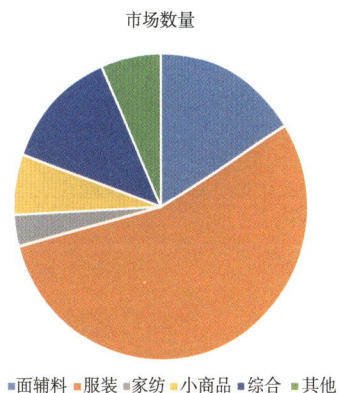

市场数量

面辅料　服装　家纺　小商品　综合　其他

图3　各品类专业市场数量占比
资料来源：中纺联流通分会统计

表1　各品类成交额占比、增速表

品类	成交额（亿元）	占比（%）	增速（%）
服装	10110.96	43.36	−1.55
原面辅料	6568.97	28.17	−0.71%
小商品	2254.90	9.67	5.56
综合	1872.06	8.03	−4.29
家纺	1478.81	6.34	0.80
其他	1034.18	4.43	−8.49

数据来源：中纺联流通分会统计

三、三个维度解读2019年纺织服装专业市场运行情况

（一）线上与线下融合发展

线上直播模式与纺织服装专业市场商户具有先天的契合度，市场商户及店员拥有原产地价格优势、快速发货和售后服务优势、对货品的了解程度及自身亲和力等优势，迅速成为服装线上直播"网红主力军"。2019年，各地龙头型专业市场敏锐地发掘了线上直播销售的巨大潜力，推动了一系列线上直播相关的公共服务活动，通过搭建平台、促成活动、抱团发展等多种策略，积极协助商户展开线上直播销售活动；专业市场商户充分发挥其市场敏锐度、灵活性和创造力，积极通过快手、抖音、淘宝直播等多种视频平台，进行直播销售，取得了良好的效果。

（二）市场与集群融合发展

2019年，我国纺织服装专业市场进一步深化与产业集群的融合度，相互支撑、相辅相成的关系更为紧密。在国际国内市场竞争加剧、渠道扁平化压力加大的情况下，产地型专业市场以本地及周边强大的产业链条作为支撑，在交货期限、物流速度、快速反应等方面展现更强的竞争力，运作模式更能适应采购商小批量、多品种、快交货的新需求，总体呈现更强的创新活力和反应速度，实现了较好增长。而集散销地型市场近年来面对渠道扁平化，竞争压力不断加大，成交额及增速表现不佳，导致我国纺织服装专业市场两极分化趋势明显。因此，对于集散销地型市场而言，一方面需要进一步加大与产地集群、产地市场和产地商户的密切联系，建立稳定、完善的供应链条；另一方面，通过转型、时尚、跨界、配套等来丰富自身功能，重塑市场定位，重点打造新业态落地、新模式探索的创新基地，引入跨界元素，提升配套档次，打造时尚空间，以批零兼营型城市时尚综合体作为转型方向，加快提升自身竞争力。

（三）内贸与外贸融合发展

2019年，世界经济增速放缓，不稳定不确定因素较多，由美方挑起的中美贸易摩擦持续，中国经济发展的外部环境复杂。我国纺织服装行业受中美贸易摩擦的影响逐渐显现，对美贸易下滑，对其他地区贸易难度增加，面临订单流失、利润降低等问题，纺织服装专业市场竞争环境进一步恶化。也应看到，随着"一带一路"倡议、市场采购贸易方式试点政策在纺织服装专业市场不断深入，我国各地专业市场积极开辟国际新通路，通过资本合作、模式输出、贸易对接等方式，以海外分市场、海外仓、海外商超经销渠道商、海外贸易对接会、海外展会等各类形式，增加了外贸订单，取得了良好的拓展效果。

2020年初，新冠肺炎蔓延全国，对我国各地生产和人民生活产生巨大影响，纺织服装专业市场面临着前所未有的考验。未来，我国纺织服装专业市场应加速拉长转型升级半径，加深创新发展内涵，进一步以发展平台经济为旗帜，不断优化采购、生产、销售、物流等资源配置，积极拓展职能、加快技术应用和管理创新，发展"市场+平台+服务"模式，增强定制化生产、一体化服务功能，打造开放、高效、绿色的供应链平台，积极构建线上线下融合、上下游协作的可持续循环体系，积极推动纺织服装行业的高质量发展。

撰稿人：胡晶

上市公司

2019年家用纺织品行业上市公司经营概况

余湘频

一、在全球主要证券市场上市的家纺企业减少至10家

截至2019年12月31日，由于泰丰床品于2019年2月19日被港交所正式取消上市地位，以及维科精华、多喜爱两家公司在2018年底已经实施大股东股权转让，并完成资产、主营业务的重大重组，从而使上市公司的主营业务完全退出了纺织及家纺行业，从2019年开始将不再把上述3家公司纳入家纺行业上市公司分析范围，所以在全球主要证券市场（不含我国新三板）上市的家用纺织品企业减少为10家，其中在上海证券交易所2家、深圳证券交易所4家、香港联交所2家、新加坡证券交易所1家、澳大利亚证券交易所1家。10家上市公司的来源地区和细分行业分布见表1和表2。

表1 家用纺织品行业上市公司上市地及实际总部分布

序号	上市地及代码	公司简称	实际总部地区
1	HK00146	太平地毡	香港
2	HK02223	卡撒天娇	
3	SZ002083	孚日股份	山东
4	SGX：COZ	宏诚家纺	
5	ASX：SHU	绅花纺织	浙江
6	SZ002293	罗莱家纺	江苏
7	SH603313	梦百合	
8	SZ002327	富安娜	广东
9	SZ002397	梦洁家纺	湖南
10	SH603365	水星家纺	上海

表2 家用纺织品行业上市公司行业细分

序号	上市地及代码	公司简称	细分行业
1	SZ002293	罗莱家纺	床上用品
2	SZ002327	富安娜	
3	SZ002397	梦洁家纺	
4	SH603313	梦百合	
5	SH603365	水星家纺	
6	HK02223	卡撒天娇	
7	SGX：COZ	宏诚家纺	
8	ASX：SHU	绅花纺织	
9	SZ002083	孚日股份	毛巾
10	HK00146	太平地毡	地毯

二、主要家纺上市公司经营指标对比分析

从已取得年报数据的6家主要家纺上市公司的经营数据分析，2019年家纺行业整体运行平稳。孚日股份（SZ002083）由于疫情影响，2019年年报需推迟到2020年6月30日披露；太平地毡（HK00146）从2019年开始，年度财务结算日从12月31日改为第二年的6月30日，其年度报告要到2020年的下半年，鉴于此，本次报告没有收集到上述两家公司的年报数据。

（一）主营业务收入

在6家有数据的公司中，2019年主营业务收入实现增长的有5家，见表3。

表3 家纺上市公司历年营业收入

人民币核算							（单位：亿元人民币）
代码	公司简称	2013年	2014年	2015年	2016年	2017年	2018年	2019年
SZ002083	孚日股份	44.43	45.54	42.05	43.75	48.20	51.71	
SZ002293	罗莱生活	25.24	27.61	29.16	31.50	46.62	48.10	48.60
SZ002327	富安娜	18.64	19.70	20.93	23.12	26.16	29.18	27.89
SZ002397	梦洁股份	14.23	15.66	15.17	14.47	19.34	23.08	26.04
SZ002761	多喜爱	8.13	6.72	5.96	6.70	6.81	9.03	
SH600152	维科精华	23.22	12.54	7.53	5.39	15.97	16.03	
SH603313	梦百合	9.56	11.62	13.77	17.20	23.40	30.50	38.32
SH603365	水星家纺	15.90	17.76	18.51	19.77	24.62	27.20	30.02
HK00873	泰丰床品（停牌）	21.48						
	合计	180.82	157.14	153.09	161.90	211.12	234.83	170.86
港币核算							（单位：亿港元）
代码	公司简称	2013年	2014年	2015年	2016年	2017年	2018年	2019年
HK00146	太平地毡	14.33	14.28	13.13	13.20	4.47	5.41	
HK02223	卡萨天娇	4.93	4.61	3.71	3.57	3.47	3.38	3.79
	合计	19.26	18.89	16.84	16.77	7.94	8.79	3.79

（二）主营业务毛利率

主营业务毛利率代表企业在单位产品中新创造的价值比率，可以从一个侧面反映企业产品创新被社会认可的程度。品牌企业的毛利率更多取决于产品的市场定位，对于生产加工型企业来讲，更多地体现的是产品的市场竞争力，见表4。

表4　家纺上市公司历年毛利率

人民币核算								（％）
代码	公司简称	2013年	2014年	2015年	2016年	2017年	2018年	2019年
SZ002083	孚日股份	22.36	20.05	22.28	23.43	21.80	19.90	
SZ002293	罗莱家纺	43.98	44.86	48.96	48.46	43.50	45.50	43.90
SZ002327	富安娜	51.38	51.32	51.05	50.24	49.60	49.80	52.00
SZ002397	梦洁家纺	44.19	45.63	47.79	49.41	44.20	42.80	41.10
SZ002761	多喜爱	40.93	43.22	41.60	37.65	38.74	38.96	
SH600152	维科精华	7.73	6.79	9.85	9.21	18.00	14.20	
SH603313	梦百合	30.89	30.04	34.86	33.60	29.50	32.10	39.70
SH603365	水星家纺				36.94	36.36	35.10	37.60
HK00873	泰丰床品（停牌）	29.22	10.15					
港币核算								（％）
代码	公司简称	2013年	2014年	2015年	2016年	2017年	2018年	2019年
HK00146	太平地毯	45.48	46.65	46.61	44.86	47.60	54.30	
HK02223	卡萨天骄	61.61	60.39	61.79	62.78	64.60	63.20	60.40

（三）净利润

2019年，6家有数据的家纺企业总体净利润提升，说明企业发展质量提升，见表5。

表5　家纺上市公司历年净利润

人民币核算								（单位：亿元人民币）
代码	公司简称	2013年	2014年	2015年	2016年	2017年	2018年	2019年
SZ002083	孚日股份	0.93	0.75	3.13	3.81	4.10	4.35	
SZ002293	罗莱家纺	3.32	3.98	4.23	3.40	4.50	5.45	5.59
SZ002327	富安娜	3.15	3.77	4.01	4.39	4.93	5.43	5.07
SZ002397	梦洁股份	0.98	1.49	1.56	0.99	0.81	0.93	0.95
SZ002761	多喜爱	0.60	0.45	0.37	0.22	0.23	0.36	
SH600152	维科精华	0.07	−2.59	0.36	−0.69	0.10	0.56	
SH603313	梦百合	1.09	1.31	1.65	2.00	1.50	2.00	3.92
SH603365	水星家纺	1.08	1.19	1.35	1.98	2.57	2.90	3.16
HK00873	泰丰床品（停牌）	2.97						
合计		14.20	10.35	16.66	16.09	18.74	21.99	18.68
港币核算								（单位：亿港元）
代码	公司简称	2013年	2014年	2015年	2016年	2017年	2018年	2019年
HK00146	太平地毯	0.50	0.26	0.20	−0.38	1.90	−0.43	
HK02223	卡萨天骄	0.11	0.13	−0.16	0.08	0.27	0.06	0.18
合计		0.61	0.38	0.04	−0.30	2.17	−0.37	0.18

（四）存货周转天数

存货周转天数，表示企业用于正常生产经营的原材料、在产品、库存商品（产成品）等周转一次所需的天数，不同的企业由于各自的经营销售模式、采购模式、生产流程长短等因素，决定了其存货周转一次所需的基本周期不同，但总体来说，存货周转天数越少说明企业运转越良性健康，特别是对于依靠自主销售渠道销售产品的品牌企业来说，存货的周转效率直接反映企业运转得是否健康有效。

在6家企业中，2019年存货周转天数下降的有3家，上升的有3家，见表6。

表6　家纺上市公司历年存货周转天数

| 人民币核算 | | | | | | | | （单位：天） |
代码	公司简称	2012年	2013年	2014年	2015年	2016年	2017年	2018年	2019年
SZ002083	孚日股份	184	210	207	227	208	186	154	
SZ002293	罗莱生活	130	166	156	156	146	114	162	170
SZ002327	富安娜	188	201	207	187	183	185	190	222
SZ002397	梦洁股份	231	233	212	209	260	219	204	177
SZ002761	多喜爱	178	188	198	220	198	207	177	
SH600152	维科精华	67	62	74	81	87	69	90	
SH603313	梦百合	59	70	71	70	64	60	60	86
SH603365	水星家纺					174	157	156	155
HK00873	泰丰床品（停牌）	22	17	24					
港币核算								（单位：天）
代码	公司简称	2012	2013	2014	2015	2016	2017	2018	2019
HK00146	太平地毯	116	112	112	114	109	145	124	
HK02223	卡萨天骄	167	209	182	210	212	186	286	219

（五）应收账款周转天数

应收账款周转天数是指企业应收账款周转一次的天数，和存货周转天数一样，同样是反映企业运转是否良性和有效率的重要指标，特别是对那些需要依靠经销商渠道销售自己产品的品牌企业来说显得尤其重要，在6家企业中，2019年应收账款周转天数下降的有4家，其他2家有所提升，见表7。

表7　家纺上市公司历年应收账款周转天数

| 人民币核算 | | | | | | | | （单位：天） |
代码	公司简称	2012年	2013年	2014年	2015年	2016年	2017年	2018年	2019年
SZ002083	孚日股份	27	30	31	35	34	33	39	
SZ002293	罗莱生活	21	21	19	26	32	30	36	37
SZ002327	富安娜	12	13	13	23	39	44	43	38
SZ002397	梦洁股份	33	31	45	76	100	77	66	61
SZ002761	多喜爱	6	8	18	26	22	20	16	

人民币核算									(单位：天)
代码	公司简称	2012 年	2013 年	2014 年	2015 年	2016 年	2017 年	2018 年	2019 年
SH600152	维科精华	23	26	36	34	34	53	96	
SH603313	梦百合	41	43	40	40	41	46	56	64
SH603365	水星家纺					20	23	18	17
HK00873	泰丰床品（停牌）	80	76						

港币核算									(单位：天)
代码	公司简称	2012 年	2013 年	2014 年	2015 年	2016 年	2017 年	2018 年	2019 年
HK00146	太平地毯	60	52	52	62	63	99	76	
HK02223	卡萨天骄	76	75	70	64	72	82	94	75

（六）盈利质量

盈利质量是指单位净利润的现金含量，等于经营现金流净额/净利润。由于现行会计制度的原因，企业报表上实现的利润和企业收到的现金并不一致，导致人们看到许多企业利润表上业绩很好，但企业的真实情况却并不尽如人意，为了矫正这一制度缺陷带给人们的错觉，必须把利润表上的净利润与现金流量表上的经营现金流净额两个指标比较起来分析，如果经营现金流净额/净利润的比值长期小于1，则认为该企业的盈利质量不高。

在6家有数据的企业中，2019年盈利质量指标大于1的有4家，小于1的也有2家，说明行业整体盈利质量有所提升，见表8。

表 8　家纺上市公司历年盈利质量

人民币核算									
代码	公司简称	2012 年	2013 年	2014 年	2015 年	2016 年	2017 年	2018 年	2019 年
SZ002083	孚日股份	48.69	10.67	1.90	2.84	3.06	2.08	1.19	
SZ002293	罗莱家纺	0.64	1.25	1.28	0.80	1.49	0.88	0.20	1.36
SZ002327	富安娜	1.73	0.69	1.16	0.73	0.96	0.74	0.64	1.70
SZ002397	梦洁股份	0.02	1.35	1.51	0.43	1.17	1.26	2.09	5.85
SZ002761	多喜爱	0.84	0.84	2.14	0.86	1.16	2.24	2.80	
SH600152	维科精华	−0.44	−14.78	−0.19	0.77	−0.33	−5.42	−0.31	
SH603313	梦百合	1.28	0.83	0.87	1.01	0.75	0.38	0.89	0.33
SH603365	水星家纺					1.34	1.19	0.84	0.75
HK00873	泰丰床品（停牌）	0.65	1.08						

港币核算									
代码	公司简称	2012 年	2013 年	2014 年	2015 年	2016 年	2017 年	2018 年	2019 年
HK00146	太平地毯	−0.03	2.37	5.05	1.87	1.12	0.68	−0.11	
HK02223	卡萨天骄	0.41	2.41	4.57	0.65	3.69	1.83	1.36	2.37

（七）运营效率

运营效率指标等于主营业务毛利额/（销售费+管理费），它表达的含义是一个单位的固定费用支出能给企业带来几个单位的新价值，考察的是企业管理团队运营企业的效率，包括对市场开拓和管理提升的精准性。如果这一比值小于1，则表明企业管理团队的运营效率不高，企业处于入不敷出的状态，企业必须采取措施检讨费用的合理性和效率性，同时提高产品的毛利率。

在6家企业中，2019年运营效率大于1的企业有6家，见表9。

表 9　家纺上市公司历年运营效率

人民币核算								
代码	公司简称	2012 年	2013 年	2014 年	2015 年	2016 年	2017 年	2018 年	2019 年
SZ002083	孚日股份	1.74	2.21	1.99	2.68	2.96	3.01	3.08	
SZ002293	罗莱家纺	1.59	1.53	1.54	1.50	1.40	1.43	1.51	1.58
SZ002327	富安娜	1.74	1.77	1.94	1.82	1.88	1.83	1.80	1.75
SZ002397	梦洁股份	1.19	1.29	1.38	1.44	1.25	1.22	1.30	1.38
SZ002761	多喜爱	1.41	1.31	1.24	1.23	1.16	1.18	1.32	
SH600152	维科精华	0.88	0.70	0.38	0.54	0.40	1.23	1.20	
SH603313	梦百合	2.16	1.96	1.84	1.70	1.70	1.44	1.74	1.79
SH603365	水星家纺					1.56	1.55	1.70	1.59
HK00873	泰丰床品（停牌）	5.65	4.33	2.51					
港币核算								
代码	公司简称	2012 年	2013 年	2014 年	2015 年	2016 年	2017 年	2018 年	2019 年
HK00146	太平地毡	1.04	1.04	1.09	1.07	0.98	0.56	0.85	
HK02223	卡萨天骄	1.28	1.07	1.10	0.96	1.11	1.17	1.06	1.12

三、主要家纺上市公司经营及资本运作

（一）孚日股份（SZ002083）

1.公司2019年年报需延期到2020年6月30日披露

由于公司各子公司主要在山东和北京两地，受新冠肺炎疫情影响，两地均对本地及外来人员实施不同程度的管控措施，导致会计师事务所若干审计工作及公司聘请的评估师事务所相关评估工作面临延迟，公司2019年年度报告拟延期至2020年6月30日披露。

工作延迟的主要原因如下：公司的全资子公司北京信远昊海投资有限公司（简称"信远昊海"），资产总额约为7.8亿元，占公司资产总额约为9%；信远昊海于2019年6月完成了对北京睿优铭管理咨询有限公司及其子公司（简称"睿优铭集团"）60.74%的股权收购交易，收购对价合计人民币约2.9亿元。信远昊海的净资产约为3.3亿元，占公司合并报表净资产约8%。公司委托第三方评估师针对该股权收购交易所涉及的并购日睿优铭集团可辨认资产和负债于并购日的公允价值进行评估以进行合并对价分摊，同时也委托评估师针对该收购交易产生的睿优铭集团的商誉在并购日和 2019 年末进行减值测试评估。截至5月23日，评估工作受疫情影响尚未完成，该商誉减值测试评估结果可能对公司年度净利润的影响金额较大。睿优铭集团主要以线下培训业务为其主营业务，截至目前尚未恢复营业，故较多评估工作事项未能按期进行。会计师事务所在获取上述评估报告后亦需进一步执行相应审计和复核工作，因此审计进度受到影响，导致会计师事务所无法按期出具审计报告。

2. 2019年公司发行了6.5亿元可转债

2019年12月17日公司发行了6.5亿元可转债，期限6年，到期日2025年12月17日。利率条款：第一年为0.40%、第二年为0.60%、第三年为1.00%、第四年为1.50%、第五年为1.80%、第六年为2.00%。原A股股东实行优先配售，余额部分采用通过深交所交易系统网上向社会公众投资者发行的方式进行。募集资金主要用于进一步扩大公司规模和补充产能的不足，提升公司的智能制造水平和生产效率，提高公司研发实力和信息化水平，巩固公司在家用纺织产品的先发优势和现有优势产品的市场地位，拓展现有业务市场份额。

3. 回购部分社会公众股

公司于2020年5月21日首次通过集中竞价方式实施了回购股份，回购股份数量为2151175股，占公司总股本的比例为0.24%，成交的最高价为4.95元/股，最低价为4.83元/股，支付的总金额约为1048.22万元。

（二）罗莱生活（SZ002293）

2019年度，罗莱生活实现营业收入48.60亿元，较去年同期增长0.98%，归属上市公司股东的净利润5.46亿元，较去年同期增长2.16%。

1. 聚焦主业，品牌建设持续发力

2019年，公司继续加强品牌建设，罗莱品牌围绕"超柔床品"进行了一系列品牌和市场推广活动，打造消费者心智。通过全明星代言人矩阵——品牌代言人高圆圆，暖绒系列代言人陈晓，极地挑战品牌大使陈学冬，"双十一"刺猬乐队全渠道合作，以及微博大V，微信KOL，抖音和小红书全平台触达，OTT、地铁、机场的多维度硬广投放，为品牌带来极大的关注，不断"种草"年轻客户群，全年覆盖总人群为1.4亿人次。同时不断提升门店形象，升级"私享家"服务标准，截至报告期末，罗莱七代店面形象更新完成近700家，"私享家"开设近400家。根据尼尔森发布的年度品牌健康度调研结果，2019年度罗莱品牌总知名度达到78.7%，满意度达到98.1%，比去年提升3.8%。

LOVO家纺"欧洲新锐设计师设计"品牌战略顺利推进。2019年3月，LOVO于全球地标法国卢浮宫举办十周年庆典，正式宣布启动"欧洲100"项目。截至2019年底，LOVO已与40名以上的欧洲设计师持续展开合作，意大利、法国、荷兰、西班牙设计师线先后上市，英国羊毛被爆款成功打造，品牌战略落地不断深入。通过充分的消费者调研，2020年LOVO将持续推进品牌力建设，在品牌中文名（乐蜗）、品牌价值观、品牌超级图标、品牌资产等方面，持续推进互联网化、年轻化、潮流化的品牌力升级。

廊湾家居（LAVIE HOME）以"将全球最有代表性的家居设计作品带入中国"为首要任

务，主打高端精致的生活方式。品牌自成立以来，不断创新突破，引进国外优质家居品牌，打造国际化的品牌形象。

2019年3月，廊湾家居携意大利设计梦工厂ALESSI、芬兰国粹手工玻璃品牌IITTALA、意大利蕾丝寝居典范YOLANNA等众多世界知名家居品牌重磅登陆亚洲领先的国际设计盛会"设计上海"。报告期内，廊湾家居整合多品牌资源，在国内核心城市的重要商圈开设具有相对独立设计风格的集合店，不断提升消费者体验，提升品牌美誉度，持续为全国消费者带来全新的生活方式。

2.多层次研发创新

2019年，罗莱品牌基于消费者的需求变化进行产品整体风格的迭代，提供满足并引领消费者需求的商品。以超柔新科技构建竞争壁垒，在产品科技上落位"超柔"品牌战略，通过三级柔软科技支持不同需求的商品，从面料的源头纱线开始研究，开发出"超柔仿生结构"等多项科技工艺，并取得国家专利技术，以领先的生产技术切实为消费者带来"更柔软"的床品；秋冬季商品的研发中，强调"轻暖睡眠"的体验，使用创新面料及工艺，赋予织物储存和释放能量的功效以及更加蓬松、柔软的产品触感。

在具体产品策略方面，与国际化的顾问团队合作，基于公司品牌策略，确定产品国际化、年轻化的研发方向，并更新了品牌全新风格审美DNA。整合所有品类，尝试新的方向。在时尚系列上尝试年轻化；坚守并创新中国的传统国粹，携手石佳冉高级定制手工工坊，共创中国家纺藻井艺术，从藻井文化汲取灵感推出高级定制款系列产品，由苏州手工艺人纯手工绣制，传承国粹手工工艺，尽显国风建筑之美；针对购物中心渠道，尝试性地推出自然极简系列，去掉过度设计，还原本真舒适，适合喜欢自然、简约、舒适、环保的人群。

2019年，LOVO家纺全面实现产品竞争力的提升。在人货匹配层面，应用更多数据到产品研发及上市运营的流程中，精准化的产品输出策略被固化到日常流程中，将在中长期发挥巨大优势；在研发效能层面，创新性引入小组制组织建设，将研发与市场效果两端打通，更有效地用"以市场数据为始、以市场效果为终"的标准，着力打造全新的研发组织能力模型；在产品效率层面，LOVO延续了"欧洲的设计、全球的材料"策略，着力打造新材质、新科技、新设计三大特色产品线，初步实现了与竞争品牌之间的产品差异化，更好地提升了电商消费者的购物体验。

为了提升消费者在软包布艺类产品上的购物体验，莱克星顿（Lexington）2019年推出了个性化设计模拟系统，提供3D可视化模拟体验，将产品框架及织物细节高清呈现，并且通过AR应用程序能够将产品放置到任何房间环境中。该项目将在2020年扩展到全部室内软包布艺类产品。

3.渠道深耕，探索创新业务模式

公司继续强化各品牌在优势地区的竞争力，打造更多具有绝对竞争力的地区。签约价值客户，打造区域样板效应，在新渠道建设上，探索购物中心盈利模式。

线上实施持续差异化的电商策略，拥抱更多的战略用户，与竞争对手形成品牌区隔。在保持天猫、京东、唯品会等传统电商渠道的发力外，积极布局社交渠道，品牌社群、品牌裂变小程序、品牌直播等新业务模式初显成效。

4.加强零售能力建设

公司持续以罗莱品牌为主推进零售转型战略，报告期内公司致力于打造流程化、标准化的零售营运体系。以商品为核心，围绕消费者需求，链接前、中、后台，建立零售导向的职能协同机制，提升零售同店增长；同时建设样板客户的零售精细化运营模型，打造加盟商精益零售的模式；升级终端培训体系，提升零售成交率、连带率。报告期内区域零售职能化建设取得明显成效。

5.完善供应链运营体系

报告期内，公司进一步建立和完善以零售为导向、以消费者和客户为中心、全价值链协同的广义供应链运营体系。积极推动与战略供应商的合作共赢，在研发创新、质量管理、精益生产、效率提升等方面与战略供应商进行协同紧密合作；持续推行精益生产模式及智能化工厂建设，实现全年降本增效目标；公司仓储物流中心实现线上、线下整合运营，资源有效整合，作业能力持续提升；完成降本增效的同时，满足销售需求，提升客户满意度。

6.加强组织结构优化，打造人才梯队，优化人才激励方式

报告期内公司根据战略发展目标进行组织架构优化，以提升组织敏捷性、高效精简等原则对组织进行前中后台调整，提升了资源的有效共享及各品牌之间的协同性。致力于持续打造关键岗位人才梯队，组织关键岗位各层级人才盘点、评估，识别人才梯队，并进行针对性发展。罗莱大学进行关键岗位课程体系建设，组织加盟商EMBA/MBA培训，公司内部开展电商、研发、商品企划等专项培训。通过对销售、研发等岗位设置差异化的薪酬激励方案，让高产出者有更高的回报。报告期内公司的组织能力、人均效率得到进一步提升（表10~表13）。

表 10　罗莱生活分产品、分地区营业收入构成及其变动情况

项目	2019 年		2018 年		同比增减（%）
	金额（元）	占营业收入比重	金额（元）	占营业收入比重（%）	
营业收入合计	4860195894.87	100%	4812808573.97	100	0.98
分行业					
批发零售业	4860195894.87	100.00%	4812808573.97	100.00	0.98
分产品					
标准套件	1668736705.72	34.34%	1738314069.78	36.12	−4.00
被芯	1441732013.69	29.66%	1383608664.91	28.75	4.20
枕芯	281735199.44	5.80%	245587210.48	5.10	14.72
夏令产品	125219215.26	2.58%	128029784.62	2.66	−2.20
其他饰品	475068127.33	9.77%	507054145.82	10.54	−6.31
家具	867704633.43	17.85%	810214698.36	16.83	7.10
分地区					
华东地区	2180242642.72	44.85%	1999820775.92	41.55	9.02
华中地区	555297186.80	11.43%	566421443.35	11.77	−1.96
东北地区	206656305.87	4.25%	266254144.65	5.53	−22.38
华北地区	420844063.78	8.66%	471019442.96	9.79	−10.65
西南地区	331865793.95	6.83%	358925835.25	7.46	−7.54
华南地区	192711152.22	3.97%	226798526.33	4.71	−15.03
西北地区	72976347.48	1.50%	82443026.87	1.71	−11.48
美国	867704633.43	17.85%	810214698.36	16.83	7.10
国外（除美国）及港澳台地区	31897768.62	0.66%	30910680.28	0.64	3.19

表 11　罗莱生活分产品营业成本构成及其变动情况

行业分类	2019 年		2018 年		同比增减（%）
	金额（元）	占营业成本比重	金额（元）	占营业成本比重（%）	
批发零售业	2728631445.89	100.00%	2622922929.11	100.00	4.03
其中					
标准套件	880129594.23	32.26%	893520963.88	34.07	−1.50
被芯	789933886.79	28.95%	735560921.85	28.04	7.39
枕芯	149578609.92	5.48%	118197810.83	4.51	26.55
夏令产品	72108515.83	2.64%	75423940.03	2.88	−4.40
其他饰品	282594325.50	10.36%	297588606.76	11.35	−5.04
家具	554286513.62	20.31%	502630685.76	19.16	10.28

表 12　罗莱生活家纺产品产量、销量、库存情况及其变化

行业分类	项目	2019 年	2018 年	同比增减（%）
批发零售业	销售量（套）	8844401	9132419	−3.15
	生产量（套）	7109774	7628658	−6.80
	库存量（套）	2223573	2573405	−13.59

表 13　罗莱生活研发投入情况

项目	2019 年	2018 年	变动比例（%）
研发人员数量（人）	276	309	−10.68
研发人员数量占比（%）	7.82	13.58	−5.76
研发投入金额（元）	99997967.21	125504440.29	−20.32
研发投入占营业收入比例（%）	2.06	2.61	−0.55

（三）富安娜（SZ002327）

2019年，公司实现营业收入27.89亿元，较去年同期下滑4.44%，其中，经销商业务收入占比约为27%，直营门店占比约为27%，电商业务收入占比约为36%，其他业务（包括团购和家居）占比约为10%；2019年，归属于上市公司股东的净利润为5.07亿元，较去年同期下滑6.72%。公司在2019年主动调整经销商渠道，进行管理革新，容忍经销商短期进货效率，帮助经销商去终端库存，帮助其提升自身利润，净利润率最高的经销商业务收入出现阶段性下滑，同期相比下滑约27%，导致公司2019年净利润下滑的幅度大于营业收入下滑的幅度。

1. 多渠道营销网络

（1）线下渠道。公司线下渠道分为经销商渠道和直营渠道，截至2019年末，经销商渠道收入占公司营业收入约27%，直营渠道收入占公司营业收入约27%，团购市场收入占公司营业收入约7%，公司目前为止对经销商渠道采取扁平化管理，管控力度较强，通过账期管理能推动经销商终端经营质量的持续提升；公司的直营管理团队执行力强，能够根据公司的市场策略、营销策略、品牌策略、产品策略及时从绩效管理、业绩跟踪管理、商品管理等方面

去落地执行，并对经销商管理做管理输出，让公司线下渠道持续健康发展。

截至2019年末，公司线下专卖店（沿街专卖店）与商场专柜共1383家，专卖店与专柜分别占比为64%和36%，线下终端渠道受商场流量波动、商场平台掣肘的影响较小，公司经过多年在各个一、二线和三、四线优质城市终端布局，不断优胜劣汰，终端渠道的掌控力在不断提升，逐步增强。

帮助经销商提升管理能力，容忍经销商短期进货效率，推进经销商去终端库存是公司和经销商作为共同命运体的长远发展布局。经销商是公司发展的命运共同体，公司不盲目扩张开店，在经济周期变化的预期下，公司更关注经销商的长远发展和抵抗风险的能力，公司2019年对经销商管理以回款为奖金考核指标，以推进帮助经销商去终端库存，帮助其提升自身利润，同时，公司成立百人渠道服务团队，帮助经销商推进信息管理系统操作培训、门店新零售等专业技能，为公司线下渠道的新零售开展打下基础。

推进全国终端POS系统统一接入，推进线下新零售管理培训和样板打造是2019年的主要工作。截至2019年末，公司已完成全门店POS系统的统一，公司线下零售会员人数达到70.12万，线下管理团队打破传统引流模式，引入新零售思维，利用数据化网络加强门店辐射效应，注重建立标准化会员服务流程，以提升单店效率。

推进终端门店激励机制、快速的商品反应机制，提升直营门店的管理竞争力，为公司全国终端门店的业绩提升奠定基础。2019年，公司渠道管理更加扁平化，实施布局多渠道战略，多品类发展，充分调动前线销售人员能动性，绩效考核由以销售为主调整为以回款考核为主，聘请知名供应链缓冲管理专家指导，建立快速补货绩效体制；同时，为更好地调动终端零售人员积极性，改革薪资绩效方案，树立标杆，在内部形成业绩竞赛、金牌导购等绩效激励评比机制，充分调动了店柜销售人员积极性；在商品管理上，执行公司新品上市节奏，关注新品售罄，加快库存清理，执行公司价格统一，策略统一。

全面布局线下新零售，从客户管理、爆款商品、门店结构、营销模式、系统配置、思想打通等方面进行提前布局。2019年公司在各区域市场的私域流量建设方面投入较大，充分利用公司的粉丝群体、通过线下新零售工具，在下半年度直营市场逐渐取得单品爆破、社群秒杀等新营销模式的突破。同时，公司在开发新零售市场的同时，积极培育新零售输出管理团队，在优化经销商渠道的同时，积极为经销商提供新零售管理培训和样板建设，为公司2020年的新零售业务开展奠定基础。

（2）电商渠道。消费品牌未来一定是全渠道互联网营销，电商渠道是重要战略渠道，也是公司未来持续提升规模、提升品牌竞争力的重要载体，公司与国内的头部电商平台如天猫、京东、唯品会、云集等建立了长期的战略合作关系。公司电商渠道管理团队对供应链、商品、物流的运营有深刻的认知，洞悉电商人群市场，善于运用数据化管理对市场进行快速反应，执行力强。截至2019年末，公司电商渠道的销售收入占公司营业收入约36%，规模增速同比增长约21%。公司电商管理团队始终关注产品升级、材质升级、营销升级、组织结构升级，团队利润考核以净利润为考核，不刻意关注短期流量红利，电商团队在毛利管理和费用管理能力持续提升，并优于同行业水平。

2019年公司重新构建电商平台运营构架，进行多品类产品的精细化运营，快速进行电商供应链改革，通过商品结构的优化和平台资源整合，对电商整体毛利的提升和单品打爆提供了有力保障。公司积极布局社交零售平台，并持续在阿里、京东等平台开展多店铺布局，在洋葱、蜜芽等热门零售平台及阿里、京东上都有两位数以上的增长；公司持续优化商品结构，特别是羽绒被、蚕丝被、羊毛被、乳胶床垫及枕头和中高端材质套件等品类获高速增长；公司从研发方向入手，持续进行年轻化商品布局，从长远考虑获客问题，在2019针对年轻人群开发产品的成交结构来看，年轻人群成交占比明显提升；电商平台床垫用品获快速成长，电商销售收入达到约5%。

2.设计研发

（1）设计和研发。公司以设计创新为核心竞争力，不以"跑马圈地"、明星代言的粗放式发展来形成品牌路径依赖，公司拥有200多人的设计研发团队，专注产品设计和工艺开发，每季商品都注入时尚原创设计，赋予前瞻和经典的结合，在高端产品系列中，还具备观赏和收藏价值。公司研发团队能够根据渠道市场需求，在面料工艺开发、主题设计、分系列设计开发上做出快速作品输出，是公司品牌的核心战队。

在家具及材料产品研发上，公司一直在做储备业务设计创新，2019年公司家居主题设计以自然肌理纹路为设计灵感开发系列产品，包括各类独幅大理石纹路、玛瑙纹路等，将运用在家具面板、家用墙面、卫浴空间、酒店办公等场所。

（2）行业荣誉和专利。截至2019年末，公司拥有包括外观专利、实用新型专利共77项，软件著作权证书16项，版权证书1039项，其中，2019年新增版权、外观专利、实用新型专利、发明专利、软件著作共172项。公司也是拥有全球最多平网创新设计及全球最大独幅真丝提花设计创新者。

3.管理信息系统建设

公司是行业内首家全面引入全球五百强采纳的德国SAP ERP系统，在家纺和家居行业精细化发展趋势下，同时推进SAP系统（一种增强财务管理、规范企业主要业务流程的信息管理系统）、丽晶POS系统（一种动态掌握门店销售数据和终端库存的收银系统）和WMS系统（一种规范仓库管理，提升物流工作效率的仓库管理系统），截至2019年末，公司持续将三种系统进行优化、协同和打通，管理协同平台支撑公司流程、沟通、考勤、考核等日常行政管理运营；业务运行平台以SAP为核心，结合POS、SRM（供应商关系管理系统）、WMS、OMS（订单管理系统）等，贯穿公司商品、采购、生产、仓储、销售、物流等产供销整体业务；顾客平台全面覆盖第三方电商平台、微信等用户触点，提高内控管理水平、降低成本、提升效率、为顾客提供更优质的产品和服务提供了系统基础。

4.供应链与质量管理

周期管理：公司从坯布采购周期就采取自主研发和面料定制，公司始终坚持与行业内优质供应商进行合作，公司持续加强供应链的周期管理，强化供应链的反应速度，通过整合全渠道订单资源，集中采购压缩采购供应周期和采购供应价。通过实施面料周期管理、产品周转天数管理等方法缩减公司资金占用时间；利用市场环境和集中采购对原料进行成本控制；加快物料周转速度，降低公司成本，加快产品供应速度。

质量管理：公司从2002年8月通过ISO 9001的质量认证开始，经过18年的推行，每年通过内审、管理评审、外审、PDCA的循环、统计分析及质量改善不断提升，使富安娜的产品质量保持在高水平，并不断超越自我，创造卓越。

公司一直重视标准化的工作，积极参与国家行业标准化活动，从2008年开始参与国家基础标准委员会（简称"国标"）、全国家用纺织品标准化技术委员会（简称"行标"）、各级团体标准组织的标准化活动（简称"团标"）及参与和纺织品相关的国标、行标的修制定工作，截至目前为此，已主导和参与编制6个国标、6个行标及1个团标，共13个标准，为家纺行业的标准化建设做出了应有的贡献，在行业中发挥了领军作用。

5.生产布局

截至2019年末，公司现有深圳龙华总部基地、江苏常熟家纺生产基地、四川南充家纺生产基地、广东惠州生产基地共四大基地。2019年上半年，综合考虑公司业务的地域规划与生产成本的因素，原有的湖北阳新生产基地产能已经转移到四川南充，同时，在常熟生产基地实施仓中园项目，集中资源保证生产效率和产品品质，满足订单需求，逐步构建快速反应的供应链。公司在巩固"长三角"地域的基础上，进一步提高总部所在"粤港澳大湾区"产业基地实力，后续将持续优化生产成本，提升供应链物流的快速流通能力和效率，以支持公司的战略发展（表14~表18）。

表 14　富安娜营业收入构成及其变化情况

项目	2019 年		2018 年		同比增减（%）
	金额（元）	占营业收入比重（%）	金额（元）	占营业收入比重（%）	
营业收入合计	2788843144.50	100	2918494282.55	100	−4.44
分行业					
纺织	2709598031.12	97.16	2818784121.89	96.58	−3.87
家具	79245113.38	2.84	99710160.66	3.42	−20.52
分产品					
套件类	1125232518.18	40.35	1269617352.18	43.50	−11.37
被芯类	1027670418.19	36.85	1084767009.21	37.17	−5.26
枕芯类	234140192.65	8.40	206305655.04	7.07	13.49
家具类	79245113.38	2.84	99710160.66	3.42	−20.52
其他类	322554902.10	11.57	258094105.46	8.84	24.98
分地区					
华南地区	1015587517.91	36.4%	1081697525.77	37.06	−6.11
华东地区	603443954.95	21.64	572544355.03	19.62	5.40
华中地区	272042654.25	9.75	318305946.11	10.91	−14.53
西南地区	382685521.37	13.72	417572624.75	14.31	−8.35
华北地区	213734666.53	7.66	243978924.44	8.36	−12.40
西北地区	123310239.36	4.42	149377557.56	5.12	−17.45
东北地区	178038590.13	6.38	135017348.89	4.63	31.86

表 15　2019 年富安娜分产品和地区的营业收入、营业成本、毛利率构成及其变化

项目	营业收入（元）	营业成本（元）	毛利率（%）	营业收入比上年同期增减（%）	营业成本比上年同期增减（%）	毛利率比上年同期增减（%）
分行业						
纺织	2709598031.12	1302420717.06	51.93	−3.87	−8.03	2.17
分产品						
套件类	1125232518.18	522199823.17	53.59	−11.37	−11.99	0.32
被芯类	1027670418.19	506351269.22	50.73	−5.26	−10.68	2.99
分地区						
华南地区	1015587517.91	458578505.83	54.85	−6.11	−16.38	5.55
华东地区	603443954.95	293446686.19	51.37	5.40	6.13	−0.34
华中地区	272042654.25	136984014.38	49.65	−14.53	−17.15	1.60
西南地区	382685521.37	206599354.20	46.01	−8.35	−6.71	−0.96

表 16　富安娜营业成本构成及其变化

行业分类	项目	2019 年		2018 年		同比增减（%）
		金额（元）	占营业成本比重（%）	金额（元）	占营业成本比重（%）	
纺织（家用纺织品）/家具	材料	1085824289.45	81.11	1196054099.44	81.67	−9.22
纺织（家用纺织品）/家具	人工	141209203.81	10.55	125282142.25	8.55	12.71
纺织（家用纺织品）/家具	委外加工费	11380345.51	0.85	15906752.89	1.09	−28.46
纺织（家用纺织品）/家具	制造费用	100212154.84	7.49	127297604.35	8.69	−21.28

表 17　富安娜主要产品产量及其变化

行业分类	项目	单位	2019 年	2018 年	同比增减（%）
纺织（家用纺织品）/家具	销售量	万套/万件/万个/万条/万元	133863	146454	−8.60
	生产量		131110	156785	−16.3
	库存量		43135	45888	−6.00

表 18　富安娜研发投入情况

项目	2019 年	2018 年	变动比例（%）
研发人员数量（人）	254	262	−3.05
研发人员数量占比（%）	5.64	4.62%	1.02
研发投入金额（元）	76654163.64	52209288.49	46.82
研发投入占营业收入比例（%）	2.75	1.79%	0.96

（四）梦洁股份（SZ002397）

2019 年，公司积极进行智慧零售布局，延伸产品边界、服务边界和渠道边界等，不断提升公司的持续发展能力，公司营业收入取得突破。公司全年实现营业收入 26.04 亿元，同比增长 12.80%；实现归属母公司所有者净利润 0.85 亿元，同比增长 1.19%。报告期末公司资产总额 34.74 亿元，归属于上市公司股东的所有者权益 19.22 亿元，加权平均净资产收益率 4.39%，基本每股收益 0.11 元（表 19~表 23）。

表 19　梦洁股份营业收入构成

项目	2019 年		2018 年		同比增减（%））
	金额（元）	占营业收入比重（%）	金额（元）	占营业收入比重（%）	
营业收入	2603609858	100	2308092760	100	13
分行业					
纺织业	2603609858	100	2308092760	100	13
分产品					
套件	1026686009	39%	954683780	41	8
被芯	800394625	31%	761337466	33	5
枕芯	159135743	6%	131326213	6	21
其他	617393480	24%	460745301	20	34
分地区					
华东	502946803	19	417688074	18	20
华南	299008493	11	237215612	10	26
西南	143585962	6	154674954	7	−7
华中	1265583264	49	1079369265	47	17
西北	53771275	2	57089295	2	−6
华北	199752815	8	180375772	8	11
东北	90061484	3	95295828	4	−5
出口	48899762	2	86383960	4	−43

表 20　2019 年梦洁股份营业收入、营业成本、毛利率及其变化情况

项目	营业收入（元）	营业成本（元）	毛利率（%）	营业收入比上年同期增减（%）	营业成本比上年同期增减（%）	毛利率比上年同期增减（%）
分行业						
纺织业	2603609857.53	1532985046.36	41.12	12.80	16.02	−1.63
分产品						
套件	1026686009.13	575928087.69	43.90	7.54	11.67	−2.07
被芯	800394624.88	454478065.20	43.22	5.13	−0.66	3.31
枕芯	159135743.39	83052111.59	47.81	21.18	16.54	2.08
其他	617393480.13	419526781.88	32.05	34.00	51.57	−7.88
分地区						
华东	502946802.78	342618801.65	31.88	20.41	29.87	−4.96
华南	299008492.52	194509219.89	34.95	26.05	22.73	1.76
西南	143585961.53	89937073.49	37.36	−7.17	−9.16	1.37
华中	1265583263.71	670310390.83	47.04	17.25	17.31	−0.03
西北	53771275.40	28279639.26	47.41	−5.81	4.56	−5.22
华北	199752815.42	116662969.95	41.60	10.74	22.34	−5.54
东北	90061484.21	50471346.96	43.96	−5.49	1.67	−3.95
出口	48899761.96	40195604.33	17.80	−43.39	−28.90	−16.75

表 21　梦洁股份主要产品营业成本构成及其变化

产品分类	2019 年		2018 年		同比增减（％）
	金额（元）	占营业成本比重（％）	金额（元）	占营业成本比重（％）	
套件	575928087.69	37.57	515735568.41	39.03	11.67
被芯	454478065.20	29.65	457488084.08	34.62	−0.66
枕芯	83052111.59	5.42	71266050.46	5.39	16.54
其他	419526781.88	27.37	276788615.89	20.95	51.57

表 22　梦洁股份主要产品产、销、存及其变化情况

行业分类	项目	单位	2019 年	2018 年	同比增减（％）
纺织行业	销售量	万	2885.97	2742.89	5.22
	生产量	万	3387.93	3430.50	−1.24
	库存量	万	3293.36	2791.40	17.98

表 23　梦洁股份研发投入情况

项目	2019 年	2018 年	变动比例（％）
研发人员数量（人）	403	423	−4.73
研发人员数量占比（％）	10.86	10.91	1.03
研发投入金额（元）	86718806.92	75511405.75	14.84
研发投入占营业收入比例（％）	3.33	3.27	0.06

1.渠道加快覆盖

公司渠道向三四线城市及重点社区下沉，重点布局"轻小快"的智慧小店。品牌集合店及标准门店有序推进。2019年，公司新增终端超过1200个，其中智慧小店949个。

"一屋好货"平台正式上线。"一屋好货"平台打破线下门店受营业时间、产品展示空间以及销售地域等限制，赋能线下终端，不断迭代，成为终端门店重要的流量入口，初见成效。

公司调整传统电商策略，结合市场需求，对产品、策划、推广、定价等方面重新定位，竞争力提升明显。面对不断涌现的新兴渠道，公司积极参与，扩宽公司的渠道边界。同时，公司着力于提升终端零售能力及服务能力的提升，加大对不合理终端的调整。

2.突出洗护服务

公司家居服务聚焦专业、环保、健康，重点突出洗护服务。2019年，"七星洗护"在全国已建立了6家高端洗护工厂，满足顾客对高端家纺、衣物的洗护及奢侈品的保养需求。"梦洁洗护"专注于专业的家纺洗护，成为品牌集合店及标准门店标准配置，智慧小店贴近顾客，成为洗护重要服务窗口。公司不断升级服务标准及流程，强化服务人员专业培训和认证，服务APP升级迭代，让洗护服务更加便捷可靠，增加客户粘性，成为重要的流量入口。

3.丰富产品结构

公司拥有强大的产品研发团队，并加强与国内外知名设计师及设计院校合作，抓住家居市场消费潮流趋势，满足顾客需求。2019年，公司订货会发布新品广受好评，上市取得不错

效果。面对家居市场的不断变化，公司研发团队快速响应，打造套件、被芯、枕芯及夏凉品等风格及材质各异的爆品，提升市场占有率。公司扩充家居类产品线，丰富终端产品，便捷顾客家居生活体验，增加顾客与终端的互动频次。

4.整合信息系统

现代信息技术发展日新月异，人工智能、大数据等技术快速发展，促进了企业可视化运营，助力企业实现数据化运行、智能化管理。公司在信息系统建设方面持续投入，效果显现，提升了公司的运营效率。

2019年，公司与领先的信息系统服务商进行合作，搭建并完善中台系统，驱动公司智慧零售业务的快速布局与发展。同时，公司多维度完善各个业务单元的基础信息，整合并打通各个业务系统，形成完整、及时、有效、可视的信息流，提升公司决策效率。

5.提升组织效率

公司重视人才队伍建设，倡导精英文化。为了实现公司的发展战略，公司针对性引进高端人才，优化组织结构和人才梯队，合理利用激励机制，充分调动员工积极性，提升公司整体运营效率。2019年，公司重点进行产品、服务、市场等方面团队打造，提升公司竞争实力。

为了充分调动公司核心管理团队和核心业务（技术）骨干的积极性，公司推出了2019年限制性股票激励计划，向7名激励对象授予了160万股限制性股票。

（五）多喜爱（SZ002761）

2019年12月17日，中国证券监督管理委员会出具了《关于核准多喜爱集团股份有限公司重大资产置换及吸收合并申请的批复》（证监许可〔2019〕2858号），核准公司重大资产重组及向浙江国资公司等发行股份购买资产的交易。

1.置入资产交割情况

2019年12月26日，公司与浙江省建设投资集团有限公司（浙建集团）签署了《多喜爱集团股份有限公司与浙江省建设投资集团有限公司之吸收合并资产交割确认书》，以2019年12月26日作为置入资产的交割基准日，对于置入资产的交割安排、过渡期损益等事项进行了约定。2019 年12 月26日，浙建集团100%股权已登记至本公司名下，完成了工商登记变更手续。

上述置入资产超过置出资产价值的差额部分728223.82万元，由公司向浙建集团全体股东发行股份购买，其中浙江国资公司认购340444114股、中国信达资产管理股份有限公司认购124629168股、工银金融资产投资有限公司认购124629168股、浙江建阳投资股份有限公司认购67108013股、迪臣发展国际集团投资有限公司认购67108013股、鸿运建筑有限公司认购67108013股股份、浙江省财务开发公司认购46975609股，共计认购838002098股，每股价格8.69元。

2.置出资产交割情况

根据多喜爱公司、浙江国资公司、陈军、黄娅妮于2019年12月27日签署的《多喜爱集团股份有限公司与浙江国资公司与陈军、黄娅妮之置出资产交割确认书》，确认置出资产交割日为2019年12月27日，自资产交割日起，置出资产相关的的债权、债务、业务、合同及其他一切权利与义务由置出资产承接方享有和承担，与上市公司不再有任何法律关系。

3.股份转让情况

根据《重大资产置换及换股吸收合并协议》及《重大资产置换及换股吸收合并协议补充协议》约定，陈军、黄娅妮向浙建集团股东浙江国资公司转让持有的69411970股上市公司股票。浙建集团全体股东同意将与公司进行资产置换取得的置出资产直接指定由多喜爱家居用品有限公司承接，作为其受让股份的支付对价。截至2019年12月31日，陈军、黄娅妮已办理完成向浙建集团股东浙江国资公司转让69411970股本公司股份的手续。

4.业绩承诺情况

根据公司与浙建集团原股东浙江国资公司、浙江建阳投资股份有限公司、迪臣发展国际集团投资有限公司和鸿运建筑有限公司签订的《盈利预测补偿协议》，浙建集团原股东浙江国资公司、浙江建阳投资股份有限公司、迪臣发展国际集团投资有限公司和鸿运建筑有限公司承诺浙建集团2019年、2020年、2021年扣除非经常性损益后归属于母公司的净利润分别为68661.45万元、78420.51万元、86125.86万元。

浙建集团是浙江省成立最早的国有建筑企业，主要从事建筑施工业务以及与建筑主业产业链相配套的工业制造、工程服务、基础设施投资运营等业务。建筑施工是浙建集团主要业务板块及收入来源，包括房屋建筑、市政路桥、轨道交通、水利水电、设备安装、装饰装修、工程设计等施工业务。

报告期内，公司实现营业总收入756.5亿元，同比增长15.19%；报告期内营业收入的增长主要得益于市场开拓力度加大，两外市场和大业主市场持续发力；公司利润总额12.17亿元，同比增长5.21%，主要原因为营业收入增长带来利润总额增长；实现归属于上市公司股东的净利润8.35亿元，同比增长1.85%。

鉴于多喜爱公司作为上市公司，其主营业务不再有纺织或者家纺业务，所以从2019年开始不再把它作为家纺上市公司进行观察和分析。

（六）维科技术（SH600152）

公司与纺织业务相关的主要下属子公司基本于2018年10月底完成股权转让，自此公司纺织业务对公司主营业务收入几乎不构成影响。

从2019年开始，公司以3C数码电池为核心业务，并以小动力BMS、高倍率电池、小型聚合物锂离子电池为快速增长业务。公司拥有多地电芯及封装制造基地，其中包括：宁波维科电池有限公司、东莞维科电池有限公司、东莞甬维科技有限公司、宁波维科新能源科技有限公司等，基本采用行业领先的全自动智能生产线，可承载多种类型产品制造。公司的生产线包括全自动智能数码产品生产线、多极耳生产线、叠片生产线、极耳中置生产线、小电芯生产线等。主营业务重组后，公司成为国内排名前五的3C数码电池供应商，产品主要应用领域包括手机、笔记本电脑、平板电脑、移动电源和智能穿戴设备，IOT智能家居产品以及功率型（如无人机）和动力型BMS电池包产品（如两轮车）。2019年公司实现营业收入16.45亿元，较上年同期增加2.64%，利润总额–7116.15万元，归属于上市公司股东的净利润–6408.09万元。2019年公司合并报表内总资产27.21亿元，总负债13.88亿元，分别比期初增长10.10%、26.53%，归属于母公司所有者的权益为13.60亿元，比期初减少2.76%。

从2019年开始，由于公司已基本完成对纺织业务的剥离，所以不再将维科技术作为纺织或者家纺上市公司进行观察和分析。

（七）水星家纺（SH603365）

2019年，公司实现营业收入30.02亿元，较上年同期增长10.41%，归属于上市公司股东的净利润3.16亿元，较上年同期增长10.69%；归属于上市公司股东的扣除非经常性损益的净利润2.80亿元，较上年同期增长8.06%；2019年经营活动产生的现金流量净额2.35亿元，较上年同期减少1.76%；2019年归属上市公司股东的净资产22.85亿元，较上年同期增长4.47%（表24~表27）。

表24　2019年水星家纺营业收入、营业成本、毛利率情况

项目	营业收入（元）	营业成本（元）	毛利率（%）	营业收入比上年增减（%）	营业成本比上年增减（%）	毛利率比上年增减
分行业						
批发零售业	2977112793.42	1832818076.25	38.44	10.44	5.71	增加2.76个百分点
分产品						
套件	1298525059.93	770948359.11	40.63	10.38	4.5	增加3.34个百分点
被子	1268415648.30	808107999.43	36.29	6.39	2.48	增加2.43个百分点
枕芯	205827835.40	123018146.78	40.23	18.19	13.96	增加2.22个百分点
其它	204344249.80	130743570.93	36.02	33.63	31.22	增加1.18个百分点
分地区						
电商	1218193985.18	725943161.85	40.41	19.16	23.41	减少2.05个百分点
东北	96910071.91	64029308.72	33.93	4.89	–2.04	增加4.67个百分点
华北	273334692.47	171163701.43	37.38	0.68	–9.43	增加6.99个百分点
华东	631475295.84	377556513.81	40.21	5.43	–1.81	增加4.41个百分点
华南	80593286.96	49873641.63	38.12	–5.34	–13.65	增加5.96个百分点
华中	261322388.45	170519286.87	34.75	9.14	–0.77	增加6.52个百分点
西北	75169633.41	49431580.25	34.24	28.3	17.9	增加5.80个百分点
西南	327126513.99	215124149.48	34.24	3.12	–5.65	增加6.11个百分点
国外	12986925.21	9176732.20	29.34	27.48	26.92	增加0.31个百分点

表 25　2019 年水星家纺产、销、存情况

主要产品	生产量	销售量	库存量	生产量比上年增减（%）	销售量比上年增减（%）	库存量比上年增减（%）
套件被子枕芯	1779.66	1743.22	532.23	11.59	7.09	7.35

表 26　2019 年水星家纺分行业、分产品的成本构成

项目	成本构成项目	本期金额（元）	本期占总成本比例 (%)	上年同期金额（元）	上年同期占总成本比例 (%)	本期金额较上年同期变动比例 (%)
分行业						
批发零售业	主营业务成本	1832818076.25	100	1733866218.13	100	5.71
分产品						
套件	主营业务成本	770948359.11	42.06	737727360.69	42.55	4.5
被子	主营业务成本	808107999.43	44.09	788554886.58	45.48	2.48
枕芯	主营业务成本	123018146.78	6.71	107948410.45	6.23	13.96
其他	主营业务成本	130743570.93	7.13	99635560.41	5.75	31.22

表 27　水星家纺研发投入情况

项目	2019 年	2018 年
本期费用化研发投入（元）	76129470.75	68960933.12
本期资本化研发投入（元）	0	0
研发投入合计（元）	76129470.75	68960933.12
研发投入总额占营业收入比例（%）	2.54	2.54
公司研发人员的数量（人）	221	213
研发人员数量占公司总人数的比例（%）	6.34	5.81

2019年，公司继续坚定围绕家纺主业，深耕细作，扩大经营规模，提升经营效率。

1. 充分发挥渠道优势，业务规模继续保持稳健增长

（1）线下。随着我国三四线城市消费升级加速，公司线下渠道布局的下沉优势进一步体现。为提升线下门店的经营效率，公司通过完善制度、广泛宣传、加强管控等措施对销售网络实行严格的规范化管理，通过移动管理平台——水星超级导购让全部门店的员工能够随时在线学习产品知识、店铺管理、陈列标准和零售技能等，提高店员的经营能力，赋能一线，精益零售。公司通过实施"直营渠道建设"募投项目，已在合肥、无锡、南京、苏州、西安、成都、厦门等地增设全资子公司，开立直营门店，一方面增加了公司直营渠道销售收入，优化公司销售收入结构；另一方面直营门店精致的陈列、优秀的服务也提升了公司品牌在当地的影响力，从而更好地带动周边经销渠道的销售。

（2）线上。2019年国内家纺行业电商市场呈现出用户下沉趋势，一二线城市市场略有增长，中低线城市呈现出高速增长的趋势。为了应对用户下沉趋势，吸收更多中低线城市的用户，阿里，京东等平台纷纷大量引入价格竞争产品供应商，虽然家纺行业电商市场整体呈现稳步增长的趋势，但对中高端家纺市场的增长构成较大压力。面对这种压力，公司电商部门积极应对，经过年初的短暂调整后，迅速恢复到较高的增长水平；通过对内部组

织架构的进一步调整，实现前端小组制，中台市场化，运行更加顺畅。公司电商部门一方面加强了中高端市场的产品布局和推广力度，进一步提升了在天猫中高端家纺市场的占有率；另一方面通过调整百丽丝品牌的定位，更加突出性价比，在其定位的市场中实现了高速增长。在2019年的"618""双十一"活动中，公司在天猫平台连续五年取得品牌行业销售第一的佳绩。

2．持续强化品牌力

（1）加大品牌传播力度。报告期内，公司继续采用双代言的形式，聘请国内影视明星孙俪、杨洋代言，通过为代言人孙俪的影视作品《安家》提供全程床品赞助，与孙俪联名打造"俪"系列产品等举措，放大代言人的粉丝效应，将粉丝流量转为品牌热度。采用包括直播、抖音短视频、微博等更贴近消费者的多样化娱乐性营销推广，与广大消费者更顺畅地沟通，从而进一步提高品牌关注度。

（2）提升品牌形象。公司对包括平面设计、包装、产品图片等形象设计进行了改进与提升，通过宣讲、辅导、设立样板店等形式大力推进第八代门店建设，继续强化终端服务能力，提高终端管理水平，渠道终端形象得到进一步提升，吸客揽客量显著增加，同店销售继续保持增长势头。

3．持续提升技术研发创新能力

2019年，公司继续以纤维新材料和助剂材料的研发为重点，开展了金色蚕丝、新蚕种、植物染、智能家纺、家纺洗护、生态牛皮席、硅藻土纤维升级及应用等项目的技术研发和科技攻关，获得了大量的阶段性技术成果。公司申请项目"硅藻土改性纤维产业化关键技术及在家纺领域的应用"获得中国纺织工业联合会科技进步二等奖，成为家纺行业唯一获奖单位；被工业和信息化部评为2019年"工业企业知识产权运用试点企业"；与中国工程院院士蒋士成教授及东华大学研究院副院长王华平教授团队共同建立了"上海水星家纺院士专家工作站"；与浙江大学、湖州农科院蚕桑专家合作，培育了金色丝的蚕桑新品种"水星1号"，并通过了浙江省农业厅的新品种认定，经过春季试养殖，取得了成功，并与四川大型蚕桑基地建立了战略合作，以进行规模化养殖。通过这些举措，有效控制蚕丝供应链前端，保障公司产品推广需求和发展需要；报告期内新申请发明专利12项，实用新型专利2项，取得授权发明专利1项件，实用新型专利1项。

4．显著提高产品开发有效性

在对消费者需求深层洞察的基础上，公司产品开发有效性持续提高，尤其是近年来在产品开发中所采取的极致大单品策略继续取得显著成效。公司打造的极致大单品具有市场欢迎度高、亮点突出、长生命周期等特点，形成持续畅销的局面，销售占比不断提高，同时对其他产品的销售起到了良好的带动作用。

在继"黄金搭档系列""丝路传奇系列""彩绘牛皮席系列"之后，报告期内，公司经过对市场流行趋势的深度洞察及对消费者需求的深入感知，通过采用高品质原材料，12款颜色的高颜值设计，与代言人孙俪联合打造，成功推出 "俪"系列产品，满足多层次消费者的高品质需求，在2020年春夏产品订货会上深受经销商青睐，订货量超预期。公司与泰国泰橡集团签署战略合作协议，将优质的泰国原装进口乳胶床品引入国内，开拓国内乳胶中高端市场。经过卖点提炼、知识培训、持续推广等一系列营销措施，2019年，公司乳胶系列产品销售收入较2018年的销售收入增长两倍多。

5.整体数字化转型推动整体运营效率提升

公司深度拥抱数字化，根据发展战略制定了信息化、数字化配套战略，以实施大数据项目为契机，深化数字化管理和运营能力。报告期内，公司大数据项目一期进入深入运营阶段，着手项目二期建设，旨在打造数字化经营改善闭环，整体提升企业运营效率和差异化竞争能力。公司持续深化实施供应链看板、供应商管理平台、运营管理协同平台、经销渠道、可视化申购、营销活动管理平台等项目，全面提升供应链上下游和内部协同效率；加快建设现代化仓储物流信息化体系，通过在建的智能化仓储物流中心，设计高效自动化、精准化的智能仓储运营能力，并通过整体的信息化部署，整合外部第三方仓配能力，分布配置仓储物流能力，提升供应链的反应速度，加强消费者的购物体验。

在保障已经稳定运营的业务后台架构、分步建立业务中台的集约共享架构、为业务前台的灵活多变的应用需求、提供敏捷的业务架构搭建和 IT 运维技术保障的基础上，通过"超级导购""门店视辅系统""AR 居室场景模拟"等互联网类整体解决方案和工具引入，打造品牌人、货、场的三维空间，贴近、贴身、贴心地服务于广大品牌消费者。

6.创新激励机制，推出员工持股计划

为充分调动公司核心骨干员工的积极性，有效地将股东利益、公司利益和员工个人利益紧密结合在一起，建立和完善利益共享机制，促进公司健康可持续发展。公司2019年第三次临时股东大会审议通过《上海水星家用纺织品股份有限公司员工持股计划（草案）》，同意使用公司回购专用账户回购的本公司股票分三期实施员工持股计划。截至本报告公告日，公司已使用自有资金5756.31万元回购股票369.21万股。

（八）梦百合（SH603313）

2019年公司紧紧围绕产能全球化、品牌国际化的战略展开布局，从销售端到生产端，努力实现全球化资源调配和产能配置，以全球化、国际化的视野多渠道布局，深入推进企业转型，实现企业平稳健康发展。2019年度，公司实现营业收入38.32亿元，较去年同期增长25.65%，归属于上市公司股东的净利润3.74亿元，较去年同期增加100.82%（表28~表33）。

表28　2019年梦百合实体门店情况

门店类型	上年末数量（家）	本年度新开（家）	本年度关闭（家）	本年末数量（家）
自主品牌				
直营门店	104	43	26	121
加盟门店	135	434	44	525
小计	239	477	70	646
合计	239	477	70	646

表 29　2019 年梦百合各销售渠道的盈利情况

销售渠道	营业收入（万元）	营业成本（万元）	毛利率（%）	营业收入比上年增减（%）	营业成本比上年增减（%）	毛利率比上年增减（%）
门店合计	37338.07	17228.15	53.86	268.15	256.5	1.51
直营店	20888.90	8327.02	60.14	217.32	210.86	0.83
经销店	16449.16	8901.13	45.89	362.17	313.26	6.41
线上销售	18426.92	8954.03	51.41	−29.82	−27.87	−1.31
大宗业务	323348.81	203026.70	37.21	21.19	7.42	8.05
合计	379113.80	229208.88	39.54	25.04	11.13	7.57

表 30　2019 年梦百合营业收入、营业成本、毛利率情况

项目	营业收入（万元）	营业成本（万元）	毛利率（%）	营业收入比上年增减（%）	营业成本比上年增减（%）	毛利率比上年增减
分行业						
家居用品	379113.80	229208.88	39.54	25.04	11.13	增加 7.57 个百分点
合计	379113.80	229208.88	39.54	25.04	11.13	增加 7.57 个百分点
分产品						
记忆绵床垫	208643.26	125441.24	39.88	23.4	9.47	增加 7.65 个百分点
记忆绵枕	49439.42	31394.93	36.5	6.05	−7.91	增加 9.63 个百分点
沙发	25666.22	18398.14	28.32	8.12	2.23	增加 4.14 个百分点
电动床	40238.58	26089.35	35.16	73.75	61.22	增加 5.03 个百分点
其他	55126.31	27885.21	49.42	35.77	19.18	增加 7.05 个百分点
合计	379113.80	229208.88	39.54	25.04	11.13	增加 7.57 个百分点
分地区						
境内	70424.12	39650.32	43.7	36.82	34.61	增加 0.93 个百分点
境外	308689.68	189558.56	38.59	22.63	7.22	增加 8.82 个百分点
合计	379113.80	229208.88	39.54	25.04	11.13	增加 7.57 个百分点

表 31　2019 年梦百合产、销、存情况

主要产品	单位	生产量	销售量	库存量	生产量比上年增减（%）	销售量比上年增减（%）	库存量比上年增减（%）
记忆绵床垫	万件	451.63	436.56	40.36	20.92	16.76	82.39
记忆绵枕	万件	1088.99	1040.25	160.47	3.14	−0.73	48.58
沙发	万件	48.84	46.54	4.04	7.86	3.48	137.64
电动床	万件	33.17	25.05	8.71	114.69	66.79	1375.78

表 32 2019 年梦百合营业成本构成

项目		本期金额（元）	本期占总成本比例 (%)	上年同期金额（元）	上年同期占总成本比例 (%)	本期金额较上年同期变动比例 (%)
分行业						
家居行业	直接材料	1721967764.32	75.12	1650887943.24	80.04	4.31
	直接人工	315307380.32	13.76	259158327.75	12.56	21.67
	制造费用	254813637.53	11.12	152496384.06	7.4	67.09
	合计	2292088782.18	100	2062542655.05	100	11.13
分产品						
记忆绵床垫	直接材料	969677157.53	77.3	953456822.05	83.21	1.7
	直接人工	160002655.11	12.76	124782415.48	10.89	28.23
	制造费用	124732596.64	9.94	67604798.10	5.9	84.5
	合计	1254412409.28	100	1145844035.63	100	9.47
记忆绵枕头	直接材料	208736465.35	66.49	248531039.54	72.9	−16.01
	直接人工	69529948.62	22.15	66411312.07	19.48	4.7
	制造费用	35682919.45	11.36	25978141.58	7.62	37.36
	合计	313949333.42	100	340920493.19	100	−7.91
沙发	直接材料	116502684.06	63.32	121310480.00	67.4	−3.96
	直接人工	26090462.73	14.18	30532659.56	16.96	−14.55
	制造费用	41388244.18	22.5	28132090.11	15.63	47.12
	合计	183981390.97	100	179975229.67	100	2.23
电动床	直接材料	225492639.71	86.43	142806079.75	88.25	57.9
	直接人工	15048962.33	5.77	8813174.82	5.45	70.76
	制造费用	20351944.79	7.8	10204650.72	6.31	99.44
	合计	260893546.83	100	161823905.29	100	61.22
其他	直接材料	201558817.67	72.28	185241167.39	79.17	8.81
	直接人工	44635351.54	16.01	28826211.72	12.32	54.84
	制造费用	32657932.48	11.71	19911612.16	8.51	64.01
	合计	278852101.68	100	233978991.27	100	19.18

表 33 梦百合研发投入情况

项目	2019 年	2018 年
本期费用化研发投入（元）	101229857.68	88848871.30
本期资本化研发投入（元）		
研发投入合计（元）	101229857.68	88848871.30
研发投入总额占营业收入比例（%）	2.64	2.91
公司研发人员的数量（人）	171	135
研发人员数量占公司总人数的比例（%）	11.45	10.19

1.全球化产能布局方面

自2013年起，公司即着手海外产能布局，旨在构建一个能够辐射全球主要市场的生产网络，为公司未来实现全球化夯实基础，至今公司已在中国、塞尔维亚、西班牙、美国、泰国拥有生产基地，全球生产系统初具规模。通过全球布局，公司一方面可以更好地服务现有客户，降低运输成本，缩短供货周期，增加供给弹性，提高客户满意度，另一方面可以更加灵活的产能布局应对由于世界经济形式变化带来的风险，提高公司的抗风险能力。2019年，公司塞尔维亚三期扩建项目、美国生产基地建设项目、泰国生产基地建设项目有序实施推进。

2.品牌营销方面

报告期内，继续秉承"致力于提升人类深度睡眠"的企业使命，多方式、多渠道、多路径，全力打造国际品牌，力争实现"让梦百合成为受人尊敬的世界品牌"的企业愿景。

多方式：全新升级SI终端形象，在六代门店SI系统的基础上催生新的门店形象，以强化终端消费体验，提升品牌价值。公司0压智能产品进入海尔智能生态体系，联手优势品牌，共同打造0压智能卧室，相互渗透，实现互利共赢。

多渠道：保持销售渠道的建设力度，稳步推进3年千店计划。在拓展线下网点的同时，加强推广体验式销售模式，积极探索与强化线上线下一体化的新零售模式，创造体验式消费环境，实现线上与线下的联动；持续拓展酒店渠道，与酒店方联手打造"零压房"概念，增加公司产品体验渠道，实现公司产品对商旅人士的消费者渗透。

多路径：挖掘曼联IP资源，策划举办全国明星驻店活动，举办以"睡眠革命，0压未来"为主题的2019梦百合0压战略暨新品发布会，加强自媒体及口碑营销推广，保持与新浪家居等主流家居垂直领域媒体的深度合作，持续传播0压睡眠理念。

3.信息化方面

SAP系统全球化推广方面，美国工厂SAP（企业资源管理软件）和WMS（仓储管理系统）推广项目已经如期完成，实现企业自身标杆在海外工厂的应用，验证自身标杆的可复制性和全球性，为公司全球化战略提供系统保障。

终端门店管理系统项目基本完成，已进入上线准备阶段。可以更好地支持公司国内品牌战略和扩展国内市场业务战略目标，拉近与终端市场距离，实时获取终端市场信息，辅助管理层决策分析。

除了新系统的建设和推广，公司现有系统深化应用：进一步发挥SAP系统在人财物业务方面的最佳实践，不断优化公司各项业务流程；发挥SAP中台优势，深化与企业现有各生产服务系统的对接，包括MES（制造执行系统）、SRM（供应商关系管理系统）和WMS系统，构建一体化企业生态系统，为企业的卓越运营提供系统保障。

4.人才方面

2019年，公司人力资源中心各项工作紧紧围绕全球化发展战略目标展开。通过高级人才引进机制和内部人才发展机制，落实人才发展战略，进一步优化人员结构，提高员工队伍素质，增强公司发展后劲；积极推进人力资源由传统管理模式向业务"三支柱"的转型工作，支持业务发展；推动人才盘点和组织效能提升工作，开发具有梦百合特色的职级体系和薪酬体系。

国际人才共享中心。加强人才的海外派遣和储备功能，培养具有全球化视野的国际管理人员及专业技术人员。

商学院。以文化赋能和领导力赋能为人才发展的核心抓手，逐步完善课程体系建设，专注于内部知识的萃取及课程开发，为公司研发、生产、销售提供专业化培训，提升人员效率。

5.资本运作方面

①2018年度非公开发行股票项目。2018年底，公司启动非公开发行股票项目，拟募集资金不超过69325万元，用于美国生产基地建设项目、塞尔维亚（三期）生产基地建设以及补充流动资金。截至目前，本次非公开发行股票项目已恢复审查。

②重大资产重组。2019年下半年，公司筹划收购美国西海岸一家具有较高区域知名度及行业影响力的家居连锁零售商，本次收购对公司具有重要的战略意义，有利于加快公司品牌全球化布局，通过自主品牌产品MLILY在其零售终端的覆盖，增强公司自主品牌产品的市场份额，同时实现美国生产基地与销售网络的联动，进一步实现公司国际化战略，实现公司由大到强里程碑式的飞跃。本次收购已于2020年2月底完成交割。

（九）卡撒天娇（HK02223）

2019年度，公司实现销售收入378.9百万港元（2018年337.6百万港元），增加12.2%。本年度尽管零售额及分销业务销售额有所减少，收入增加主要是由于批发销售额大幅上升所致。

1.全面加强销售渠道

2019年，公司积极开拓商业客户市场、改善在线销售渠道及积极发展出口业务等策略渐有成效，2019年该等业务的收入增速符合预期，逐步降低本集团对于线下零售收入的依赖。

自营零售收入依然是本集团的主要收入来源。近年持续进行的线下销售网点布局调整大致完成，港澳地区网点数量及国内网点数量基本保持平稳。截至2019年12月31日，集团共有229个网点（其中2019年增长35个），当中包括125个自营网点及104个由分销商经营的网点，覆盖大中华地区共65个城市。

中国内地自营业务方面，集团在本年度关闭了部分盈利欠佳的网点。集团实施"异业联盟"策略，与婚纱、美容、健身中心及室内设计等行业的公司进行跨行业会员资源共享，大力开拓企业礼品销售渠道，成绩符合预期。

香港市场方面，2019年多家百货公司进行内部装修及下半年的社会事件，对集团百货专柜业务造成了一定影响。为了降低对零售收入的依赖，集团在回顾期内继续积极开拓商业客户市场。集团除接获香港特区政府的采购订单，也为不同商业客户的积分换购计划提供货品，包括个人护理连锁店、食品连锁店、个人护理用品品牌、电信网络供货商、银行信用卡中心、婴幼儿及健康食品品牌和电器品牌等。2019年，中国内地及香港的在线销售业务收入贡献明显改善，主要有赖于在线销售业务改为全资直营管理、精简人手、策略性推广活动及增加高毛利产品比例等的开源举措。集团在香港的网店除了贡献销售收入，也定位为集团品牌形象建立的渠道之一。此外，还通过多个香港知名消费品零售网站发售产品，销售成绩理想。

2019年，集团的出口业务收入也有明显提升。除了代工生产的出口订单外，公司以批发形式将自家品牌的产品销售至我国台湾及加拿大等市场，提升集团品牌的海外知名度，同时也积极参加香港及各种业界大型展览，向世界各地的采购人员介绍集团的品牌。

2.提升产品组合

集团一直在产品设计上以"时尚、创意、功能"作为核心理念，为市场提供精美优质而附有健康功能的床上用品，巩固集团的"健康睡眠专家"形象。公司在2019年第一季推出革命性"科技枕头系列"，三款产品配以不同科技面料及泰国进口优质乳胶，系列当中包括"恒温宇宙枕""纳米净化枕"及"零压磁疗枕"，各款新产品均受市场欢迎。

在市场的产品规划方面，公司在2019年增加进口货物的销售比例，提升高端市场的份额。此外，公司在"保暖系统"产品中加入更多被芯产品，包括引入以优质物料生产的高端被芯及直接由东欧进口的羽绒被，为消费者提供更全面的被芯产品选择。2019年，公司新增的授权产品包括全球知名品牌"可口可乐"、韩国潮流卡通人物"BT21"及"KakaoFriends"和日本卡通人物"樱桃小丸子"，为消费者提供更加多元化的卡通产品选择。床上用品之外，公司为部分授权卡通设计推出旅行用品，与香港一家酒店合作推出卡通主题房间活动，为集团的品牌形象宣传带来正面效果。"家居生活馆"业务方面，集团继续以"全屋输出"作为亮点，一站式提供床品及订制家俬产品。2019年上半年公司参加了广东省一个在室内设计师业界享有盛名的家俬展览会，提高"家居生活馆"业务在业界的知名度，吸引室内设计师与公司进行深度合作，进一步提升品牌定位。

3.优化市场推广策略

报告期内，除了应用传统的宣传渠道，集团也积极以Facebook、Instagram及WeChat等在线宣传渠道推广集团品牌，增加与目标消费群的互动，同时添加了艺人宣传短片的播放次数，吸引更多年轻消费者关注集团品牌。2019年12月，公司在香港一家重点百货公司举行全新专柜形象揭幕活动，其间首次邀请年轻当红歌手组合作为活动表演嘉宾，吸引了大批年轻消费者关注，配合活动当日的"世界游历之旅"主题，同场展出集团的优质产品，宣传集团持续创新、坚持为消费者打造舒适生活环境的理念。集团始终注重回馈社会、支持公益活动，与香港非牟利机构国际十字路会（Crossroads Foundation）合作推出香港首个"床品回收计划"，鼓励消费者将状态良好的旧床上用品转赠有需要人士。本年度，集团也积极支持环境及慈善机构的活动，包括赞助环保触觉（Green Sense）举办的"绿步郊野"慈善筹款、产品收益捐香港爱护动物协会、参与及捐助"仁济安老送关怀"及"仁济慈善行2019"。以上举措对集团的形象起到了积极的宣传作用。

（十）太平地毯（HK00146）

2019年，太平地毯的财务年度报告期由12月31日调整为6月30日，在本报告编制时，公司2019年度财务报告还没有提供。

四、市值

市值是指一家上市公司的发行股份按市场价格计算出来的股票总价值，其计算方法为每股股票的市场价格乘以发行总股数，是市场通过交易对某一企业形成的市场估值。它反映一个企业在通过充分的市场对价交易后形成的在某一时点上的总价值。

以2019年12月31日这一交易日的交易价格为基础计算的8家家纺上市公司市值见表34。

表34　主要家纺上市公司市场价值（市值）

人民币核算									（单位：亿元人民币）
代码	公司简称	2012	2013	2014	2015	2016	2017	2018	2019
SZ002083	孚日股份	37.73	38.77	44.76	72.64	64.20	60.65	44.76	56.48
SZ002293	罗莱生活	60.71	66.84	72.31	128.01	94.39	110.25	65.26	75.45
SZ002327	富安娜	53.02	48.18	55.82	103.62	74.95	91.03	65.42	58.51
SZ002397	梦洁股份	17.81	22.26	29.61	69.36	55.20	51.60	32.06	37.44
SZ002761	多喜爱				51.02	49.03	42.42	37.07	
SH600152	维科精华	12.85	13.27	19.90	36.39	36.69	34.06	25.40	
SH603313	梦百合					92.14	64.39	50.42	70.51
SH603365	水星家纺						61.63	39.81	40.85

港币核算									（单位：亿港元）
代码	公司简称	2012	2013	2014	2015	2016	2017	2018	2019
HK00146	太平地毡	4.03	4.22	4.99	4.77	4.92	3.25	3.08	2.27
HK02223	卡萨天骄	4.60	3.26	3.93	9.02	3.23	2.92	2.58	1.78
HK00873	泰丰床品（停牌）	21.20	17.80	12.30					

中国纺织建设规划院

2019年新三板家纺企业彰显质量优化发展

中国家用纺织品行业协会产业部

截至2019年底，新三板挂牌企业8935家，其中家纺企业15家，数量较2017年峰值明显有所减少，但企业质量不断提高，重视研发投入，盈利能力、偿债能力、营运能力整体良好，尤其是规模较大企业更展现出发展优势。

一、新三板市场环境净化，企业质量改善

截至2020年4月30日，新三板共6955家挂牌公司披露了2019年年报，年报显示，2019年在经济下行压力加大、外部环境不确定性增强的情况下，挂牌公司业绩回升，经营质量改善，各行业呈现结构性亮点，创新发展力度加强，显现了创新型民营中小企业的发展活力。

（一）经营质量向好

营业收入与利润双增长。2019年，6955家挂牌公司共实现营业收入14994.06亿元，同比增长9.98%；净利润718.81亿元，同比增长14.29%。5072家公司盈利，占比72.93%；3881家公司净利润实现增长，占比55.80%，较上年提高5.10个百分点；2176家公司净利润增速超50%，占比31.29%，较上年提高3.01个百分点；1385家公司净利润同比翻倍，占比19.91%，较上年提高2.16个百分点。

主营现金流入增加。2019年，挂牌公司经营活动产生的现金流量净额为1147.56亿元，同比增长60.86%；69.76%的公司经营性现金流净额为正，同比增长5.59个百分点。3650家公司扣非后净利润与经营性现金流同时为正，占比52.48%；其中2510家经营性现金流大于扣非后净利润，占比36.09%。

（二）创新投入力度加大

2019年，挂牌公司研发费用合计499.32亿元，同比增长13.33%；5741家公司发生研发费用，占比82.54%，同比增加1.04个百分点。平均研发强度（研发费用/营业收入）3.33%，同比提高0.10个百分点，高于2.19%的全社会研发强度；1474家公司研发强度在10%以上，占比21.19%，同比增加1.20个百分点。高学历员工稳中有升，本科及以上员工占比26.42%，同比

2019/2020中国家用纺织品行业发展报告

增加0.35个百分点；硕士及以上员工占比2.65%，与上年基本持平，是我国经济活动人口中硕士及以上学历人口占比的3.12倍。

（三）行业呈现结构性亮点

从行业看，18个门类行业中，10个净利润增长，占比55.56%；其中，营收占比前三大行业为制造业（42.41%）；信息传输、软件和信息技术服务业（20.41%）；批发和零售业（9.04%），净利润增速分别为12.38%、19.33%、11.43%。

二、新三板家纺企业数量稳定，质量优化

截至2019年底，挂牌新三板家纺企业共计15家，较2018年减少了2家，较2017年峰值减少了8家；营业收入过亿的企业9家，其中5家2亿以上企业，1家5亿以上企业，同时营收过亿企业具有更强的营运能力，新三板家纺企业挂牌数量与质量逐渐优化，趋于少而精。家纺新三板企业主要集中在江苏省，占总量的50%以上，其次是浙江省。以主营业务来看，9家从事床品的研发生产和销售，3家从事窗帘产品的研发生产和销售，2家零售批发平台，1家从事毛毯的研发生产和销售（表1）。

表1 截至2019年底挂牌新三板家纺企业情况

公司名称	股票代码	挂牌时间	成立时间	办公地点	主营业务
苏丝股份	831336	2014年	2010年	江苏宿迁	桑蚕丝家纺、服饰
斯得福	834810	2015年	1993年	江苏南通	酒店用纺织品
凯盛家纺	833865	2015年	1996年	江苏海门	床上用品、室内装饰纺织品、机械
雅美特	870293	2016年	2003年	江苏常州	卷帘、百折帘等窗帘面料
名品实业	838032	2016年	2000年	湖南长沙	床品及结构型、功能型新材料和智能家纺的研发生产
太湖雪	838262	2016年	2006年	江苏苏州	蚕丝被、真丝家纺
远梦家居	835735	2016年	2000年	广东东莞	床上用品
优雅电商	836093	2016年	2010年	北京	家纺家居用品零售
凯诗风尚	836550	2016年	2010年	江苏苏州	家纺家居用品的零售批发
中健国康	872256	2017年	2008年	天津	健康枕、被
富米丽	871878	2017年	2008年	浙江绍兴	窗帘、台布靠垫等
利洋股份	870727	2017年	2011年	浙江宁波	窗帘和窗帘配件产品
百思寒	870854	2017年	2012年	浙江绍兴	羽绒被、床垫、枕；羽绒服
馨格股份	870531	2017年	2007年	江苏常熟	床上用品、针纺织品、服装
中天丝路	872989	2018年	2015年	江苏无锡	毛毯、毛绒套件

2019年家纺行业无新增挂牌企业，并且咏鹅家纺股份有限公司和淄博澳迪森母婴用品股份有限公司两家企业退市。以2018年年报数据来看，退市的两家企业营业收入均超亿元，但

下降幅度明显，分别下降了23.71%和15.08%，且营利情况不乐观，毛利率都呈下滑趋势。

（一）营收超亿企业盈利能力更好

截至2020年4月30日第一轮年报披露结束，13家家纺企业完成2019年年报披露（另外两家中天丝路、中健国康推迟披露时间）。13家企业共计实现营业收入21.26亿元，同比增长16.42%，其中营收过亿企业整体表现较好，基本实现增长，而营收亿元以下企业增长不乐观；13家企业共计实现净利润6936万元，同比增长1.38%，各企业增幅差别较大，形成两极分化；其中实现营业收入与净利润双增长的企业有5家，均为营收超亿企业，分别是远梦家居、凯盛家纺、雅美特、富米丽、利洋股份。以毛利率来看，毛利率较高的企业多集中在有自主品牌的企业中，产品附加值较高，但与上年比较，行业毛利率整体呈下降趋势（表2）。

表2 新三板家纺企业盈利能力指标

企业	营业收入		净利润		毛利率（%）
	万元	同比（%）	万元	同比（%）	
远梦家居	54356	20.72	1514	34.51	47.51
斯得福	35472	−2.71	768	−41.01	16.53
凯盛家纺	24772	11.20	1239	4.35	29.14
太湖雪	22873	16.47	1479	−16.70	39.69
苏丝股份	20069	−0.73	454	−40.80	31.73
雅美特	13928	9.30	816	2.15	23.14
富米丽	13079	6.93	580	71.37	10.52
利洋股份	11543	16.33	1185	59.81	37.16
名品实业	4972	−4.54	19	105.92	33.97
优雅电商	3846	−58.76	−347	24.50	32.03
馨格股份	3203	20.31	−745	−24.27	−2.12
百思寒	2271	−36.35	−58	−321.89	36.48
凯诗风尚	2234	33.38	32		31.94

注 净利润指归属挂牌公司股东的扣除非经常性损益后的净利润。

（二）负债合理，短期偿债能力差异较大

据已披露年报显示，13家挂牌新三板的家纺企业累计总资产18.4亿元，同比增长3.75%，其中有7家公司总资产实现增长。资产负债率反映在总资产中有多大比例是通过借债筹资的，一般健康区间在40%~60%，家纺企业绝大多数处于此区间，负债合理。流动比率用来衡量流动资产在债务到期以前可以变现偿还负债的能力，不同行业以及不同运作模式对其标准略有差别，但一般维持在2左右较好，新三板家纺企业短期偿债能力差别较大，5家在合理区间；3家较高，说明存货量大或现金应用能力不强；5家较低，短期偿债能力较差（表3）。

表3 新三板家纺企业偿债能力指标

公司	资产		资产负债率（%）	流动比率（%）
	万元	同比（%）		
远梦家居	48700	0.14	41.50	2.27
斯得福	26345	3.82	60.27	1.35
凯盛家纺	20983	20.67	51.96	1.27
太湖雪	17032	6.70	41.01	2.19
苏丝股份	24346	−0.38	55.90	1.12
雅美特	6694	−7.73	41.94	1.68
富米丽	8069	8.96	56.63	1.277
利洋股份	7871	20.44	10.11	6.32
名品实业	8124	−2.45	42.13	1.87
优雅电商	1199	−53.84	16.98	3.65
馨格股份	5735	−3.76	74.36	1.61
百思寒	7818	24.55	48.49	1.17
凯诗风尚	1035	−9.31	31.93	3.05

（三）营收过亿企业营运能力较好

13家企业合计实现经营现金流量净额1.75亿元，同比增长117.66%，高于净利润1.06亿元，其中8家经营现金流量净额实现增长，8家大于净利润。应收账款周转率是反映企业应收账款周转速度的比率，用来衡量一定期间内企业应收账款转化为现金的平均次数，轻工业健康值在6左右，新三板家纺企业将近一半在合理区间，且多集中在营收过亿企业中，另外2家偏高，5家偏低。存货周转率是企业一定时期主营业务成本与平均存货余额的比率，用于反映存货的周转速度，存货周转率越高，表明企业存货资产变现能力越强，存货及占用在存货上的资金周转速度越快，新三板家纺企业这一值在0.1~7之间，6家公司较2018年实现增长（表4）。综上，远梦家居、凯盛家纺、斯得福、雅美特等营收过亿公司营运良好。

表4 新三板家纺企业营运能力指标

公司	现金流量净额		应收账款周转率（%）		存货周转率（%）	
	万元	同比（%）	2019年	2018年	2019年	2018年
远梦家居	8228	143.33	7.31	5.39	1.17	0.90
斯得福	3253	986.40	3.73	3.66	5.34	5.93
凯盛家纺	3704	202.65	6.10	5.53	3.13	2.73
太湖雪	130	−38.49	9.96	10.28	1.50	1.27
苏丝股份	−5	−100.24	23.54	15.72	1.13	1.17
雅美特	1294	66.52	6.78	6.92	6.06	5.56
富米丽	−417	37.82	0.09	0.13	0.12	0.13
利洋股份	481	171.02	6.03	6.90	6.51	7.61
名品实业	395	160.57	2.69	3.38	0.88	0.96
优雅电商	305	152.49	47.22	29.07	1.92	2.44

公司	现金流量净额		应收账款周转率（%）		存货周转率（%）	
	万元	同比（%）	2019 年	2018 年	2019 年	2018 年
馨格股份	62	−12.29	1.93	1.07	1.12	0.84
百思寒	33	−59.25	3.99	6.90	0.47	0.73
凯诗风尚	30	—	7.37	8.00	3.60	2.12

（四）研发投入力度加强

据年报显示，有10家家纺公司披露了2019年研发投入情况，合计7177万元，同比增长13.39%（表5）。其中6家公司研发投入同比呈现两位数增长；5家公司研发投入占营业收入比重在4%~5%之间，研发投入占比整体高于A股上市公司，新三板中小企业越来越重视研发创新，且灵活性更高。2019年，利洋股份获得高新技术企业证书；名品实业共申请了 1 项发明专利，3 项实用新型专利和 2 项软件著作权，授权实用新型专利 2 项、软件著作权 2 项和外观专利 1 项；斯得福授权专利5项，新增申报专利7项，获得江苏省科技进步三等奖1项，中国纺织工业联合会科技进步二等奖1项；苏丝股份2项技术荣获国家知识产权局授予的国家发明专利证书；雅美特获实用新型专利 4 项；远梦家居新增国家知识产权局批准的专利权 3 项，新增广东省版权局审核获批的作品著作权合计 54 项。

表5　新三板家纺企业研发投入指标

公司	研发费用（万元）	同比（%）	占营收比重（%）
斯得福	1100	−0.63	3.10
凯盛家纺	704	13.53	2.84
太湖雪	1056	32.61	4.62
苏丝股份	1192	12.09	5.94
雅美特	679	24.18	4.87
富米丽	15	–	0.11
利洋股份	660	24.05	5.72
名品实业	265	−10.13	5.34
优雅电商	1500	13.93	2.76
馨格股份	6	−83.12	0.20

三、新三板家纺企业2019年运营表现

（一）自主品牌企业

1.远梦家居用品股份有限公司

远梦家居是挂牌新三板规模最大的家纺企业，拥有自主品牌"远梦"，与沃尔玛（Walmart）、家乐福（Carrefour）、易初莲花（Lotus）、麦德龙（Metro）、大润发（RT-

Mart）、永辉、人人乐等多家连锁商超合作，稳定商超渠道的同时，不断探索线上线下相结合的新零售模式。

2019年远梦家居实现营业收入5.44亿元，同比增长20.07%，实现净利润1513万元，同比增长34.51%。2019年主要在着力于3个方面，从而取得营收与利润的双增长，一是升级店铺体验，强化终端销售服务，2019年场景化体验式店铺迭代至第四代"远梦生活馆"，全国家居生活馆超过150个，终端店铺形象进一步提升，并通过数十场次对终端一线家居顾问"连单成交系统"的专项技能培训，提升服务质量与能力。二是强化营销推广，由原来配合客户的营销推广节奏到现在整合各方面资源主动营销推广，策划实施了"枕芯节""睡眠节""科技被芯节"等营销推广节日以及杜邦™ Sorona®试睡体验推广活动。三是优化拓展销售渠道，推进数字化会员体系管理建设，升级会员管理系统，实现与微信公众号的无缝链接，为会员精细化管理和线上渠道建设打下良好基础。

2.凯盛家纺股份有限公司

凯盛家纺是挂牌新三板家纺企业中实力良好的企业，2019年实现营业收入2.48亿元，同比增长11.2%，净利润1021万元，同比增长2.72%，其中营业收入显著增长主要是由于公司积极拓展新经销商，并不断加强线上营销。2019年凯盛家纺围绕提升品牌形象展开，2020 春夏新品发布及订货会以消费者需求为中心，从内到外都做了大的调整和提升，同时启动高端家纺生产项目，近140000平方米的现代化园区正式破土动工。同时加强研发投入，委外研发投入较上年增加了73.26万元，以产品的创新升级来提升品牌形象。

（二）酒店用品家纺企业

江苏斯得福纺织股份有限公司是挂牌新三板中从事酒店布草的企业。2019年实现营业收入3.55亿元，同比下降2.71%，毛利率下降1.62个百分点，下降原因是2019 年受中美贸易战等影响，各大出口型厂家纷纷将市场转入国内，导致国内市场竞争激烈，公司为保证市场份额，故调整营销策略，主动采取降价措施，导致毛利率出现一定幅度下降。斯得福拥有南通市酒店功能产品企业工程技术研究中心，同时拥有专业的研发团队，2019年继续专注于酒店纺织品细分领域，以产品为核心，聚焦产品配套和服务领域，原创设计累计115 个批次，新增授权专利5项，新增申报专利7项，获得江苏省科技进步三等奖1项，纺织联合会科技进步二等奖1项，公司起草的团体标准《精品酒店纺织品》通过国家标委的审定、发布。另外成立南通斯得福电子商务有限公司，通过淘宝、亚马逊两大平台，进一步发展电商业务。

（三）蚕丝、羽绒等家纺企业

1.苏州太湖雪丝绸股份有限公司

太湖雪是一家集加工、生产、设计、销售于一体的丝绸企业，产品包括蚕丝被芯、真丝床品、真丝家居、真丝丝巾等。2019年公司实现营业收入2.29亿元，同比增长16.47%，其中家纺类产品营收占85%，实现净利润1479万元，同比下降16.7%。2019年，太湖雪大力发展线上销售渠道，压缩生产周期，提高市场快速反应能力，以满足家用纺织品电商市场需求变化快、产品款式多、批量小的特点。2019年加强线上品台推广和企业形象宣传，以突破客户资源的地域性限制，扩大销售量，主要通过天猫、京东、唯品会、亚马逊等B2C电子商务平台以及电视购物开发客户，采取O2O、B2C模式线上线下融合，建立遍布全国的销售网络，定位中高端消费者，加强消费升级，提供高端优质产品服务。

2. 浙江百思寒羽绒股份有限公司

百思寒依托绍兴市柯桥区轻纺城，利用互联网电商销售模式，积极拓展服装及羽绒家纺品类，2019年百思寒实现营业收入2271万元，同比下降36.35%，其中家纺板块占48%，同比下降37.12%；净利润亏损580万元，毛利率较2018年下降1.08个百分点，财务指标下降主要是为扩充品类，2019年投建新厂房，原部分合作平台本期暂停合作导致收入规模下降。

百思寒规模不算大，但发展前景良好。一是公司已初具品牌效应，与多个电商平台长期稳定合作，多次获得电商平台各类奖项，成为线上羽绒家纺行业标杆品牌，并连续多年在羽绒制品的"双十一"活动中销量领先。二是积极探索新零售模式，2019年百思寒依托多年互联网运作经验，通过运用粉丝大数据，结合线下体验，线上成交的商业模式，打造羽绒文化、观光体验模式，2019年1月份开始搭建1200平羽绒生活体验馆，突出形、声、色、味、触五感体验。

（四）外贸型企业

1. 浙江富米丽家纺股份有限公司

富米丽主要生产和销售各类高档窗帘窗纱、台布桌布、沙发布艺、坐垫靠垫等家纺产品，并以境外销售为主，占比99%以上。2019年，实现主营业务收入1.31亿元，同比增长6.93%，实现净利润580万元，同比增长71.37%（表6），得到增长的主要原因主要有三点，一是提升设计能力，投产欧美注册商标新品，增加产品附加值，以提升利润空间，同时适度放宽销售政策，通过参加国际展会，积极拓展国际市场，使公司销售业绩在严峻的贸易环境下保持增长态势。二是通过收购康弘医疗80%股权，取得合并负商誉193.61万元，使公司利润增幅较大。三是合理运作营运资金，根据美元走势精准把握结汇时点，获得了较高的汇兑收益和短期理财收益。未来公司依托现有的销售渠道及成本领先优势，计划从单一的线下销售转变成线上线下同时销售的立体销售，通过亚马逊电商平台建设，继续加强网络销售渠道和售后服务工作建设。

表6　2019年富米丽出口市场营业收入情况

市场	收入（万元）	同比（%）	占比（%）
欧洲	4805	10.78	36.75
北美洲	3065	−4.66	23.44
南美洲	3765	28.11	28.79
亚洲	1216	6.99	9.30
非洲	163	36.92	1.24
大洋洲	21	−51.63	0.16

2. 宁波利洋新材料股份有限公司

利洋股份为传统的窗帘、塑料底座制造企业，产品以线下出口为主，销售额占比70%。

2019年公司实现营业收入1.15亿元，同比增长16.33%，净利润1185万元，同比增长59.81%。公司逐渐意识到电子商务给传统行业带来的机遇和挑战，稳步发展国外大型客户、推动产品国际化的同时，运用互联网思维大力推进网上销售和电子商务平台建设，实现"线上线下双轨并举"，争取未来的市场竞争优势。公司在淘宝、天猫、苏宁易购、京东开设店铺，与一般的纯电商不同，公司自有生产基地，全部线上销售产品为自产；为了保证线上渠道端的灵活和快速反应能力，公司单独设立天纵网络，负责公司所有线上店铺的运营、维护。

四、行业发展风险

（一）行业竞争激烈

家纺行业进入门槛低，造成企业众多，且中小规模居多，发展水平良莠不齐。在产品方面，传统低端产品同质化竞争较为严重，部分企业的低成本产品的低价竞争，以及非正常的竞争手段在一定程度上对市场造成了冲击，不利于行业的发展。另外随着国外品牌逐步打入国内市场，凭借其资金、营销企划、品牌及信息等优势，对国内家纺企业造成一定竞争压力，行业竞争愈来愈剧烈。

（二）主要原材料价格波动

家纺产品的主要原材料包括各类布料、化学纤维、羊毛、蚕丝、棉花等。家纺产品原材料成本占产品成本的比例较高，原材料价格的波动将对家纺产品生产成本产生较大的影响，从而影响家纺企业产品利润。

（三）国际局势及美元汇率的影响

外贸企业以美元结汇，会极大受到双边贸易关系、出口国政治政局的稳定性、海外宏观经济、消费水平波动和美元汇率变动等多种因素的影响。

（四）客户集中度高

许多企业对大客户存在依赖，若大客户发生变动，将对公司的经营业绩产生极大影响。应积极开拓新客户和新渠道，以减少对大客户的依赖。

（五）新冠肺炎疫情的影响

自2020年1月新冠肺炎疫情暴发以来，国内为应对疫情影响，采取了延迟复工等防护措施，尽管疫情在3月初已经得到了有效控制，但受疫情影响的宏观经济面临下行风险。与此同时，国际新冠肺炎疫情自2月底以来呈大规模爆发趋势，欧美诸国纷纷宣布封城停工，世界经济形势整体不景气。受整体宏观经济环境拖累，企业可能面临订单减少等外部风险。

2019年新三板市场环境得到净化，企业经营质量改善，创新力度加强，显现了民营中小企业的发展活力。其中挂牌家纺企业数量趋于稳定，质量不断优化，尤其营业收入过亿的企业展现出良好的经营能力，家纺企业以产品为核心，不断加强研发投入，提高产品附加值；以新零售为途径，开展线上渠道的同时注重线下的体验与服务；重视品牌建设，加大品牌宣传力度。同时也要看到，当今国际局势复杂，贸易保护主义抬头，给我国外贸发展带来不确定性，新冠肺炎疫情扰乱正常经营秩序，很大程度上阻碍生产，抑制消费热情，作为纺织产业链终端的家纺行业受到极大影响，在挑战面前，家纺企业需调整方向，搭载网络技术，积极转型升级，化挑战为机遇。

撰稿人：刘丹

专家论坛

刷新大变局时代的成长优势

李斌红

{编者按}2019年末，"2019中国纺织创新年会·创新论坛"在北京国家会议中心举行，围绕"洞察需求与价值增长"主题，以把握需求和供给创新两大板块基于产业宏观局势和趋势预判展开探讨。国家纺织产品开发中心主任李斌红在会上以"刷新大变局时代的成长优势"为题，从产品刷新、技术刷新、组织刷新等维度进行了大会总结，阐述了企业如何面对充满不确定性和多种可能性的经济环境、消费变迁与科技进步，获取系统性的成长。现特约刊登此文，以飨读者。

"今年的定单还好吗？"这个萦绕在行业每个人心头的焦虑，来自瞬息万变的全球政治经济形势，来自数字化时代日趋多元化的消费群体，来自日新月异飞速迭代的科技创新。面对充满不确定性和多种可能性的经济环境、消费变迁与科技进步，纺织企业如何从适应、适配到适变？我们既要传承已有的技术优势和规模优势，更要通过产品刷新、技术刷新和组织刷新，创造新的价值增长，开拓新的市场空间，从而获取系统性的可持续成长。

一、产品刷新

产品是企业获取商业成功的核心载体，在产品开发过程中，一方面，要以消费需求为导向，以情境为驱动，以交互为中心，以信任为纽带进行产品要素设计，满足消费者的多维消费、情感体验和价值信任；另一方面，要以财务成功为目标，建立基于市场调研与流行趋势分析的集成产品开发流程，以专业化、差异化、体系化的产品线，构建具有商业竞争优势的产品结构。

（一）以消费需求为导向的产品要素

产品要素是以消费需求为导向，创新技术与创意设计的有机组合（图1）。纺织产品是与消费者诉求密切关联的产品，在产品开发过程中必须加强客户需求的分析，明确产品市场定位，借助广泛的信息资源和科学的设计工具完成从需求要素分析到产品要素设计的技术转化，制定产品设计方案、执行计划和资源配置计划，使产品在品质、交期、价格、风格、功能、生态以及文化等要素方面富有综合市场竞争优势。

　　未来高品质的消费需求将会随着消费理念和价值观的日益多元化向多维度需求转变，消费者将不仅仅满足功能与风格等基本产品要素，建立与消费者心理认同的情感消费将成为主流的消费趋势。纺织产品开发需要深刻理解人们的消费心理和消费兴趣，基于过去的情境思考未来的情境，以情境为驱动，以交互为中心，分析消费者的情感诉求与价值观，由人与产品的关系为本原展开产品开发的情感设计，通过科技创新实现最为经济的制造成本和最快捷的开发速度，通过系列化产品设计将时尚风格、科技功能、生态安全等产品要素有机结合，满足消费者追求舒适、健康、自然、快乐的心理诉求，使企业获得更加丰厚的利润空间。

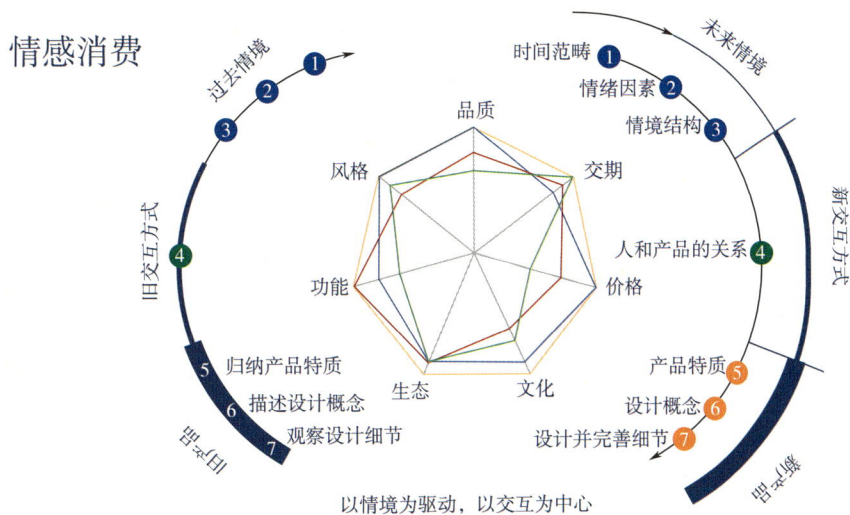

图1　产品要素与情境设计

　　同时，企业在产品开发过程中，应充分考虑国际/国家环保法律、法规和标准，评估产品、服务和运营给社会带来的环境保护、能源消耗、资源综合利用、产品安全等方面的影响，将生态概念融入产品的整个生命周期，采用3R（节能减排、可回收、循环利用）绿色设计和绿色工艺，保证产品质量标准和生产过程符合企业社会责任和客户要求。毋庸置疑，信任是促成商业合作的关键因素，在全球已有诸多基于可持续发展建立的世界生态纺织品标准，既是市场准入的原则和底线，同时也是赢得消费信赖和青睐的绿色标签。调查显示，中国消费者对中国环境标准的认知度是46.81%，对于追求高品质消费的人群而言，更生态、更环保、更安全是他们选择产品的前提，尤其在家纺领域，绿色认证为消费者提供了信誉与品质的承诺和保障。在长期的国际贸易合作中，纺织企业已积累了大量符合可持续时尚的国际化产品标准，将为面向国内市场建立消费信任力提供良好的支持。

　　近三年，受工信部委托，中国纺织工业联合会开展的"十大类纺织创新产品"评选活动，体现了纺织企业面对消费市场，不断创新，满足人民美好生活的新期待。为更好地指导开发和引导消费，"十大类纺织创新产品"评价体系聚焦以市场需求为导向的"时尚创意、非遗创意、智能科技、舒适功能、运动功能、医疗卫生用功能、易护理、安全防护、健康保健和生态环保"等十大主要消费诉求，从产品设计创新、产品技术创新、产品品质保证、生态环保特性、市场应用特性等方面进行综合考量，发掘了一大批引领主流消费的创新产品，并涌现出博洋、孚日、如意屋等在内的众多创新家纺企业典范（2019年度十大类纺织创新产品家纺获选产品典型案例分析请见附件）。

（二）以财务成功为目标的产品结构

产品结构是以财务成功为目标，创新技术和创意设计的有机组合。

首先，需要培养产品开发的商业思维（图2），在产品开发过程中，企业结合发展战略和市场需求，综合考虑市场、技术、装备、原料、人力等资源的使用策略，对新产品目标市场、新产品开发领域、新产品开发目标、达成目标的途径和方法进行总体规划与商业分析。一方面，从重要伙伴、利益相关方、供应链、价值链的角度，关注关键业务、核心资源与价值主张；另一方面，从客户关系、渠道通路进行客户细分，建立合理的成本结构，以确保即便在经济不确定的情况下也能有稳健的财务状况。

图2　产品开发的商业思维

其次，建立符合企业目标客户群体的产品"金字塔"结构体系（图3）。以往企业仅仅关注在给定需求下，如何更好地满足客户特定的需求（接单生产），而今需要更加关注客户价值的挖掘与实现，通过发现需求和管理需求，将产品或服务用最优的性价比、有效率和高效益地向顾客传递，以帮助客户成功达成企业自身的财务成功。通过市场调研与流行趋势分析制定新产品研发规划，确定企业产品开发规划中销量型产品，竞争型产品、利润型产品以及创新型产品的合理占比，按照产品研发的系统逻辑，从规模和利润两个途径保障企业的商业收益。其中，产品开发QFD分析（质量功能展开），是指在形成概念产品之前，建立产品与市场、技术与用途、产品与用途、技术与顾客等矩阵，进行细分市场需求与技术工艺要素的关系对应，并综合考虑以上多种因素之间的关系与平衡，使产品定位更加明确，产品开发方向更加清晰，产品投放市场更有针对性。

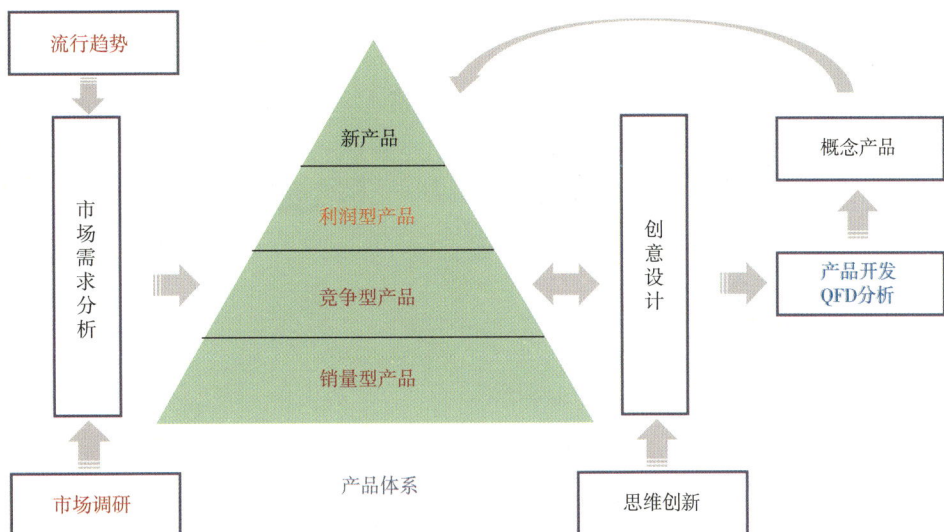

图3 体系化的产品结构

二、技术刷新

技术驱动创新，一方面，建立技术管理平台，提升产品开发的效率与质量，满足源源不断的新需求；另一方面，把握飞速发展的信息技术的新红利，逐步将智能制造、智慧设计和智慧决策融入企业核心生产力。

（一）建立技术管理平台

企业将产品开发过程中积累的技术方案进行共性技术要素的分析和总结，以国际先进技术为目标，对已有的产品和技术进行评价，对产品开发所需求的技术进行分析，提出技术发展规划，开展技术预研，建立技术架构，从技术的竞争性、专有性和实用性三个维度对技术潜力进行评估，明确核心技术、关键技术、一般技术和通用技术，建立共享技术平台（图4），保障快速便捷地获取产品开发所需既有技术资源配置，并与新材料、新技术、新工艺以及客户差异化产品需求相结合，有效降低研发成本和缩短研发周期，建立新产品线，保障企业快速获取新的市场机会，高质量地满足客户需求。

技术平台建设步骤包括：根据纺织产品开发需求及技术特征，按照产品线分解产品要素，建立共性基础要素与资源配置的产品架构；按照专业进行技术分类，提炼满足产品特性的技术要素和生产要素，建立技术架构；对产品架构与技术架构进行对应分析，找出共享技术；将共享技术标准化，建立技术平台；对技术平台进行验证并不断优化完善。

（二）把握信息技术红利

信息技术正在从企业的信息管理工具演变为核心生产力。埃森哲预测人工智能技术作为新的生产要素，到2035年将为中国的经济增长率贡献 1.6%，通过应用人工智能技术，中国劳动力生产率将在2035年提升27%。纺织产品的智能化、柔性化、个性化制造将是未来

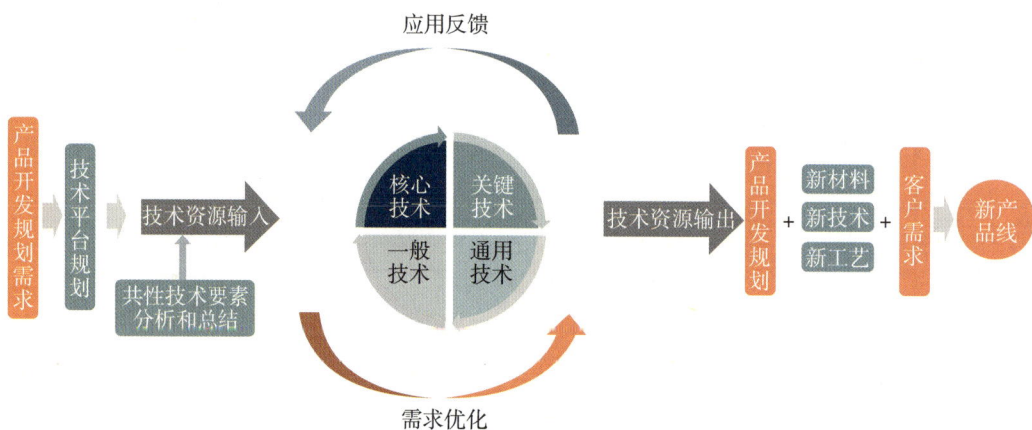

图4 以产品开发为导向的企业技术平台

发展的重点，智能制造使纺织产业按需生产成为新的竞争优势，迅速地紧跟流行趋势以及消费者需求，实现适时、灵活的定制生产，减少库存积压，小批量短周期的生产模式成为新常态。

产品开发管理把产品生命周期概括为产品战略、产品市场、产品需求、产品规划、产品开发、产品上市和产品市场七个部分，纺织企业可依托客户关系管理系统（CRM）与产品生命周期管理系统（PLM），整合市场信息、流行趋势、客户需求、技术信息、季节因素等内外部数据，优化纺织产品价值链。

第一，创意，获取并挖掘创意构想，并融入数据系统，使其提供关于产品结构、风格和性能的直观、交互及可行性数据。

第二，协同，与纺织产品开发价值链中的其他参与者高效沟通，不断获得创意信息，并在产品开发概念设计和总体设计阶段及时发现和解决问题。

第三，控制，确保产品开发过程的时间进度，确保企业内外部协同者在不同阶段的产品开发保持一致性。

人工智能、大数据、云计算等新一代信息技术为纺织产品开发带来新的发展空间。近年来，中国纺织信息中心/国家纺织产品开发中心不断探索应用人工智能和大数据等先进信息技术开展智慧预测、智慧设计、智慧发布与智慧营销等技术研发。一方面，建立智慧趋势研究实验室，建立流行时尚信息资源数据库，利用计算机视觉识别和自然语言处理等技术，分析时尚动态及流行趋势，定期发布基于大数据的人工智能流行趋势研究报告。另一方面，建立智慧设计实验室，将流行趋势研究成果与人工智能信息技术相结合，通过人工智能时尚设计交互平台实现人工智能情感化时尚图案设计。采用MR混合现实技术，实现虚拟现实3D协同设计。利用VR虚拟现实技术，构建虚拟3D服装秀演。其中人工智能时尚图案设计（图5）项目与微软（亚洲）互联网工程院跨界合作，以流行趋势研究成果为设计逻辑，以人工智能视觉识别、自然语言处理技术、生成对抗网络技术等研发的人工智能情感化计算框架理论为算法逻辑，自行设计生成符合流行趋势的纺织服装图案，并在山东鲁丰印染、浙江达利丝绸、浙江红绿蓝纺织印染、泉州海天材料等创新型企业开展应用实践，提升了产品开发的原创能力，实现了从消费情感到时尚产品的完美设计与跨界革新。

图5 人工智能时尚图案设计

三、组织刷新

万物互联时代最具竞争力的企业组织，一是技术驱动的平台型企业，如微软；二是价值网络的构建者企业，如阿里巴巴。根据普拉哈拉德和哈默的定义，核心竞争力是指组织中的积累性学识，特别是关于如何协调不同的生产技能和有机结合多种技术流的学识。因此，企业的核心竞争优势是将企业的有形资产、无形资产、组织建设与流程管理有机融合的关键资源或关键能力的集成创新。纺织企业需要从分工提升劳动效率，分权提升组织效率，分利提升人的效率，转而追求系统整合效率最大化的协同，组织内和组织间的协同成为效率的重要来源。以内在的柔性共生、外在的协同集成重构组织机构，建立互为主体的价值网络共生模式，共享数据资源的信任保障，实现各主体的价值创造、价值评价和价值分配，达成大变局时代可持续的共生优势。

（一）内在的柔性共生

内在的柔性共生强调基于战略规则、组织建设、流程管理、技术管理、设计管理、市场营销、绩效评价、数据管理八个维度下，以创新为推动力的协同分工，需要通过重构组织机构、认知责任和角色、建立激励机制来构建和刷新组织体系，培养持续的创新能力。首先，在保证财务成功的同时，关注技术积累和无形资产增值，强调以人为本，对人的成长和能力提高负责。其次，建立客户需求驱动的柔性化产品开发组织和流程，将技术研发、产品研发、生产、营销等各个环节有机地组合起来，改变集权式纵向结构，建立紧密横向联系的矩阵式有机管理系统，使员工在产品开发流程中承担相应的职责，以协同满足客户需求，为工作界定标准。柔性共生的产品开发组织具有以下特征：全面、准确的信息收集和分析能力，具备交叉职能的产品研发团队，决策过程中责任和权利的分散性以及开发过程中强大的技术平台快速反应的灵活性。纺织企业应当将产品开发战略规划分解落实到技术、生产、品管、市场、销售以及所有相关部门，统筹配置人力、物力和财力资源，以确保战略规划的实施和既定目标的实现，企业的组织结构要求能够在稳定性和灵活性之间取得平衡，结构的稳定性保障提供持续管理日常工作所需的能力，结构的灵活性保障探索获取新的市场竞争可能性的机会，并将有限的资源配置到能形成竞争优势的产品开发活动上，促使企业获得持续发展的能力。

（二）外在的协同集成

纺织新产品开发具有产业环节多，产业链长的特点，一个产品的设计构想需要经过纤维、纱线、坯布、染整和成衣等多个环节才能最终投放市场，纺织技术的创新涉及理化、材料、信息化、自动化等多个领域的基础研究，只有通过纤维材料开发商、机械设备制造商、纺织企业和科研机构之间的共同合作，才能形成更有效的问题解决方案。且随着消费者个性化需求的不断增长，新零售模式的快速普及，纺织品订单趋向于多品种、小批量、短交期，纺织产品从规划、技术创新、产品设计、组织生产到市场销售，整个生命周期明显缩短，这使得企业越来越注重创新性和灵活性，也越来越依赖产业链的协同与集成，快速反应不仅需要通过技术装备实现产品加工制造的柔性化，而且需要通过产业链上下游资源共享的集成创新，提供实现客户价值增长的整体解决方案。

外在的协同集成要求产品开发工作从以往强调优化企业自身技术装备等物质资源转向强调系统资源整合以及有效运转。横向外部资源包括上下游合作伙伴的资源，纵向外部资源包括政策资源和环境资源。横向外部资源与纵向外部资源的协同，一方面强调资源能力的深度效益，即通过产业链中各参与者之间的协同，达到开放式创新的结果，另一方面从强调既定的资源能力到不断柔性化地拓展资源和能力，强调资源的动态性。中国流行面料产品创新联盟（图6）是中国纺织信息中心、国家纺织产品开发中心集聚中国创新型纺织企业进行外在协同集成的代表性实践。联盟充分发挥行业机构对于宏观经济、消费需求、纺织科技、流行趋势和产品开发的综合研究优势，集合产业链上下游企业的技术创新和设计创意的跨界资源，通过基于消费需求分析、流行趋势分析和可行性技术分析的研究，纤维、纱线、制造、染色以及服装品牌的共同开发，专业展会、行业会议、创新沙龙、专业报告、专业媒体的联合推广等集成创新构建了一个互为共生的价值群体。中国流行面料产品创新联盟依据工作目标与任务的不同分为流行趋势研究与发布联盟和技术创新联盟两种运作模式。产品创新联盟以消费品牌需求为驱动力，以满足品牌采购需求、提升纺织企业开发能力、促进产业链集成创新为目的，以实现优秀消费品牌与优质面料供应商高效对接，互利共赢为目标。一方面致力于优化消费品牌供应链管理，针对流行趋势进行产品组合开发，丰富面料风格，塑造品牌特色。另一方面致力于帮助纺织企业了解下游客户的需求，把握市场流行趋势和产品开发方向，提高产品开发的效率和效益。技术创新联盟以科技创新为驱动力，以新技术、新材料应用和推广为手段，优选具备创新意识和创新实力的行业上下游优秀企业建立技术推广平台，就新技术、新材料的特点，开展流行趋势、消费市场、产业经济等综合分析与研究，与成员企业共同制订产品开发方案及市场推广方案，并组织实施，完成确定的任务目标，实现将

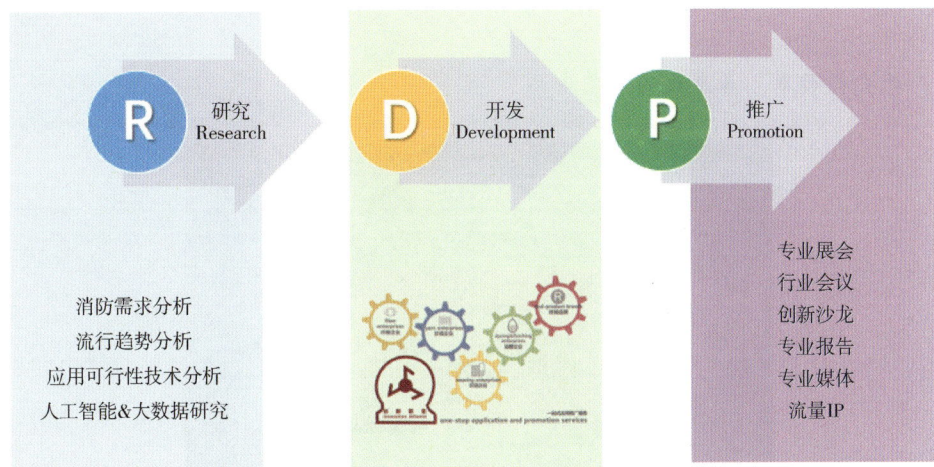

图6　中国流行面料产品创新联盟

技术价值转化为产品商品价值的集成创新。

　　未来，中国纺织产业既面临着生产成本持续上涨、市场容量有限增长以及经营风险加剧的竞争挑战，也面临着凭借强大的生产制造能力、稳健的时尚消费能力、先进的互联网解决方案对全球时尚产业重大影响和推动的战略机遇。丹尼尔·埃斯蒂（Daniel C. Esty）曾说过，"企业必须放弃策略性的、临时的、孤立的做法，转而采取战略性的、系统的、整合性的措施。"纺织企业需在国际视野下，以长期主义战略进行规划和部署，以客户价值为核心，内需创造新增量，外需发现新空间，有效整合创新资源，从研发单一产品转向培养总体创新能力，实现可持续发展。

国家纺织产品开发中心

附件　2019年度十大类纺织创新产品家纺获选产品典型案例分析

　　为贯彻落实《国务院办公厅关于开展消费品工业"三品"专项行动营造良好市场环境的若干意见》(国办发〔2016〕40号)精神，推动企业加快实施"三品战略"，倡导以市场需求为导向的产品创新与创意设计，发挥创新产品的示范引领作用，提高创新产品的品质满意度和品牌信任度，受工业和信息化部消费品工业司委托，中国纺织工业联合会开展了培育和推广2019年度十大类纺织创新产品工作。共有85件产品获得"2019年度十大类纺织创新产品"称号，其中家纺类获选作品29件（获选名单详见222页）。

一、时尚创意产品

1 "迷之西西里"真丝数码印花床品

获选企业：宁波博洋家纺集团有限公司

产品亮点分析："迷之西西里"真丝数码印花床品以西西里的自然风情为原始创作背景，选用月光金色、崖灰色、象牙白的黄金配比；并在设计风格上融入国际奢侈品牌风格，塑造恢宏大气的家居氛围；月光金色是一种神秘而又尊贵的颜色，在各个国家，都是身份高贵的象征。原料甄选19姆米辑里湖丝，光泽度好，手感丝滑；搭配数码印花压线工艺，色彩鲜亮，呈现的图案效果立体更佳，且不易褪色，色牢度高，数码印花结合真丝材质，使产品更具质感。

2. "倾听物语"色织双丝光大提花床品

企业名称：江苏悦达家纺有限公司

产品亮点分析："倾听物语"色织双丝光大提花床品采用全棉色织双丝光面料，经纬纱与经纬密均选用高支高密的工艺参数，加上特殊的剪花工艺，彰显画面立体层次。经纱采用JCF140/2丝光纱线，纬纱采用JCF120/2丝光纱线，经密达310根/英寸，纬密达460根/英寸（同规格普通织机纬密能达到的极限为250根/英寸左右）。通过复杂工艺技术和先进大提花织机织造出花型轮廓清晰、具有凹凸感、光泽感强、手感柔软舒适的色织双丝光大提花剪花面料。此系列产品既有色织大提花的奢华感，又有绣花点缀效果，更好地解决了后道采用绣花的产品洗后起皱的后顾之忧。

3."蝴蝶缎"四件套床品

企业名称：浙江凯喜雅国际股份有限公司

产品亮点分析："蝴蝶缎"四件套床品设计灵感来源于蝴蝶，蝴蝶的翅膀是由无数个微小的色点通过逐渐变化的排列形成的，细微的比例差异造就了它们的千变万化。若丝绸面料想要达到同样的变化效果，必须由无数个精密的组织点构建，靠传统的人工绘制是无法完美呈现的。企业通过数学的算法，利用计算机模拟蝴蝶肌理的生成逻辑，按照经纬线的密度定位织纹的宽度和变化的角度，就像蝴蝶身上放大的像素点一样，每平方米面料上有大约5650万个织点，从而形成十分自然的渐变效果，从不同的角度呈现出丰富而有层次的光泽感和极具流动性的线条感，就像飞舞的蝴蝶一般华美而高贵。

4.牦牛绒毛毯

企业名称：上海龙头家纺有限公司

产品亮点分析：牦牛绒毛毯开发了红灰、蓝灰、黄黑、蓝黑四款颜色，采用上海博物馆"大克鼎"纹样元素与上海市花"白玉兰"元素，运用中国珍贵环保的天然纺织材料——牦牛绒设计毛毯系列文创产品。牦牛生长在远离污染的有机环境中，其绒毛作为低碳环保的天然有机材料，被广泛用于家居、服饰与艺术领域。牦牛绒面料透气性比羊绒高120%，保暖率比羊毛高30%。牦牛绒的表面鳞片整齐，使得绒毛手感舒适滑糯，不会造成皮肤刺痒感。同时，牦牛绒还具备防潮御寒、抗过敏和可自然分解等特性。在"80后"、"90后"成为消费主力军的当下，年轻一代的消费者更倾向于购买被赋予了某种文化意义的产品。

5."塞纳风尚"欧式印花床品

企业名称：深圳市富安娜家居用品股份有限公司

产品亮点分析："塞纳风尚"欧式印花床品设计创意来源于欧洲艺术风格与古典主义。欧式卷草与现代几何碰撞结合，是这幅作品的设计精髓。几何发散图案底纹，色彩丰富；整个产品具有空间感，简约大方，给人以愉悦的视觉感受。产品采用薄荷绿为主色调，它是介于浅蓝绿色调的色彩，营造清晰又温馨的家居氛围；搭配烟灰色、琉璃黄和水蓝色，和谐统一又不乏对比跳跃，增加空间上的立体变化与时尚感。面料选用由天丝TM和棉混纺纱线制成，兼具两者优点，柔滑轻盈、亲肤舒适、保形性佳、更易打理。产品采用间歇式平网印花工艺，成品花型最大可达到240cm×240cm。由于印花时坯布和机器都处于静止状态，因而印花精度高、花纹细腻、色彩鲜艳，独幅构图使视觉冲击力更强。

6. "陌上花开" 蕾丝绣花床品

企业名称：无锡万斯集团有限公司

产品亮点分析："陌上花开"蕾丝绣花床品采用全棉面料制成，保证人体接触的舒适感；采用精致蕾丝绣花描绘出古典的图案，为柔软的装饰增添柔和感和维度感，具有前瞻性的多材质拼接工艺使品牌更具辨识度，在结构上增添辅助的装饰花边彰显设计细节。此外，该系列产品还开发了配套的靠垫和窗帘，并根据客户意见继续开发了粉色、淡绿色和灰色等色系产品，受到英国市场的欢迎。

7. "卡洛琳" 3D多色家纺产品

企业名称：青岛莫特斯家居用品有限公司

产品亮点分析："卡洛琳"3D多色家纺产品是一款具有凹凸触感和明暗立体视觉效果的3D多色家纺产品。面料采用多组经纱与多组纬纱交织的组织工艺结构，呈现一种利于空气流通的中空结构，呈现"3D"效果，使产品外观独特的同时增强了使用舒适性，并通过不同比例的经纬纱结合，将原本须多经轴织造的特殊组织通过单经轴来实现，改变送经方式，降低经轴护理成本，提高生产效率。同时，突破原本需要再加工才能达到绗缝、绣花等产品效果的生产方式，降低生产成本。为达到产品表面的色彩饱和度，面料组织结构表、中、里纬纱的比例经特殊设定，不同组织及色纬的交互搭配，实现面料视觉色彩变化；中层OE纱（转杯纺生产的纱线）或股线辅助增强面料的凹凸效果。"一种3D多色家纺面料"获得实用新型专利。

8. "Matting"仿席编织装饰窗帘

企业名称：海宁市千百荟织造有限公司

产品亮点分析："Matting"仿席编织装饰窗帘的纬纱选用450旦有光加捻低弹纱交织在织物反面，使织物表面呈现席子一样的编织效果，选用40英支/2全棉纱使面料具有良好的吸湿透气性，手感柔软细腻。产品色彩参考了年度流行色并结合公司实际情况进行配色，共有20种颜色可供选择，产品后期可根据客户需求做防水防污处理。产品根据企业已获得STANDARD 100 by OEKO-TEX®严格标准对有害物质进行的检测，已通过国际权威鉴定机构的检测和认证。"一种仿席编织装饰布"已获得实用新型专利。

9. "呦呦鹿鸣"数码印花床品

企业名称：湖南梦洁家纺股份有限公司

产品亮点分析："呦呦鹿鸣"数码印花床品的设计灵感来源于故宫博物院刺绣藏品《广绣鹤鹿同春图》。在中华文化里，鹿与"禄"谐音，象征吉祥长寿和官运亨通之意，也代表了健康、美丽、权利和自由；松柏象征着坚强不屈的品格。产品选用100S/2丝光精梳棉纱采用缎纹组织制成，具有类似绸缎般的滑爽手感，表面色泽艳丽、丰盈润泽；采用环保数码印染技术，大版独幅定位排版印花，不受传统印花套色和花回长度限制，实现高品质印花效果。色彩和花型更细腻清晰、层次丰富、形态逼真。

10. "霓娜"红豆绒四件套床品

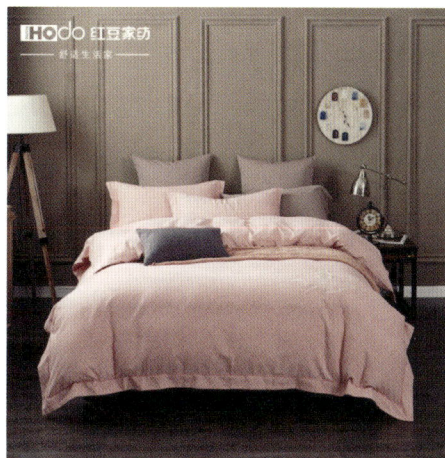

企业名称：红豆集团（无锡）纺织品有限公司

产品亮点分析："霓娜"红豆绒四件套床品的花型灵感源自欧洲绅士，色调雅致、品味厚重，在紧跟当前素雅纯色潮流的基础上，融合秋冬呢大衣的纹路肌理，并搭配专版欧式绣花点缀。与市场上主流的磨毛面料相比，该花型独特，由企业专版设计。面料采用100%纯棉缎纹织造，采用环流纱工艺使纱线内部蓬松，外部缠绕紧致，有效提升保暖率；独特菱形蜂窝组织结构可高效蓄热锁温；超低速负压起绒技术和仿羊绒粗针工艺，使绒毛整齐绵密，触感柔软蓬松、亲肤舒适；通过对面料进行抑菌助剂处理，强化抑菌效果，增强助剂耐水洗次数。

11. "SADI"成品窗帘

企业名称：吉林省（东樱）美家纺居室用品有限公司

产品亮点分析："SADI"成品窗帘作为行业里的新物种，实现了窗帘可以固定尺寸、批量生产，让消费者买窗帘就像买衣服一样简单，即买即走、可退可换。企业根据20多年的行业经验和数据积累与统计，对《国家建筑模数规定性文件》和全国范围的部分楼盘开间尺寸进行研究，结合十几万个实际消费者居家空间尺寸的综合数据对比分析，成功设定了成品窗帘的尺寸标准。2019年企业受邀参加中国家用纺织品行业协会组织的关于《成品窗帘》标准的研讨会。作为《成品窗帘》团体标准起草单位之一，企业关于成品窗帘的定义、尺寸标准的研究性成果以及工艺标准，垂直斜率和相关名词解释等均被中国家纺协会标委会采纳。该产品是基于传统窗帘最大的产品创新，更是消费升级的重大产业贡献。成品窗帘不仅拥有当下流行的时尚外观，还实现了遮光、调色等功能；随着纺织科技的发展变化，SADI成品窗帘的科技功能性将不断升级，未来可以实现防紫外线、隔音、杀菌等功能。

二、非遗创意产品

12."锦绣江山"床上用品

企业名称：江苏堂皇集团有限公司

产品亮点分析："锦绣江山"床上用品灵感来源于北宋画家王希孟的《千里江山图》。五福呈祥，更有江山下聘、锦绣富贵之意。产品属于新中式风格，画面细致入微，江河与群山构成了一幅美妙的江南山水图，山间流水、亭台楼阁等静景中穿插捕鱼、游船等动景，动静结合恰到好处。山与水皆是我国传统文化中的吉祥元素，赋予产品官运、财运、贵人运等美好寓意。产品采用手推绣工艺，采用专供缝纫、刺绣的机器，配合灵活的手部操作进行推绣。绣娘以针代笔在不同面料上用深浅不一的线色描绘出远山含黛，凸显自然之美。手推绣结合了机绣和手绣的优点，针迹平滑圆润、布面平整柔软、花样立体，绣出来的作品活灵活现，跃然眼前。"堂皇手推绣"被认定为非物质文化遗产。

13. "三峡风光"荣昌夏布折扇

企业名称：重庆市荣昌区易合纺织有限公司

产品亮点分析："三峡风光"荣昌夏布折扇扇面采用的荣昌夏布是以纯苎麻为原料经全手工制作的平纹布，素有"轻如蝉翼、薄如宣纸、平如水镜、细如罗绢"的美誉。2008年，荣昌夏布织造技艺被列入第二批国家级非物质文化遗产名录，成为荣昌乃至中国非遗文化中的瑰宝。荣昌折扇始于宋代，与苏州的绢绸扇和杭州的书画扇并称为"中国三大折扇"。荣昌折扇采用全手工制作，用贵州楠竹为扇骨，共经过145道工序，集染色、黏合、绘画、雕刻和镶嵌等精湛技艺于一体。荣昌折扇于2008年列入第一批国家级非物质文化遗产项目。荣昌夏布折扇在荣昌折扇的工艺上，采用全手工荣昌夏布作为扇面，构建起如同阡陌纵横的天然纹理。荣昌夏布折扇创造性地实现了两大国家级非物质文化遗产的完美结合，具有较强的实用价值和收藏价值。

14. "鲁凤新绣"纯棉床品

企业名称：威海市芸祥绣品有限公司

产品亮点分析："鲁风新绣"纯棉床品以玫瑰花、葡萄、牡丹、如意、卷草等工艺图案为设计元素，采用捏折和抽丝等工艺，完美地将图案重点放在床品2/3黄金主体位置上，给消费者以视觉上的舒适感。中间主体部分采用万字连桥形成如意图案为主体的框架结构，篮子中盛满牡丹、葡萄等鲜花果实放于如意图案中，形成一副"万事如意花果飘香"的美景，同时采用玫瑰花铺满整个床品底部，以玫瑰体现夫妻恩爱、和睦相处、温馨甜蜜等氛围。产品主要采用鲁绣的雕、平绣、抽、勒、编等多种工艺相结合，使整体图案错落有致。

15."演墨"仿扎染床品

企业名称：无锡万斯集团有限公司

产品亮点分析："演墨"仿扎染床品不同于使用纯棉或棉麻混纺白坯布为基布的传统扎染，该产品使用基于涤纶植绒工艺生产的冰花绒面料作为基布，借助数码印花技术将古老的扎染效果转移至现代面料上。以蓝白为主色调、简洁粗犷的线条勾勒出宁静平和的意境。产品通过在古朴的扎染艺术中注入现代时尚元素，实现传统与现代的融合创新。

16.欧式卷草电脑抽纱刺绣桌布

企业名称：山东圣润纺织有限公司

产品亮点分析：欧式卷草电脑抽纱刺绣桌布不但采用了传统刺绣工艺，还采用了很多创新的刺绣方法，包括平绣、立体绣、盘带绣、贴布绣、珠片绣、激光绣、牙刷绣、植绒绣、毛巾绣和桌布绣等，极大地满足了消费者的需求。电脑抽纱刺绣桌布不同之处在于针法排列及面料呈现效果上，如立体绣和平绣具有不同的视觉感，平绣仅利用不同种类的绣线来表现明暗及色彩变化，立体绣则借助其他面料垫衬在图案下营造出三维的空间感。以珠片、珠管等有机物为材料的珠片绣通过绣钉的方式堆叠出富有层次的图案，视觉效果独特、极富装饰性。该产品融合了东西方的刺绣艺术，吸收不同的刺绣风格形成新的设计理念，创造出更丰盛的刺绣种类，形成了独树一帜的风格。

三、智能科技产品

17.御养智能升降床垫

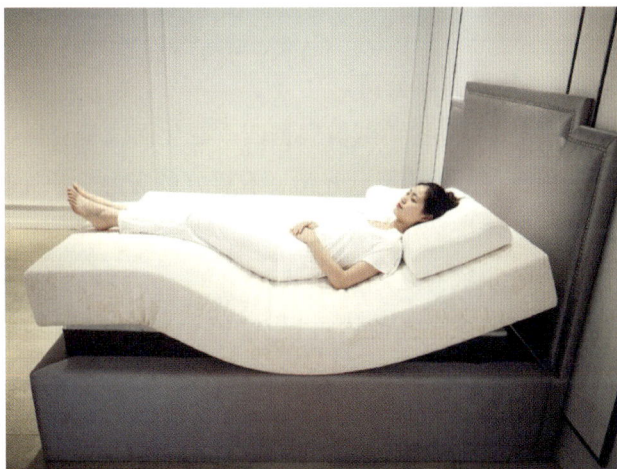

企业名称：江苏全球康功能纺织品有限公司

产品亮点分析：御养智能升降床垫是一种具有多重保健功能的复合床垫。复合床垫具有多层结构，从上到下依次包括远红外负离子面料层、防电磁波辐射面料层、碳纤维发热层、防螨层、第一乳胶海绵层、磁材料固定层、磁感应释放层、第二乳胶海绵层、3D层、硬质棉层。产品表层采用美国杜邦TM物理防螨层，具有良好的防螨抗菌功效，运用微粒结构进行阻隔过滤，绝对阻隔尘螨及其排泄物，防止尘埃、皮屑、体汗通过。床垫根据人体工程学设计，引进德国高端技术，通过电动机作用使床头床尾升降，使床垫呈现"S"型，形成对人体7个重要部位的健康支撑保护，更设置了独特的颈部深度保护系统，解决现代都市人群疲劳症群最集中的烦恼。床垫内芯设置高科技智能监测系统，通过监测每天的心率、呼吸率、脑电节律、生物反馈等生理指标，能够分析用户每天的健康趋势及异常变化，并通过手机APP客户端反馈报告，帮助使用者及早发现窦性心动过缓、呼吸暂停、心律不齐、期前收缩等症状。

四、舒适功能产品

18.雪域吊吊绒净静白鹅绒被

企业名称：宁波博洋家纺集团有限公司

产品亮点分析：雪域吊吊绒净静白鹅绒被根据四季变化而改变克重，以适应寒暑不同需求。包布面料采用80S长绒棉面料，手感柔软光滑，有良好的吸湿性和保暖性；且可以直接用包布来进行防羽处理，去掉了传统鹅绒被所需要添加的防绒衬，减少了面料与防绒衬之间的摩擦带来的噪声困扰，使雪域系列的被芯在使用过程中更加安静舒适；填充物选取黄金北纬43°的东北吊吊绒，每朵鹅绒都经过多道高标准的杂质清理和水洗工艺，使最后的绒朵大且干净，带来纯净的健康睡眠。

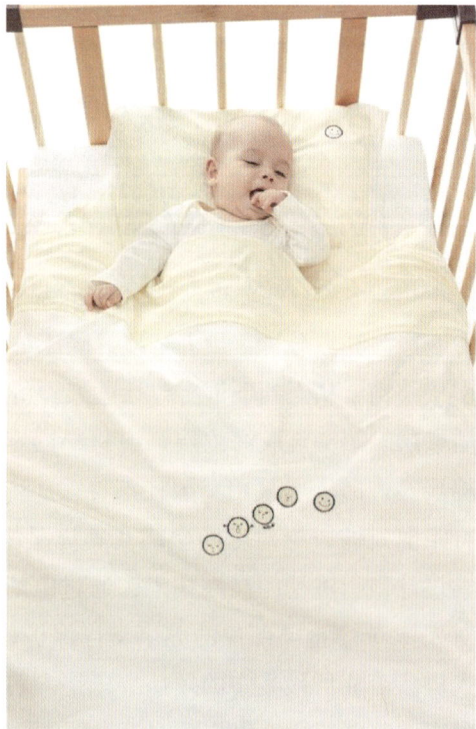

19.植物染色婴幼儿床品

企业名称：宁波广源纺织有限公司

产品亮点分析：植物染色婴幼儿床品面料以100%匹马棉为原料，棉纤维长度比普通棉长35%，具有柔软触感，棉纤维强韧度比普通棉高出45%，具有优质的穿着体验，有效减少磨损和起球问题；采用植物染料进行染色，染色过程中几乎不加入任何化学成分助剂，减少化工染料中的有害物质，面辅料均不含荧光剂。

20.天然抗菌汉麻超柔床品

企业名称：华纺股份有限公司

产品亮点分析：天然抗菌汉麻超柔床品采用汉麻为原料，具有吸湿、透气、舒爽、散热、防霉、抑菌、抗辐射等特性。100%汉麻的床品开发一直是一个难点。该产品选择了3条不同的工艺路线，分别重点研究了不同工业洗衣机水洗工艺、不同退浆工艺、不同气流机（水洗）工艺和空气柔软机（空气洗）工艺对面料风格的影响。3条工艺路线做出的产品均能解决100%汉麻织物刚性大、手感不够柔软；易褶皱、褶皱不易恢复；刺痒感强，不够亲肤等问题。不同工艺面料风格不同，为客户提供了多种选择。产品选择当下流行的fashion粉和安逸灰为主色调，以正反双色的形式呈现。

21.传奇7号零压厚床垫

企业名称：梦百合家居科技股份有限公司

产品亮点分析：传奇7号零压厚床垫的设计灵感源于曼联红魔球衣主色，外观简约时尚。设计人员根据人体不同部位的着力状况，将床垫设计为8层复合。第1层为智能锌天丝TM提花空气层面料、第2层为2厘米凝胶0压绵、第3层为5厘米抑菌0压绵、第4层为3厘米花式弹力舒压绵、第5层3厘米弹力中性绵、第6层为独立袋装弹簧、第7层为3厘米弹力中性绵及第8层为防滑点塑布。该设计完全满足人体工学设计，自然贴合身体曲线，减轻运动带来的肌肉及关节酸痛，快速缓解运动疲劳。床垫内芯选用最新一代环保型非温感记忆绵，具有分散人体压力，改善血液循环等特点；采用科技黑马智能锌cleancool面料，不仅可以抗菌防螨，还可以快速消臭；整张床垫有超过600个独立袋装弹簧，可根据体型和睡姿，对身体各部位形成独立的支撑面，促进深度睡眠。

22.抗菌防螨功能被

企业名称：紫罗兰家纺科技股份有限公司

产品亮点分析：抗菌防螨功能被的被面由110个小格子拼接而成，形成面包型，符合人体工学设计。通过扭花工艺能够将被芯自由伸展，并最大限度地提升蓬松度和保暖性；每个小格子之间均设有流通气孔，有助于排出身体湿气，时刻保持被窝温暖干爽，适合不同季节使用。冬季面包型面贴身，面包小方格立衬设计实现360°贴身保暖；春秋季平整面贴身，优良的吸湿性和散热性可减少使用过程中的闷热与不适感。产品通过微胶囊包裹技术，使益生菌在微胶囊内部处于休眠状态，增加了其稳定性、耐高温性和贮藏性。采用自主研发的负压闪爆后整理技术，将益生菌、玻尿酸、辅酶Q10等有益成分植入被子中，赋予其抗菌、防螨、芳香、保湿等功能，给消费者提供一个更加舒适的睡眠环境。负压闪爆装置及技术是指瞬间（小于2秒）将功能介质（功能粒子与交联剂、水的混合液）均匀地渗透到纤维内部及纤维之间的空隙中，渗透率可达90%以上，提高了功能性介质与纺织品的结合牢度；通过消除附着盲点，有效提高产品的耐水洗效果。

五、健康保健产品

23.舒爽型冰丝床品套件

企业名称：上海珍奥生物科技有限公司

产品亮点分析：舒爽型冰丝床品套件包括按摩套装、3D枕芯和冰丝套装。利用高新技术将天然宝石托玛琳经多道工序研磨并加工为托玛琳浆料，采用纺前添加方法制成功能粘胶纤维，"托玛琳粘胶纤维的制备方法"已获发明专利。按摩套装中按摩床单的蜂巢按摩点状结构具有凹凸感，轻柔刺激皮肤表层，舒爽助眠；薄被采用双面设计，采用聚酯纤维、具有托玛琳功能浆料的天然纤维为原料，使产品丝滑舒爽，确保睡眠舒适。采用高分子纤维树脂材料制成的3D枕芯，拥有3D网状结构，具有优异的透气性、散热性、吸水性和排湿性，能有效承托颈、肩、头部，从而达到放松肌肉、减轻不适感的目的；该产品是一款集科技、环保、健康于一体的夏用产品。

六、生态环保产品

24.原液着色竹丽尔生态毛巾

企业名称：孚日集团股份有限公司

产品亮点分析：原液着色竹丽尔生态毛巾采用竹丽尔®/棉混纺纱制成，面料具有吸湿透气性好、亲肤性好、手感自然蓬松、柔软舒适和抑菌功能。产品采用环保浆料代替传统浆料或PVA浆料上浆，退浆简单，无浆料残余，处理后产品手感蓬松柔软；竹丽尔®所使用的着色剂为天然颜料，原液着色技术使颜料均匀地分散在纤维中，光泽更自然、色彩更持久，实测耐水洗色牢度大于4级，避免了传统染色方式工序长、损耗高、产品有色差，染色过程中易起毛、易产生疵点等弊端。生产加工过程中无需染色，符合"无染低染"环保理念。

25.高低毛隐纬缎组织毛巾

企业名称：孚日集团股份有限公司

产品亮点分析：高低毛隐纬缎组织毛巾采用六纬高低毛夹六纬缎档的织造方式，由毛经、地经、纬纱分别交织成高毛圈组织、低毛圈组织和缎档组织相互交替穿插的花型，可体现高毛圈、低毛圈和缎档 3 种高度，缎档纬纱巧妙地镶嵌其中，且缎档可以采用不同的底纹组织和不同特性的纱线，不仅提高了产品花纹的立体效果，而且使产品外观更新颖、表现层次更加丰富。产品采用85℃低温前处理，降低蒸汽消耗，减少加工时间，省去了降温所需要的水，达到省水、省汽、省时的目的。选用亨斯迈（Huntsman）公司的AVITERA® SE染料进行染色，固色率高达93%。选用高效的皂洗剂ALBATEX DS，具有高清洗力和防沾性，与AVITERA® SE染料一起在60℃下配合使用，达到完美的节能省水效果。

26.舒弹丝®随芯配旅行枕

企业名称：安睡宝（上海）家用纺织品有限公司&福建省海兴凯晟科技有限公司

产品亮点分析：舒弹丝®随芯配旅行枕包括枕套和内芯两部分。枕套采用全棉面料，亲肤性强；内芯分为 5 个区域：两个侧睡区域、两个仰睡颈部支撑区域、一个头窝舒适缓解区域。内芯采用舒弹丝®纤维填充；侧睡区域和一个仰睡颈部支撑区域采用舒弹丝®支撑型纤维，能够对颈部进行很好的承托作用；另一个仰睡颈部支撑区域和头窝舒适缓解区域采用舒弹丝®柔软性纤维，缓解头部压力。枕芯容易滋生细菌、螨虫，因此这 5 个区域可以独立设计，方便拆分水洗；每个区域都有拉链，可以根据每个人的需求进行调节。

27."竹韵花沁心"环保印花床品

企业名称：华纺股份有限公司

产品亮点分析："竹韵花沁心"环保印花床品采用天竹®纤维与冰凉锦纶长丝交织而成，选用紧密松软的缎纹组织，充分发挥天竹®纤维和锦纶长丝的特点。竹浆纤维是国家重点推荐使用的绿色纤维之一，自然环保、滑爽吸湿、并具有一定的抗菌性。而冰凉锦纶长丝具有手感滑爽、凉感舒适、不腐不蛀、导热系数低、接触凉感值大和凉感不贴身的优点。产品采用活性染料数码印花及冷轧堆节水退浆生产技术，具有上染性好、色牢度高、环保节能的特点。采用全自动数码印花技术，保证了花型图案的清晰逼真。

28.一次织造成型石墨烯立体无缝羽绒被

企业名称：山东魏桥嘉嘉家纺有限公司&魏桥纺织股份有限公司

产品亮点分析：一次织造成型石墨烯立体无缝羽绒被采用一次织造成型专利技术，应用涤纶基石墨烯改性纤维材料打造具有低温远红外保健功能的羽绒被。一次织造成型专利技术将羽绒被壳以立体、完整的造型结构直接从机器上生产出来，经过单件裁剪，充绒成型，省去立体无缝被壳繁琐的裁剪、拼接、缝制等环节，杜绝了面料浪费，大幅节约加工工时，减少用工。被面无纫缝针眼，成功解决了针眼钻绒的行业难题，具备优异的物理防钻绒效果。涤纶基石墨烯改性纤维具有改善微循环、抗静电、抗菌、除螨等功效，产品采用石墨烯材质高级灰的原本色调，将功能性、环保性和品质创新有效结合。

29.羽绒靠垫

企业名称：上海东隆羽绒制品有限公司

产品亮点分析：羽绒靠垫可根据不同年龄、性别、文化素养、兴趣爱好等诸多方面，并结合最新、最时尚的元素，有针对性地进行主题设计、花型图案设计、生产工艺设计和造型结构设计，形成一批工艺技术和款式的自主知识产权。产品的生产加工过程采用自动充绒生产线、自动卷包装生产线、流水线自动化除铁工序，前期的靠垫套和后期的塑料封装以及装箱自动流程实现全程自动化监控，减少人工作业强度，大幅度提高了生产效率。使用的羽绒原料符合羽绒国际实验室的DOWNPASS和RDS认证（羽绒追溯），面料同样符合STANDARD 100 by OEKO-TEX®认证。企业正在建立产品和供应链的追溯系统，已经实现了羽绒和面料供应商的可追溯。

附件撰稿人：陈佳

我国软体家具产业现状与发展趋势

张冰冰

一、行业概况

（一）我国家具行业整体概况

家具行业是我国国民经济重要的民生产业和具有显著国际竞争力的长青产业，2019年，在世界经济增长持续放缓、国内经济下行压力加大的影响下，我国家具制造业长期向好的基本趋势没有改变。家具行业以高质量发展为核心，以创新为动力，提质增效，稳步前行。 2019年，中国家具行业规模以上企业6410家，累计完成营业收入7117.16亿元，同比增长1.48%；累计利润总额462.73亿元，同比增长10.81%；累计产量89698.45万件，同比下降1.36%。国际方面，中国是全球家具第一生产大国和出口大国，在全球家具市场上占据主导地位。多年来，中国的家具产品遍布全球200多个国家，出口年增长率一直优于世界平均水平，保持两位数增长。据米兰轻工业信息中心统计，目前，中国家具生产内销与出口比值为7∶3，约16%的家具全球市场价值（不包括中国）为中国产品。2019年，中国家具累计出口560.93亿元，同比增长0.96%，相比2018年增速放缓。

（二）软体家具行业发展概况

我国软体家具制造企业以中小企业为主，集中度低，但总市场份额较稳定。目前，中国床垫生产企业上千家。大型企业所占市场份额比例较小，中小企业产品多集中于国内低端市场，产品同质化现象较严重。

据国家统计局数据显示，2019年1~12月，全国软体家具规模以上企业累计完成产量6933.24万件，同比下降3.77%。从月度情况看，全年仅3月、7月产量正增长，其他月份产量同比均下降：3月产量534.03万件，同比增长18.4%，为全年单月最高增速；4月产量441.88万件，同比下降11.39%，为全年单月最大降幅；12月产量700.39万件，为全年单月最高值，同比下降3.68%。

目前，我国软体家具制造业主要分布在华东地区和华南地区，两个地区占据了全国的主要份额。在华东和华南地区中，又以广东省、浙江省、江苏省、山东省、哈尔滨市占比较多。据统计，广东省2019年规模以上软体家具产量约2100万件，占广东省规模以上家具总产量的11%，占全国规模以上软体家具产量的30%。全省按照有一定规模的企业6000家测算，软体沙发（不含实木）约1500家左右，床垫约100家左右。

进口方面，我国沙发及软垫座椅的主要进口国为意大利、越南、美国、墨西哥、泰国、马来西亚、印度尼西亚、法国、日本和挪威，床垫的主要进口国为泰国、马来西亚、意大利、越南、美国、澳大利亚、德国、西班牙、荷兰和丹麦。

出口方面，沙发出口产品包括功能沙发、民用沙发、汽车座椅等。近年来，我国软体家具出口增速放缓，主要原因有三个方面，一是部分出口国的市场状况不断变化，包括关税及非关税壁垒，中美贸易摩擦等；二是中国国内制造业成本上升，主要包括劳动力成本，适应国际贸易新规定及标准的成本；三是越南、马来西亚等东南亚国家竞争力增强，多重因素叠加致使中国软体家具的国际市场份额面临挑战。随着全球化的推进，我国软体家具制造行业在普通产品上具有显著的成本制造优势以及质量优势，出口量庞大，以泰国、越南为代表的发展中国家经济高速增长，购买力持续提高，从而刺激全球软体家具市场的潜在需求转化为现实消费。

二、软体家具产品及品牌概况

家具专业展会是家具行业的晴雨表，大大小小的参展企业活跃度高，是我国七万多家家具企业的真实缩影。通过观察2019年中国国际家具展览会、中国（广州/上海）家具博览会、国际名家具（东莞）展览会等国内重点家具展会，可以看到软体家具的产品特点、参展规模及品牌梯队情况。

（一）产品特点

软体家具主要指以木材或金属为框架，以弹性材料（如弹簧、蛇簧、拉簧等）和软质材料（如棕丝、棉花、乳胶海绵、泡沫塑料等）为主要材料，辅以绷结材料（如绷绳、绷带、麻布等）为填充承重部分，以纺织物（如棉、毛、化纤织物等）或皮革（如牛皮、羊皮、人造革等）为饰面制成的各种家具。软体家具主要分为床垫、沙发和软床三大品类。

沙发产品以布艺沙发、皮沙发、曲木沙发、藤制沙发为主，其中布艺沙发与家纺行业密切相关。目前国内市场中，实木沙发、布艺休闲沙发占主导地位，近几年功能性沙发比例在提高。布艺沙发产品风格主要体现以现代、时尚、简约、轻奢为主。其中，年轻一代选择沙发的色调分为两种：一种主流常规色，如灰色、蓝色、米色、咖色；另一种是个性常规色，如绿色、橙色、黄色、红色、青色、紫色。据市场观测，2019年，年轻款沙发的主流行颜色为墨绿色（祖母绿）、珊瑚橙。老人用沙发的设计，有功能化的产品需求，沙发更具灵活性，略带硬度，利于长者落座施力。沙发扶手便于长者落座撑扶，沙发边几台面宜较大，高度与沙发扶手相近，长者侧身取放物品比前倾更加省力方便。风格较简约，色彩以暖色调为主。

床垫产品主要包括弹簧床垫，山棕、椰棕、黄麻、海绵、3D、天然乳胶等多材料软垫，产品种类丰富。目前市场上的主流床垫主打健康睡眠、科学睡眠系统，结合弹簧、织物、棕、乳胶、凝胶、毛毡等多种材料，可根据使用者的实际需求进行材料搭配和工艺调整。

（二）参展规模

据2019年第二十五届中国国际家具展官方统计数据显示，该届展会软体家具参展企业占总参展企业的22%，其中沙发参展企业234家，占比17%；床垫企业66家，占比5%。根据2019年中国（广州/上海）国际家具博览会官方统计数据显示，3月展会软体家具参展企业数196家，占比4.51%；9月展会软体家具参展企业47家，占比3.13%。

（三）品牌梯队

我国软体家具行业已形成阶梯式品牌布局结构。顾家、敏华、全友、曲美、联邦、爱依瑞斯等大型企业为沙发制造业第一阵营，慕思、喜临门、舒达、梦百合、穗宝、凤阳、梦神、CBD、金可儿等大型企业为床垫制造业第一阵营。值得注意的是，顾家作为床垫领域的后起之秀，近年来市场占有率节节攀升，顾家也稳居软体家具制造业的龙头位置。软体家具市场品牌效应逐渐显现，市场份额逐步向优势品牌集中。

三、软体家具市场前景及发展趋势

（一）市场前景

当前，我国软体家具市场已经成为一个成长迅速、潜力巨大的成熟市场，市场前景广阔。中国有14亿人口，但人均家具消费水平与发达国家相比相对较低。随着城镇化和中产阶级的兴起以及消费习惯的不断培育，中国居民的家具消费需求增长迅速。目前，我国床垫行业仍存在渗透率低、更换周期长，平均更换周期近10年，远低于美国3~5年的更换周期。根据2019年调查显示，我国床垫人均拥有量为1~2件，城市床垫市场渗透率达90%以上，但农村市场渗透率仅为35%左右，部分偏远地区仍存在使用纯天然稻草来自制床垫的现象。随着大众消费理念的转变以及床垫设计制造水平的提升，床垫市场巨大的消费潜能将被逐步释放。

（二）发展趋势

1.围绕新生代消费者的时尚设计

相对经典的皮沙发、皮软床过去以来一直是软体的主要品类，近年来，更加时尚年轻的布艺软体产品正在悄然扩散。布艺沙发整体舒适感更强，符合年轻消费者的需求。同时，布艺材料色彩柔和，配色时尚，在外观视觉上也同样对年轻人具有更大的吸引力。搭配方面，不同类型材料与色彩在软体产品上的融合越来越和谐：材料混搭不再是过去泾渭分明的价值体现，而是设计与美感的表达;色彩的混搭浑然一体，深浅色、同色系的搭配更加协调。

2. 以整体家居一体化为方向的上下游延伸

一是向上延伸，占据消费入口。定制品牌通过柜类产品占据了消费者购买的第一入口，也带走了大量软体品牌的市场份额。在这种形势下，不少软体品牌企业开始向上游品类整合。例如，一部分企业直接选择与定制品牌全面合作，如梦百合与索菲亚、尚品宅配与顾家开展合作等；另一部分则自己开发上游产品，如顾家、CBD等。

二是向下延伸，开拓家纺、家饰市场。家具是耐用性消费品，为与消费者之间建立品牌黏性，部分软体家具企业开始向日用型消费品方向拓展，家纺、家饰则是第一选择。例如，沙发领域的代表品牌爱依瑞斯借助纺织品优势，开始打通窗帘，并借助通过全屋一体化设计带动窗帘品类的销售；寝具领域的慕思不断整合枕头、床品、香薰等睡眠周边类快销品，围绕卧室给出整体解决方案。

3. 以功能为导向的智能化产品

一是电动床的迅速普及。电动床是指通过机械方式对头部、腿部等部位进行升降调节，以实现休闲、娱乐、睡眠等多种场景的卧姿切换。索菲利尔等品牌曾是这类产品的开创者。在2019年的各大展会上，几乎所有的床垫品牌都拥有了几款电动床产品，说明这一细分市场正在迅速扩张。

二是智能监测床垫。产品主要通过植入智能芯片来监测人体的体征数据，再经过算法转换和大数据后台，来帮助用户获得睡眠分析报告。同时，借助数据，床垫还可以进一步提供温度调节、软硬度调节、睡眠干预等后续功能。此类产品在2019年展会上初露锋芒。

四、软体家具产业集群分布及面料供应情况

（一）山东

软体家具是山东家居传统产业，山东软体家具规模以上企业约50~60家，以生产沙发、床垫、软床系列产品为主，主要集中在淄博、临沂、济南、潍坊、青岛等地区。其中，淄博市周村区生产的沙发主要销往三四线城市，沙发生产企业1000余家，以中小企业为主，产品主要以布艺沙发和实木沙发为主，布艺沙发占60%。2015年，周村被中国家具协会授予"中国软体家具产业基地"称号。近几年，软体家具在产品设计、面料选择、工艺处理方面都有长足的进步。

山东软体家具企业主要与广东、浙江的家纺企业或其在山东的代理商合作，品质要求不断提高，色彩以灰、白、黄为主，也可以合作开发新花色产品。主要面料品牌有黑蚂蚁、玛雅、懒熊、志达布艺等。佛山南方纺织在山东有代理商，将更多的科技面料带到了山东企业。

（二）浙江

浙江省海宁市的沙发产业是海宁皮革、经编、家纺三大支柱产业链的延伸，现已成为海

宁重要的产业之一。2011年4月，中国家具协会与海宁市人民政府签订共建"中国出口沙发产业基地"协议，并授予海宁市"中国出口沙发产业基地"称号。海宁共有沙发生产企业200多家，沙发的品种包括皮革、布艺沙发，以布艺沙发为主。海宁90%的沙发企业出口，主要销往欧美地区。受中美贸易影响，2019年海宁沙发及制品出口量有所下降，出口额49.79亿人民币。其中，布艺沙发出口27亿元人民币，皮革沙发出口15.65亿元人民币，布艺沙发套出口8.25亿元人民币，皮革沙发套出口4.11亿元人民币。

（三）黑龙江

黑龙江省哈尔滨市软体家具（包括沙发、软床、床垫等）企业300余家，其中规模企业占13%，中小企业占87%。本地的中小微企业居多。沙发、软床类企业占75.5%，床垫生产类企业占24.5%。重点品牌有卧虎家具、金凯莱家具、宏益床垫、一鸣特沙发、爱佳至宝沙发等。从整体上看，黑龙江省软体家具还有很大的市场拓展空间。目前品牌企业的产品已销售到长江以北的区域。

哈尔滨市的沙发企业选用的面料主要采购于杭州萧山工业区、香河家具材料城、沈阳材料城及本地布料代理商。面料风格主要以轻奢、极简、休闲为主，面料材质主要是科技布、棉布、棉麻布等。

五、软体家具面料需求和趋势

（一）沙发的主流风格与产品需求

1.面料主流风格与趋势

沙发面料市场主要风格分为三种。一种为经典重塑，就是将曾经很流行的图案、织法进行改良升级，选用时下流行的材质和颜色对其进行再创造，将经典以一种全新的方式推向市场，例如千鸟格的再设计；一种为关注自然，这种是对棉麻布的追求，棉麻布的舒适感是其他材质无法比拟的，将棉麻材质通过多种织法设计在一件产品上，既符合当下的流行趋势，也传递了追求自然、回归本源的舒适理念；另一种为混搭时尚，这种风格不局限于某一种主题、材质或色彩，多选用时下流行的色彩和材质，或选用超现实的图案进行仿制，或选择羊毛染色编织，例如2019年流行的纤维自然卷曲面料。

2.沙发企业的面料需求

沙发企业对纺织面料需求极大，尤其是具有科技含量、设计美感的高端新型面料。沙发企业与面料企业合作研发专属面料逐渐成为趋势，助力软体家具企业走差异化发展之路。沙发家具品牌企业近年增加了与供应商的合作，推出为公司量身定做的专属面料，保证了市场的唯一性，提高了产品的附加值，更提升了市场竞争力。部分设计师品牌选择进口纺织面料，如意大利、丹麦、比利时等国的面料，将沙发的档次进行了更多的细分。

在与面料企业合作中，首要关注的是面料企业的资质和环保质量，同时考量面料的颜色、材质、织法、肌理、手感、清洗难易度，这几个因素是决定面料是否选用的直接因素。

以曲美家居为例，考虑到清洗对面料触感与颜色的保证，曲美研发生产的布艺沙发都为可干洗面料；此外，曲美倾向于选择高端面料，甚至对一些工艺问题也会用高端面料进行填充。由此可以看出，大型沙发企业更加看重高端织法的新型面料。

（二）床垫原材料供给区域及面料需求

1. 床垫材料供给区域

20世纪90年代初，我国床垫面料主要依靠进口，存在成本高、到货周期长等弊端，后来家纺行业引进先进的床垫面料技术，实现了床垫面料的国产化生产。

目前，床垫原材料重点供给区域主要集中在华东地区、华北地区和中南地区。其中，华东地区主要以浙江、江苏为主，中南地区主要以湖北和广东为主。

2. 床垫面料需求

健康睡眠取决于床垫的综合性能。床垫的综合性能由床垫材料、结构和面料组合方式、综合刚度、综合弹性及其分布等呈现，具体表现为床垫的软硬度、弹性、透气性、温湿度、抗菌防臭等保健性及阻燃防火等安全性。除弹簧、毡、棕垫、泡沫层外，面料尤为重要。面料很大程度上影响着使用者的睡眠健康与舒适度，对花型设计、材质、环保透气性等有较高要求。目前床垫常用的有针织面料、亚麻面料、机棉面料、防静电面料等。

从消费人群分析，随着消费升级，不同年龄的消费者对床垫面料选择的标准不同。儿童、青少年对面料的色彩设计、环保性、易清洗、耐磨性等要求更高；成年人对面料的透气性、舒适性、耐磨度、花型立体感等更加关注；老年人则更加看重面料的易清洗和保暖性。

从生活方式角度分析，消费者对睡眠产品要求提高，质量、舒适度和品牌已经成为消费者选购床垫的主要因素。从消费习惯和消费能力角度分析，中产阶级以上群体更倾向于为优质的产品和高端品牌买单，引领了睡眠经济的热潮。在经济全球化的影响下，部分国际床垫企业追求品牌溢价，在中国获得了极高的利润空间，如舒达在2019年的销售额为128658.5万元，销量为2415789件。

六、发展展望

2019年，中国经济整体运行稳中有进，国内生产总值（GDP）接近100万亿元，同比增长6.1%；人均GDP首次突破1万亿美元大关，实现了历史性跨越。随着国民收入持续增加，消费者对品牌和品质的追求日益提高；与此同时，城镇化进程释放出的"以小换大""以旧换新""以郊换城"等购房需求都将为软体家具市场带来增量。在国家经济强盛、人民消费升级等多重利好下，软体家具行业将与上游面料行业开展广泛联动、共同推动行业繁荣发展。

中国家具协会

研发创新

竞国风魅力 赛时代创意
——"海宁家纺杯"2019中国国际家用纺织品创意设计大赛综述

贾京生

由中国家用纺织品行业协会、中国国际贸易促进委员会纺织行业分会、法兰克福展览（香港）有限公司、浙江省海宁市人民政府联合主办，中国家用纺织品行业协会设计师分会、海宁市许村镇人民政府承办，海宁中国家纺城股份有限公司、海宁市家用纺织品行业协会、海宁市许村镇时尚产业新生代联合会共同协办的"海宁家纺杯"2019中国国际家用纺织品创意设计大赛圆满结束。图1和图2分别为大赛作品线下、线上评比现场。

图1 大赛作品线下评比现场

图2 大赛作品线上评比现场

本届大赛创意设计主题为"国风·大观"，主题旨在以中国文化之风为核心，以东方艺术之彩为手段，以展现中国风格的国际时尚化为最终目的，展开系列性创新、创意、创美的家用纺织品设计。以大设计、新视野、高品位的设计创意，营造出具有诗意的栖居生活场景。大赛得到了国内外艺术院校、家纺企业、设计工作室、设计爱好者的广泛参与。本届大赛共收到来自84所院校、32家设计工作室及企业的参赛作品2690份，其中创意画稿组参赛作品2076份，整体软装设计组作品614份，与2018年大赛作品数量相比增长了22%。2019年大赛采用新的评比程序和方法，即家纺创意画稿组采取线下、线上相结合的评审方式，整体软装设计组采用线上评比的方式，通过初评、复评、终评，最终分别评选出金奖、银奖、铜奖、优秀奖、入围奖和优秀指导教师奖及优秀组织奖。

大赛在浙江省海宁市公证处的全程监督下，经过专家评委会的层层遴选，根据大赛规则，铜奖以上获奖作品在中国家纺官网上公示一周后，最终确定家纺创意画稿组金奖1名，银奖3名，铜奖5名，优秀奖20名，入围奖若干名；整体软装设计组金奖1名，银奖2名，铜奖5名，优秀奖20名，入围奖若干名。

"海宁家纺杯"中国国际家用纺织品创意设计大赛是2003年创办的国内第一个家纺设计类比赛。大赛以中国家纺行业发展需求、构建中国家纺设计风格为目的，按照每年一届的评选规则，已成功举办十七届。作为国家级的家纺创意设计赛事，大赛的影响力、影响面与影响深度都得到了极大提升，越来越多的国内外高校师生、企业设计师和设计工作室陆续参与到大赛中。作为主办方的中国家纺协会与作为承办方的海宁许村镇政府，历经17个春秋的引领、积累与探索，一步一个脚印的务实工作，使大赛不仅在纵向深化发展，形成创意设计的教育链、产业链、信息链，而且赛事在横向发展上建立了设计的高端交流平台和与行业协调、校企协调、产品市场协调的有机体制。综观本届大赛，突出展现了以下几个特点：一是趋势引领，激活原创设计；二是创意探索，百花齐放竞争；三是交流互动，碰撞智慧火花；四是传播交融，传递中国风。

一、趋势引领：激活原创设计

大赛举办以来，组委会始终坚持以"赛事"引领设计趋势、激活设计原创、拓宽国际视野、提高中国家纺创意设计整体水平为目标，大赛历经17个春秋的探索和积累，成为一个学术上权威、行业领域中专业、国内外具有影响力的赛事。同时，大赛始终强调将我国博大精深、源远流长的民族文化融入创意设计中，倡导中国风格、中国形象、中国潮流的创意设计与国际时尚趋势紧密接轨，秉承家纺创意设计的可持续发展理念与国际家纺话语权，全面激活与提升中国家纺设计的原创能力、时尚品位与国际水平。图3为2019年大赛评审委员。

图3　2019年大赛评审委员

本届大赛不仅主题明确，而且具有引领趋势、把控方向的意义。中国文化不仅有上下五千年的历史，同时也蕴藏着深厚的思想与独特的个性。以"国风·大观"为主题，可以让参赛者对我国传统文化进行更深层次的挖掘。从参赛作品来看，很多设计作品将中国传统文化与现代时尚结合得相当完美，这是一个非常好的现象与趋势。

二、创意探索：百花齐放竞争

从本届大赛参赛作品的整体水平看，在创意设计探索方面呈现百花齐放、竞争激烈的状态。正如本届大赛的评审委员会执行主任、中国家用纺织品行业协会副会长王易所说："'海宁家纺杯'大赛经过17年的发展，规模不断提升，作品水平不断提高，凝聚力越来越强，这使得大赛在行业内具有了权威的地位与影响力。今年参赛作品与往届相比更契合主题，这说明参赛者在大赛主题引导下，能够更好地关注、了解、探索与表现中国本土文化。参赛作品不仅整体水平高，而且设计风格呈现多元化、多样化、个性化的竞争态势。" 本届评审委员、北京服装学院艺术与科技教研室主任王阳副教授对本届大赛点赞："本次大赛的参赛作品将中国文化的兴盛繁荣融入国际化的设计视野为前提进行设计。中国文化博大精深，'国风·大观'这一主题涉猎的领域也非常广泛，所以作品呈现百花齐放的局面。同时，大赛作品在色彩运用上值得关注，围绕中国风的主题，作品色彩既要有内涵和深度，同时又不适合过于张扬，还要考虑在实际产品中的应用体现，参赛者能将这种感觉把控得比较好，是非常难得的。"

纵观与解读本次大赛的参赛作品，在创意设计与创意探索方面，呈现出四个突出的趋势：一是创意探索"宽度"无界，二是创意探索"深度"无限，三是创意探索"高度"顶天，四是创意探索"适度"立地。

本届大赛在主题"国风·大观"的启迪与引领下，参赛作品的创意设计探索有了进一步拓宽延展趋势，呈现出"宽度无界"的态势，这在作品中充分体现为跨专业性、跨领域性、跨古今性、跨国界性的设计理念与表现方式。"家纺创意画稿组"的金奖作品就被评委这样点评到："设计作品《夏》（图4）充满东方朦胧韵味与含蓄气息，从形式效果上符合此次大赛主题'国风·大观'。作品以中国传统文化中的荷花、竹子为题材，以国画中墨分五色的方法为手段，设计营造出国画艺术中的情趣、风格和意境，这符合此次大赛的文化内涵与艺术品位。作品含蓄地体现了文化自信、文化自觉与文化自主——善于运用中国艺术中的文化精神而设计创作。设计作品的主版平面艺术效果把控得微妙恰当，设计的陈列艺术效果渲染得浑然一体，是一幅较成功的家纺创意设计作品。"

"整体软装设计组"金奖作品《朝·绯》（图5），在大赛主题的文化内涵与范畴中，表现出设计师的创造智慧与艺术灵性，彰显了创意设计的深度探索。评委点评："在中华民族世代相传的审美基因中，红色独具情节。从古至今，她始终占据着中国人的心灵。人们对红色的称呼也极为讲究，如赤、朱、绯等。作者从'朝绯'入手，紧扣'国风·大观'主题，整体作品既洋溢着复古精神，又不显沉闷，营造出'国风'大气贵重、富丽祥和的美感，极具韵味。其中大量中国红的运用恰到好处，从墙布到家具，从大物件到小装饰品，红

2019/2020中国家用纺织品行业发展报告

《夏》

"山光忽西落，池月渐东上。散发乘夕凉，开轩卧闲敞。荷风送香气，竹露滴清响。"作品灵感来源于诗人孟浩然的《夏日南亭怀辛大》一诗。现代人生活节奏快，需要适当地放慢脚步享受生活，我想通过作品描绘出一幅夏夜水亭纳凉的清爽闲适的画面，整体以绿色调为主，从视觉上缓解疲劳，给人以舒心感。

图4　金奖作品《夏》（山东工艺美术学院　蒋聪）

朝·绯

设计说明：源于看到一张红色城墙与黄色腊梅相结合的画面，我感悟到红色是可以与任何颜色融合共生的。红，代表了中国人的文化图腾和精神皈依，是灵魂里的一份安定力量，象征了庄严、尊贵、权威，也代表了我们对生活的信心和憧憬。李白的清平调其二中写道："一支红艳露凝香，云雨巫山枉断肠。"也是用娇艳鲜红的牡丹花来形容杨贵妃的雍容华贵之美。

图5　金奖作品《朝·绯》（成都纺织高等专科学校　黄明智）

色的布局让室内空间充满温暖情愫，传达出一种独特的东方美韵和民族情怀。在家居软装设计中大量使用红色作为主基调并不多见，红色因其热烈鲜亮而不易掌控，但此幅作品画面的色彩张扬却不显俗气，符合大雅的审美情趣，将博大精深的中国文化尽情描绘，典雅且蕴含现代美感。"

本届大赛参赛作品的另一个亮点，就是在主题文化内涵与造型艺术形式上，其创意探索有高度顶天的味道。如同银奖作品《云溪戏鱼》（图6）点评专家所言："作品以锦鲤来铺陈鱼在三维空间的悠然嬉戏，前景是高楼窗花上线描的锦鲤，中景是透在窗后飘动的浮云，远景是映照浮云水面下悠然嬉戏的锦鲤，巧妙地将中国山水画的三景用当代的视角呈现，极富诗意与中国书画中的禅意，是一幅想象力十足的作品。当中锦鲤嬉戏于水中呈现S型动态的布局，铺在水面上的朵朵浮云如卷尘翻动，在虚实之间，饶有趣味地体现出空间的灵动与活泼。整体配色以青瓷淡蓝色为主调，细致且高雅。空间布局配置也十分雅致，体现了一种当代的中国风。作品紧扣中国艺术中的文人精神，运用书画同源的理念来创作，将'深苑庭水溪，残阳卷尘来，空若无所依'的意境可视化，体现出一种新的中国书画应用的角度，在设计理念、题材、外观上有明显的创意表现。面对当代家纺的流行应用，体现了一种中式的人文情怀，将是未来时尚可创造的潮流。"

家纺创意设计大赛的最终目的，是为企业生产的"产品"、市场所需求的"商品"和当代人们生活中的"用品"服务，这个创意设计目的的追求，在大赛作品中不仅层出不穷，而且彰显了创意探索"适度立地"的趋势。所谓的"适度立地"，就是创意设计作品能够落地并能融入市场，能够适合"产品""商品""用品"这个"度"的水准。铜奖作品《一揽芳华》（图7），就是其中的一个代表："该作品以梨花为设计主题。通过水彩手绘的创作手法，层层叠加地表现了梨花的绽放与优雅，图案多彩华丽，颇有大唐盛世的韵味。在梨花的花与叶的表现中，虚实关系、构图关系，从设计技法、色彩表达等各方面都处理得非常得当。同时作者的文字说明表述充分，这也是该设计作品的亮点之一。作品的三组配色结合了色彩流行趋势，非常优美适宜。在家居产品、服装面料等各类产品的运用上留给观众很大的想象空间，相得益彰。"

三、交流互动：碰撞智慧火花

本届大赛，赛的不仅仅是创意设计作品，也是一次对参赛者、参赛作品、参赛院校设计教育的综合思考，更是对中国家纺设计行业、市场、产品可持续发展的智慧碰撞与深度的思想交流。

大赛评委、海宁市许村镇党委书记杜莹池指出："中国家纺协会与海宁许村镇政府一直在为大赛更加良性的可持续发展而努力。目前大赛需要更多思考的是如何将作品落地，提高作品的市场转化率。我们希望参赛选手的作品更加贴近市场，与市场融合。这也是大赛今后努力的方向。"

本届大赛的企业评委对大赛也提出了很多建议。如威海海马地毯集团有限公司艺术总监李峰在解读大赛作品时说："经济强，则文化盛。中国经济已经站在世界的重要位置，近

《云溪戏鱼》

"深苑庭水溪，残阳卷云来，锦鲤相戏戏，空若无所依。"我的灵感便来源于这首诗，诗中鱼儿相互嬉戏，诗人悠然自得的心态正是现代人在快节奏的都市中所缺少的。图案中运用了中式传统图案做装饰，

其中又有国画形式的仙鹤图案，和白描形式的锦鲤图案两种，都夹带着中式气息，两旁的中式传统纹样则运用了极现代的表现形式，加上现代的云雾，这些元素组成了整个画面，是一种新中式风格。

图6　银奖作品《云溪戏鱼》（鲁迅美术学院　王佳林）

《一揽芳华》A版

辅助纹样：

效果图：

设计说明： 作品灵感来源于梨花，梨花开风带雨，以梨花，树叶，枝干为主要元素，以水彩手绘的方法表现出来，以蓝色为主色调，配色优雅，梨花带出洁白，纯真的特性，用层层叠叠的树叶进行点缀，表现出生命的复苏和春天的柔情，层叠之感增加了画面的层次感和冲击力，营造幽深而又素雅的感觉。

图7 铜奖作品《一揽芳华》（青岛大学 张弼超）

几年，中国文化、东方文化也在崛起。中国有五千年的文化历史积淀，本次大赛'国风·大观'这一主题，非常贴切地反应了当前设计领域的潮流，而软装所反应的文化属性更强。从具体参赛作品来看，有些作品不仅仅简单地从中国元素上加以表现，而是进行深层次的探讨，对中国文化具有更深的理解，包括对意境的追求、对情节的表现等。"在探索创意设计的未来发展时，江苏大唐纺织科技有限公司董事长唐利刚则特别强调："设计师需研究用户需求。从本次大赛的作品来看，参赛者在创意以及色彩的把控上做得比较好。但是好的作品不只要求创意和色彩，现在讲新零售，强调一切以用户为中心，所以在设计时不仅要表达文化和艺术，还要将中国文化融入现代工艺中，把产品做得更好。"华尔泰国际纺织（杭州）有限公司董事长徐博华指出："从本次大赛的参赛作品中，能够深切感受到参赛者对生活的态度，因此其作品是有方向的。大赛增设软装组，对推动布艺产业产品研发具有重要意义。在大家居产业中，面料是一种原料。对布艺企业而言，'软装'不能单单看一块面料，而是一种延伸。企业从产品的研发之初，就要考虑空间的应用，这样才是有利于销售的。因为客户需要的不是一块面料，而是一套方案。提供面料应用方案，对客户而言非常有意义。建议今后的参赛者，方案要丰满，但不等于元素和材料的堆砌。"滨州东方地毯有限公司设计总监、山东省工艺美术大师黄君之则提出了"创意"需要与"生产"需求相结合，他对这次大赛提出："本届大赛主题非常明确，中国文化不仅有上下五千年的历史，同时也蕴藏着深厚的思想与潮流。以'国风·大观'为主题，可以让参赛者对传统文化进行更深层次的挖掘。从参赛作品来看，有些作品已经将中国传统文化与现代文化相结合，这是非常好的现象。我本人长期在企业从事设计，所以认为'创意'能'制作'出来才是最关键的，也就是说要将好的创意与生产结合起来。一个好的创意，能否与'织机'相结合，是否符合生产工艺，是否可以进行生产，这是在做创意时需要重点考虑的问题。"

来自院校的评审专家从当今的设计教育特点、设计师素质与未来的设计发展角度，提出了一些睿智高见。英国皇家艺术学院研究员Sylvie Tastemain对本届大赛作品的评价是："创意丰富，但对中国文化元素挖掘需更深、更广。"她具体说到："围绕本次大赛主题，参赛选手的作品在创意上比较丰富，水墨画、古诗词文化、人物山水等元素都成为他们创意的灵感源泉，看得出这些选手对中国文化是进行了研究的。有些作品也给我留下了深刻的印象，比如有一幅作品，选手运用扎染工艺围绕主题进行了整体设计，并且运用得比较和谐。但不足的是，选手们在元素的运用上有些雷同，没有把对中国文化的理解完美地表达出来，这是因为他们对中国文化挖掘得不够深导致的。我认为，中国文化是博大精深的，是很丰富、有很多层面的，选手们仍须深刻理解、领悟中国文化，这样才会设计出与众不同的作品。"台湾辅仁大学织品服装学系教授何兆华对此次大赛的整体水平评价说："针对'国风·大观'这个主题，参赛选手的展现风格多种多样，从中可以看出'90后'对中国文化的喜爱有多元及创新的见解。我认为，设计有两个部分很重要，一是对文化源头挖掘的深度，另一个是设计的转换方法及美感表现，在转换过程中要考虑到整个空间和用途的配置。如果在设计中，把对文化根源的挖掘和对使用对象的考虑这两者更好地结合，并能体现出设计者自身的艺术能量，这样的作品才是具有竞争力的。另外，我觉得大赛搭建了一个很好的平台，可以让很多高校学生以及企业、设计工作室的设计爱好者参与其中，对于激发他们的创作热情起到了积极作用。值得一提的是，大赛的很多作品具有前瞻性，具有国际范儿，所以从这个角度来说，大赛在推动家纺行业发展方面具有积极意义。"成都纺织高等专科学校艺术学院院长刘畅副教授认为，大赛对于设计院校来说是最佳展现设计教育与设计能力的平台，他说："'海宁家纺杯'举办了17年，对国内外院校的学生而言，是加强本专业学生实际设计能力的最有效的平台。本次大赛'国风·大观'主题的设定，在当下可以让我们的学生更好地了解中国传统文化，深刻地体会中国文化的精髓。""本届比赛出现了很多有想象力的作品，很多作品对空间的关系把握很好，部分作品开始关注人在空间中的活动。对环境、空间、人的生活，使用后的状态的关注，是这次比赛比较好的方面。"这是云南民族大学艺术学院环境设计专业负责人施宇峰对大赛作品的评价。他还说："软装赛事对院校的课程有一定的导向作用。大赛是企业的风向标，学生可以通过参加比赛了解市场、了解社会需求，这对教学是一种补充。今年的参赛作品数量可观，代表社会关注度提高，同时，作品数量越多才能有质量更高的作品出现，这是一个很好的趋势。'国风·大观'的主题其实反映的是对中国文化的解读，但参赛作品对中国传统文化的解读能力还需加强，这就需要院校及设计单位更加注重基础研究，注重对文化解读能力的培养。"

四、传播交融：传递中华国风

大赛不仅仅是创意设计作品的创新、创意、创美的竞赛，还是弘扬传递中华民族博大精深的文化、传播家纺创意设计中的中国美学品格及审美情趣、与世界时尚互融交流的盛会。

当今先进的信息化技术与信息全球化的趋势，使中国家纺创意设计大赛得到了全程的广泛传播，从而提升了中国的时尚话语权。自7月初开始，各路媒体对大赛的准备、评比、公示、发布、颁奖和宣传巡展等，进行了赛前、赛中、赛后的一系列信息报道，使大赛得到了广泛且长久的传播。赛事报道既是大赛的重要内容，又是传播大赛盛况的重要形式，尤其是现在已经进入信息化时代，新闻媒体的参与扩大了大赛在国内外的影响力、影响面和影响深远度。赛事及时报道达到了神速无间隙、同步无时差、全方位立体化和直播现场感的效力，使大赛达到专家解读、行业解析、市场解剖、时尚揭秘等更专业与高水准，这使得大赛活动如同插上遨游世界的翅膀，将新时代中国家纺创意设计的时尚性、审美性、适用性、趋势性带到了全世界。

附件　"海宁家纺杯" 2019中国国际家用纺织品创意设计大赛评审委员会名单

评审委员会主任

杨兆华　中国纺织工业联合会副会长　中国家用纺织品行业协会会长

评审委员会执行主任

王　易　中国家用纺织品行业协会副会长，高级工艺美术师

创意组评审委员会委员（按姓氏字母排序）

杜莹池　中共海宁市许村镇党委书记

何兆华　辅仁大学织品服装学系教授

黄君之　滨州东方地毯有限公司设计总监，山东省工艺美术大师

刘　畅　成都纺织高等专科学校艺术学院院长，副教授

唐利刚　江苏大唐纺织科技有限公司董事长

王　阳　北京服装学院材料设计与工程学院艺术与科技教研室主任，副教授

俞金昌　海宁市千百荟织造有限公司总经理

软装组评审委员会委员（按姓氏字母排序）

李　峰　威海海马地毯集团有限公司艺术总监

Sylvie Tastemain　英国皇家艺术学院研究员

施宇峰　云南民族大学艺术学院环境设计专业负责人

徐博华　华尔泰国际纺织（杭州）有限公司董事长

姚伟勤　金螳螂建筑装饰股份有限公司艺术品分公司软装分院院长

新闻发言人

贾京生　清华大学美术学院教授

"张謇杯" 2019中国国际家用纺织品产品设计大赛综述

阎维远

由中国家用纺织品行业协会、中国国际贸易促进委员会纺织行业分会、法兰克福展览（香港）有限公司、南通市人民政府主办，中国家用纺织品行业协会设计师分会、南通市名牌战略推进委员会、南通市通州区人民政府、海门市人民政府、京东家纺承办，中国家用纺织品行业协会床品专业委员会、中国家用纺织品行业协会布艺专业委员会、中国家用纺织品行业协会毛巾专业委员会、中国家用纺织品行业协会经销商专业委员会协办的"张謇杯·2019中国国际家用纺织品产品设计大赛"评比于2019年9月6日在江苏南通拉开帷幕。

"张謇杯·中国国际家用纺织品产品设计大赛"创办于2006年，已经成功举办了14届。大赛始终以"公平、公正、专业、创新"为原则，坚持以服务企业为宗旨，科学凝聚家纺行业的集群力量，以提升中国家用纺织品的设计水平为目标，目前已成为国内权威、专业、具有影响力的家纺产品设计赛事。大赛不仅催生了众多精品力作，还造就了一批又一批新锐设计师。2019年度的"张謇杯"家用纺织品产品设计大赛是硕果颇丰的一年，主要亮点如下。

一、参赛作品数量再创新高，品牌文化意识加强

2019年，大赛主题为"宜·生活"。倡导回归家纺产品设计的核心，用家纺打造温馨的家，注重实用性。用家纺来满足人们的使用需求和心理需求，提升家居生活品质，增进家的舒适度和温馨感。大赛希望家纺设计师树立"大家纺"理念，在整体家居环境下思考家纺设计，提倡与上下游产业对接联合发展，更高层次地达到消费者提升生活品质的需求和效果。

大赛特别邀请了南通市书法家协会首届主席张晏现场书写主题，目的是想让大赛留下文化印记，引领和促进文化艺术更好地与家纺产业融合发展（图1）。

本次大赛企业和设计师个人参加大赛的意愿明显增强，参加产品设计奖和品牌文化奖的品牌企业总计75家，参赛产品近500套，较去年增长23.5%，包含床品、毛巾、窗帘布艺、地毯、家居用品、手工艺品等品类。尤其是线上比赛参与踊跃，线上投票数超过十万。说明在新的经济形势下企业开始日益重视自身设计研发能力的加强和品牌建设的强化，"张謇杯"家用纺织品产品设计大赛正是给企业提供了这样一个平台。

今年参加大赛品牌文化奖的企业和参赛作品明显增加，规模较大的企业逐渐有意识地

建立自己的品牌特色。头部企业逐步显现独特的设计风格特色。大赛积极推动了家纺研究、设计与生产整体水平的提高，为我国的家纺产品设计走向世界增添了新的活力。

二、工作不断革新，力推设计师新人

2019年，主办方将大赛报名系统全部采用线上进行。与相关线上平台合作，在线上进行报名和评比，并开设线上评选"中国家纺原创设计网络人气奖"，方便更多的人了解并参与大赛。

同时，大赛新规划了内容，分为企业、机构设计参赛作品和独立设计师参赛作品两个部分。2019中国家纺产品设计奖及中国家纺品牌文化奖两个奖项仅限企业、机构以单位名义报名参赛；新增设了中国家纺原创产品设计大奖、中国家纺未来设计师之星、中国家纺原创设计网络人气奖三个奖项，专为设计师而设，旨在为家纺行业推介更多的优秀设计者。从2019年开始，大赛将向行业推出年轻、有潜力、优秀的设计人才，这也是大赛顺应整个纺织行业着力推动"大师、大牌"这一发展方向而实行的一个全新举措。希望通过大赛为行业发掘和推出优质的设计人才，用"人"来激发产业的设计活力，再用"设计"推动行业的创新发展。

三、大赛组织科学，专业性全面提升

大赛的专业水准也在稳步提升，大赛评比在专业的展览馆进行，确保所有的参赛作品都能得到专业的陈列展示。海内外评委团队都是行业内的专家学者，确保了大赛的专业水平（图2）。

"张謇杯"2019中国国际家用纺织品产品设计大赛组委会共收到来自5个国家和地区的家纺企业、院校、独立设计师的作品近500套（件）。经过评委的严格评选，最终评选出2019中国家纺产品设计奖金奖3套、银奖6套、铜奖9套、优秀奖20套，入围奖若干套；中国家纺品牌文化奖4套；中国家纺原创产品设计奖1套；

图2 大赛主办方、组织者和评委

中国家纺未来设计师之星奖3个；网络人气奖10个。

大赛评比全过程在江苏省南通市公证处的公证下进行，根据大赛规则，获奖作品在2019年9月12~19日进行公示。评选中组织者和每一位评委都认真恪守职责，以专业的态度认真对待每一件参赛作品（图3）。

图3　评委在评比现场

四、文化元素丰富，原创设计理念加强

本届大赛的设计题材文化性强，内容丰富，观念能满足消费者个性化、差异化的需求。作品原创性特点突出，多元化、实验性意识泛化明显。反映了家纺行业思维观念、文化水平的进步和提高，一批新锐家纺设计师逐步建立个人艺术审美观念，具有思想文化追求的作品开始在大赛中崭露头角。

金奖作品《意素》：黑白色调作为两极无色彩的色彩，历来代表着原始、本质、抽象和时尚，是每季流行色卡上永不缺席的保留色彩，有着类似音乐"空筐结构"的感知容量。作品简明扼要地切中和诠释了上述理念与内涵，兼具传统和民族意韵的几何边饰纹，通过比例与疏密的节制有度地进行节奏变化，呈现出简洁洒脱、干脆利落、一气呵成的时尚气质和魅力。柔软的棉质面料、不加任何修饰的缝制工艺，强化了整套床品的舒适性和"少就是多"的整体装饰主旋律（图4）。

金奖作品《秘语轻尘》：简约的线条如同当代人们对于简约生活的追求，让想象力变为无限创造力，理性的设计和禅宗空间合二为一，创造出梦想家的心动生活。日升月落，天地万物循着一定轨迹和节奏变化，在地球的各个地方，世界的每一处都绽放着最舒适的生活状态，渲染出一种低调的生活品质，花型整体采用几何纹案的精致，与绣花点缀的配饰相呼应，整体色调和谐、明快，体现简约的现代感。适合当代简约的美式家具（图5）。

金奖作品《胡同》：对于建筑的表现方法和色感运用恰当，相对来说描绘得更具真实感。由此赋于了作品生动感，以稳定的感觉体现了整体造型的美感。所有的一切和谐地体现了作者想要表达的巷子的景象和情感，并传达给了大家（图6）。

金奖作品及其他获奖作品具有相当高的设计水平，在观念、创意、表达和技术、工艺等方面都具有出色的表现和严肃的创作态度，这些作品及其设计师在大赛活动中脱颖而出，使大赛和行业整体呈现持续发展的态势。

图4　金奖作品《意素》

图5　金奖作品《秘语轻尘》

　　"张謇杯" 2019中国国际家用纺织品产品设计大赛已经圆满落下帷幕，十四年来，"张謇杯"指导着行业方向，推动着中国家纺行业发展，引领着设计师的观念意识。未来的大赛要做到精益求精，有针对性地重点招赛，来提升大赛的整体水平，推原创设计、设计师新人和展现企业品牌文化的作品，把大赛打造成家纺设计领域的标杆。做好融会贯通，自身平台建设和跨平台合作是"张謇杯"大赛的主要特色，也是未来的发展方向，力图通过线上公众评选、众筹实施产品及电商平台的合作来拓展大赛。

　　2020年是"张謇杯"大赛十五周年，也是大赛涅槃重生的关键一年，组织相应的庆典活动造势，把设计大赛打造成家纺设计领域的时尚设计节是扩大大赛影响的好时机。

图6　金奖作品《胡同》

　　利用"张謇杯"大赛十五周年契机，在保证大赛核心价值的基础上，根据现今行业面临的大环境和企业的实际情况，需要与时俱进对赛制进行调整，使大赛更好地为行业服务。

　　最后，衷心感谢大赛的组织者和积极参与的企业和设计师，让我们共同祝愿"张謇杯"中国国际家用纺织品设计大赛越办越好！

附件 **"张謇杯"2019中国国际家用纺织品产品设计大赛评审委员会名单**

评审委员会主任

杨兆华　中国纺织工业联合会副会长

　　　　中国家用纺织品行业协会会长

评审委员会执行主任

王　易　中国家用纺织品行业协会副会长

　　　　高级工艺美术师

大赛评审委员会委员（以下按姓氏笔画排序）

刘晓萍　流行趋势研究专家、北京市特聘教授

张宝华　清华大学美术学院染服系书记、博士生导师

张瑞春　高阳县毛巾行业协会会长、河北瑞春纺织有限公司董事长

郑仁淑　国际纺织拼布协会（I.T.Q.A）会长

钱雪梅　江苏工程职业技术学院家纺设计专业负责人

凌良仲　江苏悦达纺织集团公司副总经理、江苏悦达家纺有限公司总经理

温　润　东华大学纺织学院研究生导师、博士后

阎维远　大赛新闻发言人、天津美术学院设计研究院副院长

第四届"震泽丝绸杯"中国丝绸家用纺织品创意设计大赛综述

张毅

以"丝·忆"为设计主题的"震泽丝绸杯"第四届中国丝绸家用纺织品创意设计大赛自2019年3月12日在上海国家会展中心的"2019中国国际家用纺织品及辅料(春夏)博览会"上启动,到2020年3月上旬获奖名单发布,历时一年终于落下了帷幕。"震泽丝绸杯"中国丝绸家用纺织品创意设计大赛目前已经成为国内乃至国际规模大、水平高、较权威的专业丝绸产品创意设计大赛,大赛获奖作品不仅展现了当今中国丝绸产品设计的形象和水平,也代表了我国丝绸产品设计的时尚潮流。

中国家用纺织品行业协会携手江苏吴江震泽,以建设中国文化的软实力为己任,从2016年以来连续四年推出的"震泽丝绸杯"创意设计大赛,以丝绸文化作为载体,重新塑造充满国际时尚活力的中国文化形象。大赛吸引了国内外院校及专业设计公司的积极参与,第四届大赛报名参赛的作品数量再一次刷新了纪录,参赛作品多达2875件,作品展现了中国年轻设计师蓬勃的设计活力与对丝绸文化的精神回归,也表达了年轻设计师对塑造中国原创设计风格、打造驰名世界的本土丝绸家纺品牌以及振兴中国丝绸文化的强烈愿景。"震泽丝绸杯"创意设计大赛正是这样一个在国家发展最好的时期和最需要的时刻应运而生的中国丝绸设计文化展示平台。

总结第四届"震泽丝绸杯"大赛,可以看到中国家用纺织品设计的新方向:参赛作品与产业融合的趋势和效益更加显著,数字化设计大赛的举办已日趋成熟,中国家纺设计风格文化展现多元的时尚融合。

一、参赛作品与产业融合的趋势和效益更加显著

大赛举办之初,中国家用纺织品行业协会会长杨兆华就指出:"震泽是中国丝绸家纺的重要基地,在政府、产业集群、企业等各方的努力下,取得了飞速的发展,'震泽丝绸杯'创意设计大赛能够为提升震泽的设计软实力、打造震泽的丝绸家纺区域品牌做出新的贡献,是大赛举办的初衷之一。"

震泽培育了创意设计大赛的成长,创意设计大赛也促进了"中国丝绸小镇"震泽的全面

发展，两者互为依托。震泽镇党委书记顾全明确指出："创意设计大赛的举办，一是打响了震泽丝绸的知名度，成为宣传震泽丝绸的重要媒介；二是提升了震泽丝绸的竞争力，优质的参赛作品为丝绸产品注入了新的活力，也为震泽打开了通往时尚流行前沿的大门；三是加强了行业的凝聚力，大赛的举办让震泽越来越多的丝绸企业受益，在不断提升震泽丝绸品牌含金量的同时，也让'抱团发展、强化自律'成为行业的共识，促进了产业的良性发展。我们将不断提升办赛水平，抓好赛事积淀，推动成果应用，继续办好这一赛事。"

二、数字化设计大赛的举办已日趋成熟

"震泽丝绸杯"创意设计大赛举办四届以来，每届都力求创新与突破：本届大赛在上一届大赛的基础上及时总结经验，对报名系统、作品上传系统和评比系统进行了升级与完善，实实在在地为参赛者打造了一个高效便捷、公平公正的竞赛平台，成为国内首个PC端与移动端同步使用，并拥有独立官方门户网站的家纺设计赛事。

三、中国家纺设计风格文化展现多元的时尚融合

本届大赛的主题为"丝·忆"，"丝"，丝绸不仅仅是一种产品，更是一种文化，它是江南文脉的重要组成部分，同时，在国际市场上，丝绸更是中国文化的重要符号；"忆"，即为重新唤起人们对丝绸文化的追忆、重现和复兴。以"丝·忆"作为本次大赛的主题，就是希望打造中国原创的设计风格和驰名世界的中国家纺品牌，振兴中国丝绸文化，而这正是自大赛创办以来一以贯之的目标。可以说，大赛举办到第四届，还仅仅是一个开端，未来，"震泽丝绸杯"创意设计大赛需要吸引更多来自全球各地的参赛选手及作品，融入更多元的国际化元素，成为更具影响力的国际家纺行业的创意设计竞技平台。

令人欣喜的是，自大赛举办以来，每一届大赛的参赛设计师都能够不断给中国家纺界带来设计人才梯队的壮大和素质的进步。本届大赛绝大部分作品都来自"新新人类"的"95后"与"00后"新锐设计师，来自国内外各地区各院校的他们朝气蓬勃，无拘无束地创造着充满想象力的丝绸家纺设计作品，多元化的设计风格给本届大赛带来了新的风景与愿景，也展现了中国家纺设计风格文化多元与时尚融合的美妙前景。

第四届"震泽丝绸杯"中国丝绸家用纺织品创意设计大赛评委述评

陈娟女士：优秀的作品需要符合市场需求、富有创意，此外，构思、色彩应用、表现手法等方面也需要有独到之处，当然要满足一个前提条件：贴合本次大赛的主题"丝·忆"。参赛选手的创意设计不能丢弃中国传统文化，一件好的设计作品，需要设计师在发扬传统文化的同时，结合每个区域群体的特点，贴近市场去设计，设计出的作品还需要符合工厂的加工制作流程。设计者应注重作品的整体表现和应用，参赛作品最好能围绕一个主题进行配套设计，比如某个图案既可以用于服装，还可以用于床品、靠垫，综合起来进行成套设计，更

符合当下消费者的消费习惯。

李湛先生：优秀的作品需要满足三个要素。第一，契合主题；第二，具有文化属性，符合纺织品特性；第三，既要耐看，又要见"功夫"。现代社会的丝绸作品，不仅要传承古代优秀的丝绸文化，还需要与时俱进、不断创新，让作品符合现代审美。对设计专业的莘莘学子来说，设计大赛不仅是他们面向社会的窗口、检验成果的平台，更应该是引领行业发展的风向标，对教学具有重要的指导作用。针对家纺产品，有很多关于艺术性与实用性的探讨，这是一个见仁见智的命题。我认为，大赛应具有一定的高度，产品固然要面向市场，但最重要的还是对潮流的引领、对产业的把握。

罗红光先生：作为长期工作在一线的家纺设计师，本次大赛，我最关心的是可以直接进行生产转化、能够产生社会效益的作品。本次评审过程中，我选择的优秀作品基本都要满足一个条件，就是作品符合企业生产流程的要求，可直接进行成果转化。此外，花型图案的设计要尊重各国各民族的文化，这样才能在贸易的竞争中胜出。另外，希望企业也能够更多地参与进来，将一些产品的规格作为基础的数据模板，因为图案的尺寸、比例可能并不适配所有的规格，应用范围就会相对窄一些。建议可以增加优秀奖的获奖名额，让年轻人得到更多的鼓励，积极参与到大赛中来。也欢迎参赛选手多走入企业，了解一线企业的工艺要求和数据规格，让作品具备尽快落地转化成经济效益的特性。

曲梅女士：选择参赛作品时，考察了要有历史故事以及民族文化的元素，并在此基础上有所创意的作品，把文化元素用创新的设计语言展现出来，运用到实际生活当中，这需要设计师自身原创性的表达。

沈俊霞女士：如今"震泽丝绸杯"大赛的影响范围越来越广泛，我们欣喜的是，这一届大赛吸引了超过百家设计类院校的积极参与，此外，设计工作室和独立设计师也成为赛事的主要参与者，这是一个非常好的现象。四年来，大赛在作品转化率方面取得了初步成效，这是大赛社会影响力和社会地位的重要体现。我们在赛事中与选手就版权问题达成了一致，可满足当地企业生产需求的优秀作品，我们会帮助其实现成果转化，至今，在震泽古镇文创商店、震泽蚕桑园和吴江丝创园里，很多受到游客喜爱的家纺类产品中，就包括通过大赛实现落地的成熟作品。相信随着大赛影响力的逐渐提升，会有越来越多的作品实现从"秀场"走向市场，通过这样的良性循环，让本地丝绸企业跳出传统观念，生产出更符合现代都市人审美的产品，让作品助推企业进一步打开市场，扩大丝绸制品的受众；同时加深企业的版权理念，树立尊重设计、尊重人才的共识，让赛事、企业与设计师实现良性互动，让丝绸与家纺间的联姻走向更高水平。

姚惠芬女士：本届大赛在图案的设计和色彩的搭配方面都很棒。因为个人做刺绣的原因，我对色彩和线条都比较侧重，关注度也会多一点。给我印象比较深刻的作品有很多，其中包括有敦煌元素的作品，他们将传统与当代的艺术性结合得比较好。

张毅先生：作品考量环节，首先看色彩，色彩搭配合理，既对比又协调统一的作品是首选；其次看图案和纹样，这一环节先看构图，再看作者的手绘功底以及造型是否能准确表达赛事的主题；最后考量作品的时尚性是否能代表家纺产品的流行趋势、捕捉市场的动态。"震泽丝绸杯"创意设计大赛已经连续举办了四届，可以发现，大赛的举办水平不断上升，已经成为丝绸家用纺织品中影响范围很广的设计赛事。大赛通过评审发现优秀的人才和作品，而学生们也通过大赛找到了展现自己的舞台，希望大赛越办越好，未来有更多的设计师参与到赛事中来。

2019年恰逢上海世界博览会10周年，不由让人记起1851年清咸丰元年中国就参加了在伦敦的第一次世博会——伦敦万国工业产品大博览会；宣统二年即1910年，苏州府吴江县在江苏省内诸府县中率先参加了比利时布鲁塞尔世博会。从此，但凡参加世博会，丝绸都是最能代表中国形象的产品——它是中华传统文化的最重要载体和具有标志性的文化成果，也是中国家用纺织品走向世界的名片。

第四届"震泽丝绸杯"创意设计大赛已经圆满结束，第五届大赛即将拉开帷幕，期待来自国内外的家用纺织品设计师把2020年的"最美好""最时尚"和"最中国"记录在第五届"震泽丝绸杯"丝绸设计大赛上。

附件一　第四届"震泽丝绸杯"中国丝绸家用纺织品创意设计大赛评审委员会名单

评审委员会主任

杨兆华　中国纺织工业联合会副会长，中国家用纺织品行业协会会长

评审委员会执行主任

王　易　中国家用纺织品行业协会副会长，高级工艺美术师

评审委员会委员（按姓氏首字母排序）：

陈　娟　悦达家纺设计总监，研究院院长，高级家纺设计师

李　湛　鲁迅美术学院染织服装系副教授，副主任，硕士研究生导师，中国工艺美术学会会员

罗红光　浙江省绗缝工艺协会设计总监，浦江家纺设计研发中心负责人，高级设计师

曲　梅　陕西国际商贸学院时装艺术学院院长，陕西省纺织行业协会副会长，西安曲梅时装有限责任公司董事长

沈俊霞　苏州市吴江区震泽镇党委副书记，镇长

姚惠芬　国家级非物质文化遗产项目（苏绣）代表性传承人，享受国务院特殊津贴专家，研究员级高级工艺美术师

张　毅　天津工业大学纺织学院副教授，党支部书记，硕士研究生导师，中国纺织工程学会家用纺织品专业委员会委员，天津美术家协会会员

新闻发言人

张　毅　江南大学设计学院教授，硕士研究生导师，高级家纺设计师

附件二　大赛银奖、铜奖作品介绍

银奖
SILVER
AWARDS

《陶醉》

设 计 者：陈丛汝
就读院校：苏州大学
指导老师：周慧

设计说明：

设计灵感来源于传统纹样。以陶罐、各式花纹、花卉等为设计元素，重入中国传统纹样进行装饰。作品散发着淡雅的人文气息。在表现手法上有手绘、有拼贴、有肌理，体现了传统与现代交融共生，人文与自然和谐共处的设计理念。细雨斜风作晓寒，淡烟疏柳媚晴滩。入淮清洛渐漫漫。雪沫乳花浮午盏。聖葉嫩翠蒿蘆筍，人间有味是清欢，可采用印染、绣花的工艺适合青少年中年老年年龄段。

专家点评：

陶瓷是中国文化的基因之一，其中所蕴含的审美内涵构成了我们民族文化生生不息的发展源流。这幅作品以淡雅别致绚丽的颜色为背景，将多种陶瓷花瓶的造型及纹样并点缀各色花朵，设计出了独特的装饰图案。底纹清晰，色彩简约，视觉效果突出，审美趣味高雅，可运用于多种家纺产品上。

银奖
SILVER
AWARDS

《逝水年华》

设 计 者：马心悦
就读院校：山东工艺美术学院
指导老师：毛正

设计说明：

回忆是一柱檀香，漫不经心地点燃，无声无息地飘捎。那象娜飘渺離风曼舞的是如梦如幻的青烟，也是漸渐远去的逝水年华，香尽、烟消、灰飞灭，梦魂香。在孩童时房屋都是低低平平，承载着我们的记忆，长大后却变成了高楼大厦，但那份美好隐约的约还藏在心底。

运用水彩和线描的设计将房屋和花柜互穿插和呼应，大胆的尝试意境美。

专家点评：

该作品将传统建筑的小桥流水人家与现代高层建筑元素巧妙融合，运用水彩单薄的表现手法来进行协调统一，并通过线绘来穿插连接画面的不同设计元素，整体布局错落有致、虚实有度、色彩淡雅柔和，具有一定的形式美感。在家纺和服饰产品的设计应用上，搭配自然、和谐，装饰感强，是一套兼具设计感和时尚性的设计作品。

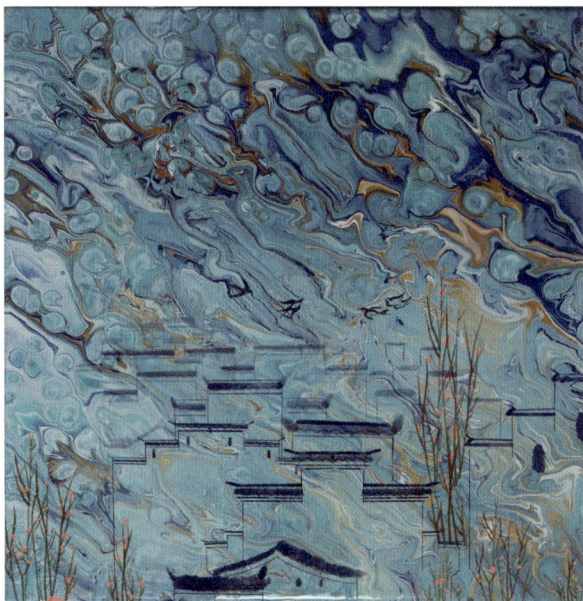

銀奖 SILVER AWARDS

《燕归来》

设 计 者：姚兰
就读院校：武汉纺织大学
指导老师：秦翠

设计说明：
徽派建筑是关于家乡记忆的不可磨灭之处，亦是我此次的灵感来源。以黑墙白瓦、炊烟袅袅、大雁归来、枯树开花作为设计元素，再以颜料形成肌理，化为蓝色天空，夹杂着似有无仿佛从远方停出的黄色枯枝。在肌理的基础上加了些简笔的徽派建筑，以此来成就一幅带有浓浓抽象色彩的家乡记忆。

专家点评：
该作品将印象中的徽派建筑与风云变幻的天空巧妙的结合在一起，采用动与静、虚与实的对比，动中有静，静中有动，为江南印象增添了新的视角。在表现技法上，运用油画肌理结合水墨描图效果，色彩运用大胆、浓烈且和谐，不似以往冷冷清清，凄凄惨惨戚戚的江南秋季印象。作品构思巧妙，视觉冲击力强，具有很强的实用性，适用于家居产品及相关衍生产品。

铜奖 SILVER AWARDS

《生肖狂想》

设 计 者：毛科菲
就读院校：温州大学瓯江学院
指导老师：曹赛娜

设计说明：
本设计灵感来源于十二生肖形象。生肖作为悠久的民俗文化符号，在绘画、书籍和民间工艺作品等被广泛应用，设计时以剪纸中生肖轮廓为灵感来创造生肖整体形象，并在内部配搭结合现代化的点线面来设计形成整体形象，画面与花卉植物结合，通过色彩带出层次感，给人以活泼的感觉。围绕主花型纹样也设计了相应的辅助花型，增强其实用性，可加工到家纺、服装及多种产品中。在制作工艺上，可采用印花或结合刺绣的方式来呈现作品。

专家点评：
此作品造型独特，以中国民俗文化中的十二生肖为主题，一个古老的属相故事，使人联想到更多生动的画面。主体形象运用剪纸风格，使结构和色彩丰富而有节奏感；无论在家纺、服装还是软装产品上，都具有一定的应用价值，从人文、艺术、市场及文化传承等方面，均不失为一幅较完美的设计作品。

铜奖
SILVER AWARDS

《皈依》

设 计 者：高歌珏
参赛单位：苏州大学
指导老师：周慧

设计说明：

"隔岸横州十里青，黄牛无数放春晴。船行非与牛相背，何事黄牛却倒行。"引自杨万里的永不大草渡《过大草渡》，现代人生活节奏快，需要适当的放慢脚步享受生活，城市喧嚣困人扰，回归田园与牛作伴才是最平静的模样，作品采用韩滉的五牛图作为元素，加入了中国式服装传统图案做装饰，整体以蓝橙色调为主，从视觉上给人以舒心感。

专家点评：

这是一幅具有田园诗意的图案，表现形式上将自然的山水画以概括凝炼的手法进行图案化的处理，传统形象简化的恰当而又巧妙。造型处理上承转起合、气韵生动。云、石、牛的形象变化一招一式极富韵味，体现出设计者在造型和图案变化上的能力与修养。色彩运用上无处不渲染着传统质感，却又不失现代的时尚味道，尺度拿捏得恰到好处，将主题与图案装饰语言形成了融合统一的效果。

铜奖
SILVER AWARDS

《丝鹿》

设 计 者：李倩兰
就读院校：青岛大学
指导老师：侍锦 / 彭卫丽

设计说明：

设计灵感来源于西北采风之旅。原故中我们沿着古老上丝绸之路一路向西，直到敦煌。设计以丝绸柔和敦煌壁画中的九色鹿为主题，以莲花、祥云、沙漠、赭楼和归雁为辅助，共同缔结出一幅生动而繁华的丝路之美。在配色方面，汲取了许多敦煌壁画的色彩，使之带有浓郁的西北气息。仿佛一下子就把我们带入古时伟大的丝路之中。

专家点评：

作者选用了敦煌壁画中的九色鹿为主题，应用莲花、祥云、沙漠、古楼和归雁进行组织组织，勾勒出一幅生动的丝绸之路美景。作品的设计构图独特新颖，远近处理清晰、画面生动、浓浓的壁画感觉，呈现出明显的西北风貌。如果画面主"意"往右调整效果更好，构图会更完美。《丝鹿》的产品配套设计更加出彩，在变化中求统一，整体效果突出，故事内容也更丰富。作品更适合于数码印花。

铜奖 SILVER AWARDS

《丝忆城市》

设 计 者：罗明军／周雨晨
就读院校：浙江理工大学
指导老师：王建芳／林竞路

设计说明：
通过对四十余座世界各地著名的世界建筑遗产进行重构、组合，以保护世界建筑遗产为核心，以丝绸为载体，设计了《丝忆城市》主题丝巾。作品着重采用不重复的世界建筑遗产，如圆明园、罗马斗兽场、埃及金字塔等并结合马车、丝巾、云彩等元素，以呼应主题，表达丝绸在人类文明历史中饱含城市印记，从而体现——丝忆城市，辉映人类文明，以这种形式，赋予作品文化内涵与装饰情怀。色彩选用柔美的蓝粉色作为主要配色方案，满足服用搭配需求的同时，也可以作为艺术作品、室内装饰品等。

专家点评：
在装饰语言中，有三个要素至关重要，他们是：秩序、重复、对比。首先作者抓住了内容与形式的对比，将厚重的城市符号元素呈现在丝巾上，这与丝巾的轻薄形成了鲜明的对比；其次是秩序，作者用对称来直接表达秩序，使其作品鲜明而准确。观者能看到主次图案在理性而有比例的分割中形成的结构，再依次将其展开，达到了变化丰富、秩序井然的视觉效果；接下来就是大的结构和元素的重复，这种重复是有节奏变化的，由中间的主图案开始，放射状分布，在视觉中产生急缓、强弱的变化，色彩的比例变化也很好的结合到到画面的结构当中，一如音乐中的旋律之于耳朵，图案的节奏之于眼睛。

铜奖 SILVER AWARDS

《塞上曲》

设 计 者：徐学文
就读院校：青岛大学
指导老师：马廷弟

设计说明：
"锦屋华裳一炬，粗袖如心宽；林中抚琴曲委婉，群山听懂我悲欢；泪如雨落才如过往剪不断；落花雨，你飘洒的美丽，花香载，把往日情勾起，我惠意，化浮萍绸湖心，只留你，还乡月的浩渺。"设计图参考敦煌月放形象，描绘的是山水之间悠歌场景，营造轻松惬意的氛围。

专家点评：
该作品以古丝绸之路上敦煌乐舞为设计元素，通过多层次重叠，结合数字化后的中国山水画，呈现出一种纵情于山水、畅游于天地间的景象，再现了盛唐歌舞的华丽、社会的富足与祥和，很好的体现了本次大赛"丝·忆"的主题。该作品华美艳丽，适用于丝绸类制品，如果在画面构图上更注意疏密关系和节奏感，作品会更有层次感。

中国家用纺织品行业协会

2020
TRENDS

China International Trade Fair for Home Textile and Accessories

中国家用纺织品流行趋势

SHANGHAI AUGUST 2019

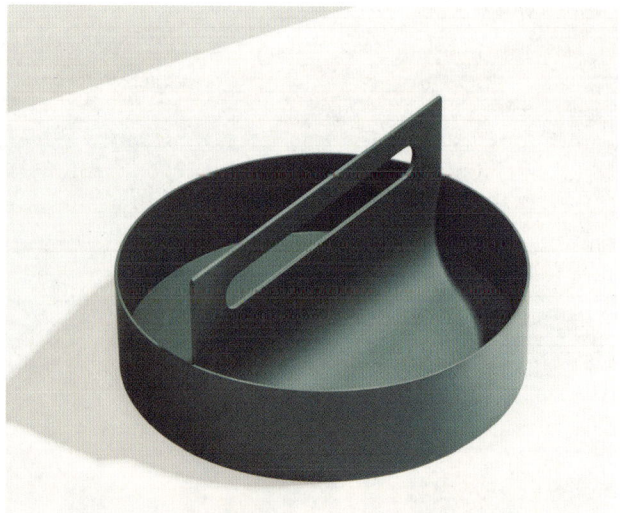

FADE

哑光

New aesthetics are being established that combine the natural, spiritual and artificial worlds. Taking care of ourselves means giving space to the growing need to reduce the environmental and sensorial pollution to which we are subjected every day. We can do this through the conscious use of a discreet technology and a relaxing environment that has a calming and soothing effect. The challenge will be to find the perfect balance between spirituality and technology, through minimal aesthetics that abandon excesses in order to privilege the essence of things and ourselves. Soft lines, simple shapes, and pale colours combine to create visually pleasing, satisfying harmonies. Darker colours are muted and blend with pastel shades. The fabrics, which are characterised by softness, comfort and airiness, stimulate the sensory experience.

自然，精神与人造世界相结合的新美学正在建立。照顾好自己意味着为日益增长的需求留出空间，以减少我们每天遭受到的环境和感官污染。有意识地使用适度的技术和营造轻松舒缓的环境，能够帮助我们实现这一目标。运用极简美学，放弃过度的装饰，从而找到灵性与科技之间的相互平衡。让事物和自身获得本质法则，将是我们面临的挑战。

柔和的线条，简单的形状和浅淡的颜色结合在一起，创造出令人赏心悦目的和声。沉静的深色调与柔和的色彩混合，面料具备柔软，舒适和透气的特性，以满足感官的体验。

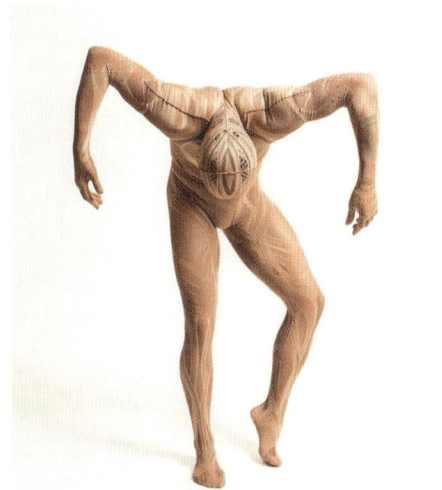

1. 常熟市爱尚纺织科技有限公司　AIS—09　2.Kucukcalik Tekstil San Ve Tic As　36sgg/6so 3.Textile Gallery Co,Ltd　EYES/GULL GRAY　4.Kucukcalik Tekstil San Ve Tic As　12394-224/D-10042 Y:13　5. 浙江华辰新材股份有限公司　HC1412　6.Kucukcalik Tekstil San Ve Tic As　j80144/001-DM 9061　7.Kucukcalik Tekstil San Ve Tic As　j80114/001-D24-3402　8.DBS Lifestyle LLP　29072　9.Tanriverdi Mensucat Sanayi A S　50197 V003-FIXE

1. 常熟市正方宜织造有限公司　GC—LC　2. 海宁市布妍诚纺织有限公司　FA4001—3　3. 常熟市爱尚纺织科技有限公司　AIS—03　4.Li Peng Enterprise Co Ltd　S24266　5.Kucukcalik Tekstil San Ve Tic As　j32179/100　6.Textile Gallery Co Ltd　ILLUSION/SHRIMP　7. 海宁万德福纺织有限公司　RW1286　8.Epengle Tekstil Endustri Ve Ticaret A S　LARA/5888/18-10437　9. 华尔泰国际纺织（杭州）有限公司　SARTORIA—BIANCA

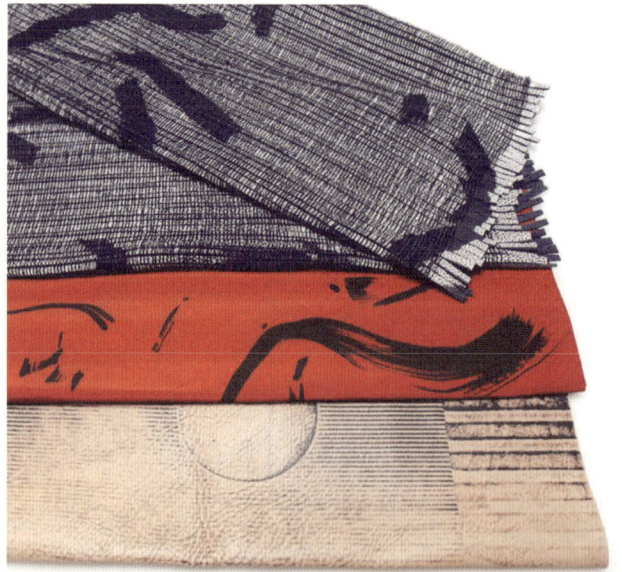

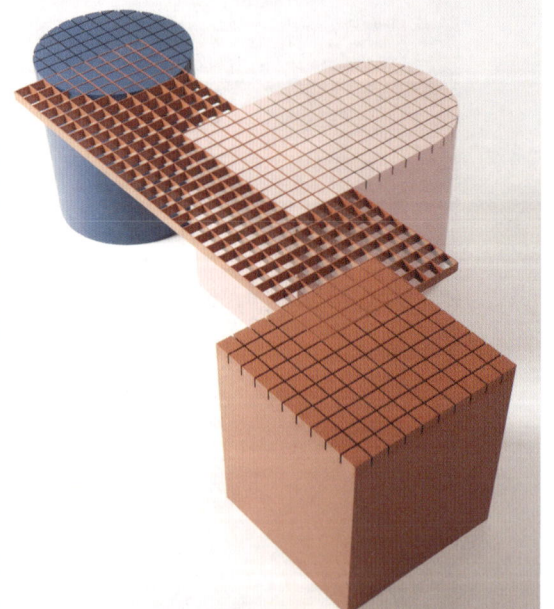

RISE UP

This theme is driven by self-expression, bold statements and the desire to challenge the status quo in order to open the doors to radical creativity. New challenges rise onto the social level: the demanding of rights, the forming of cohesive and determined social groups, the desire to focus values such as honesty, respect and solidarity at the centre of collective existence. "Rise up" is guided by the urgency to be different and to have an increasingly more politicised influence on the world, supported by renewed energy and a new optimism, the goal becomes an even more open way of life based on multiplicity, ethics and inclusiveness. Bright vivacious shades, primary colours, patterns with strong chromatic contrasts, and maximalist fantasies inspired by collages, emphasise the force of this theme.

崛起

这一主题籍由自我表达、大胆的言论和挑战现状的愿望所驱动，以便为激进的创造力打开大门。新的挑战上升到社会层面：对权威的渴望，将诚实，尊重和团结等价值观置于集体存在的中心，形成了有坚定的极具凝聚力的社会群体。"崛起"的人们迫切需要与众不同，并且在新的活力和新的乐观主义的支持下，对世界产生越来越多的政治影响，并将成为一种基于多样性、道德和包容性为基础的更加开放的生活方式。

明亮活泼的原色色调，带有强烈色彩对比的图案，以及受拼贴艺术启发的极简幻想，强调了这一主题的力量。

1.TESSUTICA NV t/a Beaulieu Fabrics　500229B GIARDINO　2.Textile Gallery Co,Ltd　BISCUIT/WAPPLE
3.Textile Gallery Co,Ltd　T WIRL/BROWN MUSTARD　　4.海宁市鑫亚伦纺织有限公司　X1911C—2　5.杭
州沛特纺织品有限公司　1610　6.海宁伦博纺织有限公司　G7302—04　7.烟台明远家用纺织品有限公司
PHF18—1378　8.江苏金太阳纺织科技股份有限公司　RGBP 064WP　9.江苏金太阳纺织科技股份有限公司
RGBP 035WP

2019/2020中国家用纺织品行业发展报告

1. 江苏金太阳纺织科技股份有限公司　RGBP 052WP　　2. 海宁市金雅特纺织有限公司　JYT3039—3　　3.Textile Gallery Co,Ltd　DROPLET/MUSTARD SEED　4.Patternsfrom Agency Ltd　Pilkkn—fabric col.01　5.Kucukcalik Tekstil San Ve Tic As　j32255/300　6.Li Peng Enterprise Co Ltd　S25225　7.Textile Gallery Co Ltd PLATONY/HOT PINK　8.Aydin Orme San Ve Tic A S　ALEN10 01(E16)

SEEDS

Seeds celebrates a conscious return to the grass roots, the search for new interpretations of tradition through the renewal of the bond with local communities. The need to reconnect with the simplicity of nature leads us to exalt romanticism and nostalgia for a simpler, slower era, where a more deeply-rooted authenticity can develop, grafting itself onto artisanal elements that receive new lymph from contemporary attention to sustainability. Material and raw aesthetics, characterised by matt finishes, enhance the return to the earth, to the romantic suggestion of a simple and natural life. Organic materials suggest a more sustainable lifestyle. Our idyllic visions take shape through the colours of nature, from the warm hues of the soil, to the pale gold of the wheat, from the fragrant fields of lavender, to the bright shades of the sky at sunset.

种子

通过与当地社区重建联系，寻求对传统意义的新诠释。重新融入大自然，体会自然的直观与质感，推崇和提升浪漫主义，激起我们对更简单与慢时代的怀念。在这个主题，一种深层次的真实性得以发展，并从当代对可持续性的关注中获得新的活力。

手工艺元素，以亚光装饰为特色的材料和原始美学，增强了回归地球的本质特征，给人一种简单自然生活的浪漫建议。

有机材料的运用倡导着更可持续的生活方式。 大自然的色彩：从土壤的温暖色调，到小麦的淡金色，从薰衣草色的芬芳田野，到日落时天空的明亮色调，形成了田园诗般的视觉感官。

1.Textile Gallery Co,Ltd   SAMMY/JUNIPER   2.Textile Gallery Co,Ltd PLATONY/AQUA   3.Textile Gallery Co,Ltd MORI/STONE CUP   4.DBS LIFESTYLE   26930   5.Textile Gallery Co,Ltd   TEMPERA/FLAME 6.Textile Gallery Co,Ltd   RUSTY/TANGERINE   7.浙江豪士纺织有限公司   GR136—2   8.Textile Gallery Co,Ltd SAVANNAH/MAHOGANY

1.海宁市金色彩龙纺织有限公司　TS8885—15　2.浙江豪士纺织有限公司　GR139—7　3.Li Peng Enterprise Co Ltd　S25886　4.烟台明远家用纺织品有限公司　PHF18—733　5.海宁伦博纺织有限公司　G7904—01　6.Textile Gallery Co,Ltd　MORI/CHESTNUT　7.Epengle Tekstil Endustri Ve Ticaret A S BORNOVA/5874/5968　8.海宁伦博纺织有限公司　G5026B—05

DARING

Various cultural influences meld together to give shape to a single culture. Emerging from an unstable and rapidly evolving society, with the possibility of coming into contact with lifestyles far removed from our own, we are increasingly more aware of ourselves and our individual needs. A kaleidoscopic, changeable and visionary trend: an aesthetic and conceptual collage that celebrates history in the making, tradition and contemporaneity, the usual and the different, the local and the global. A manifesto against fixity, which narrates of similarities and contradictions, celebrating existence in its cultural multiplicity. Richly decorative motifs, eccentric floral arabesques and eclectic inspirations give life to the patterns of this theme. Vibrant colours illuminate luxurious fabrics: opulent silks, velvets, jacquards, fringes and colourful embroidery.

勇敢

各种不同文化交相融合，充盈和塑造出新的文化类型。在一个不稳定并迅速发展的社会中，由于接触到与自身习惯大相径庭的各类生活方式，我们反而越来越清楚意识到自己和个人的需求。这是一种万花筒般变化多端和富有远见的趋势：传统与当代、常规与不同、地区和全球……审美和概念性的拼贴，在创造中颂扬历史。这是一份反对固定性的宣言，阐述了文化的相似性和矛盾，在多样性中探寻和庆祝新文化的产生。

丰富的装饰图案，新奇的花卉蔓藤花纹和不拘一格的灵感，赋予了本主题图案的生命力。鲜艳的色彩映照着华丽的丝绸和天鹅绒，提花，流苏和彩色刺绣。

1. Aydin Orme San Ve Tic A S   M 305 0345011 MD(M3171)   2. 江苏悦达家纺有限公司   YD—24   3. 浙江欧可丽实业有限公司   73029—03   4. 浙江志诚家居有限公司   1853   5.LIBECO   L651 INDIGO STONEWASH   6. 海宁市金佰利纺织有限公司   198313e   7.Epengle Tekstil Endustri Ve Ticaret A S   SEDEN/5772/18-10118   8. 浙江豪士纺织有限公司   HS859—11   9. 海宁市泰纶纺织有限公司   泰丝 2046 竹节系列   10. 江苏聚杰微纤维科技集团股份有限公司   D99A6

1. 海宁市伦迪纺织有限公司　DWH055　2. 海宁市千百荟织造有限公司　1908—11　3. 海宁市博旺布艺织造有限公司　BW38031—1　4. 广州市源志诚家纺有限公司　Peanut shell　5. 海宁市金色彩龙纺织有限公司　CQ001—B—2　6.Textile Gallery Co,Ltd　REBECCA/SCARLET　7.Li Peng Enterprise Co Ltd　S26223　8. 浙江勤联纺织织造有限公司　QL002270—9

TRENDS 2020

发布单位：中国家用纺织品行业协会

中国国际贸易促进委员会纺织行业分会

法兰克福展览（香港）有限公司

研究单位：意大利康斯坦丁时尚设计策划集团

中国家用纺织品行业协会时尚研究拓展部

推广单位：江苏叠石桥市场管理委员会

相关产业

2019年中国棉纺织行业运行及发展情况

中国棉纺织行业协会

2019年，国内外经济形势复杂严峻，全球经济增长放缓，国内经济稳中承压，中美贸易摩擦的反复及不确定性给棉纺织行业发展带来诸多挑战，运行压力加大。行业围绕"科技、时尚、绿色"的新定位，坚持以供给侧结构性改革为主线，通过科技创新、优化结构不断推进高质量发展，生产运行整体保持了平稳发展的态势。

一、2019年行业运行情况

（一）供需及市场情况

1.供需情况

据中国棉纺织行业协会（以下简称"中棉行协"）调研会商，2019年棉纺织行业积极顺应市场变化，供需基本平衡。纱线产量1829万吨，同比下降4.4%；布产量560亿米，同比下降6.7%，其中色织布和牛仔布产量分别为22.5亿米和33.2亿米，同比分别下降8.2%和9.0%。棉纤维和非棉纤维用量分别为690万吨和1230万吨，分别较上年下降8.6和2.0个百分点（表1）。

表1　棉纺原料用量及纱布产量

项目	数量（万吨）	同比（%）
棉纤维用量	690	−8.6
非棉纤维用量	1230	−2.0
使用原料总量	1920	−4.5
纱线产量	1829	−4.4
布产量	560	−6.7

数据来源：中国棉纺织行业协会

纱布产品产量下降是棉纺织企业应对市场需求不足与贸易风险提升带来压力的结果，同时也是转型升级、调整产品结构的主要表现。在市场需求的推动下，棉纤维用量占比下降，非棉纤维用量持续增加，企业通过产品研发、新型原料应用，不断提升产品档次，纯棉高支产品、差别化及功能性产品的比重呈增加趋势，围绕高质量发展的目标，行业发展逐步由数量扩张向质量提升转变。

2.市场情况

（1）原料价格。

棉花价格大幅下跌。2019年，国内棉花产量总体保持稳定，棉花供应相对充裕，受中美贸易摩擦影响，下游消费的减少改变了棉花市场的供需情况，棉花价格跟随中美贸易谈判的进展波动起伏。ICE棉花期货主力合约从贸易摩擦前的95美分跌至56美分，郑棉期货从19000元/吨跌至12000元/吨，国内3128B级棉花现货从17000元/吨跌至12000元/吨，全年均价约14000元/吨。直到年底，随着中美双方就第一阶段经贸协议达成一致，棉花价格出现反弹。

非棉纤维价格大幅波动。涤纶短纤维和粘胶短纤维是棉纺织行业应用量最大的非棉纤维，占全部非棉纤维比重的95%以上。2019年，涤纶短纤维在中美贸易摩擦、上游原料价格变动、市场需求减弱等因素影响下，价格波动剧烈，先后经历了大跌、大涨、再大跌的走势，最高至8900元/吨，最低跌破7000元/吨整数关口，全年均价约7800元/吨；粘胶短纤维因国内外产能扩张，市场供应量明显增加，而终端需求的消化能力跟进缓慢，价格持续走低，年初价格在13500元/吨左右，年底跌破万元整数关口，全年均价约11600元/吨（图1）。

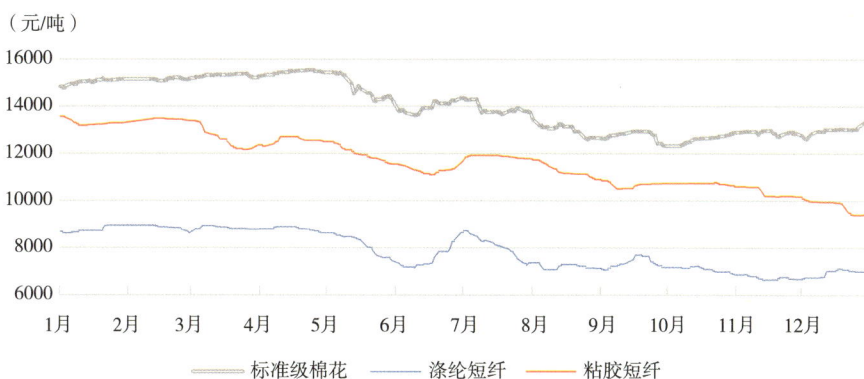

图1　2019年主要棉纺织原料价格走势
数据来源：中国棉纺织行业协会

（2）纱、布产品价格。

2019年，在中美贸易摩擦等因素的影响下，棉纺织市场需求整体偏弱，订单量缩减，呈现旺季不旺、淡季提前的特征。4月成为2019年棉纺织市场的分水岭，原料价格大幅波动，纱、布产品价格一路下行，产品销售缓慢，企业库存积压，整体利润不及2018年水平（图2）。2019年，32支纯棉纱均价21490元/吨，纯棉坯布（32×32 13×70 47英寸 2/1斜纹）均价5.25元/米。

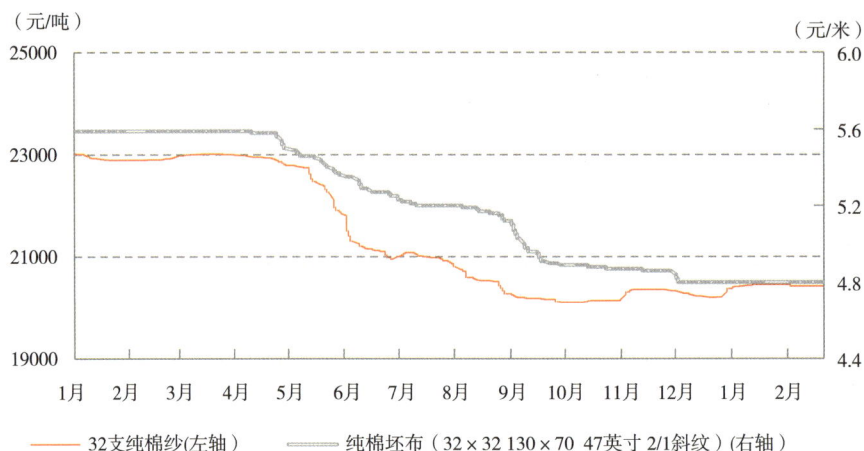

图2　2019年棉纺织代表产品价格走势
数据来源：中国棉纺织行业协会

（二）运行质效

1.生产经营情况

中棉行协跟踪企业数据显示，2019年，企业纱、布产量同比增速均处于负增长状态，进入11月之后，纱、布产销形势才有所回升，分品种看，降幅主要来自纯棉及棉混纺纱、布，纯化纤纱、布产量同比均小幅增加。从销售情况看，受中美贸易磋商形势不确定的影响，棉纺织市场信心偏弱，观望情绪浓郁，整体销售欠佳。2019年，纱销售量同比下降6.75%，布销售量同比下降1.95%。12月，中美贸易达成第一阶段协议，市场信心得以提振，纱、布销售量明显增加，纱、布库存量下降。从主要经济指标看，2019年，主营业务收入同比下降1.29%，利润总额同比下降11.04%，在市场需求不足的情况下，企业为了维持正常的资金流，降价销售策略致使利润空间缩小，部分企业甚至出现亏损，截至12月底，跟踪企业亏损面在25%左右，同比增加约7个百分点。

从跟踪的棉纺织产业集群情况看，2019年以中小企业为主的棉纺织产业集群运行压力较大，在纱、布产能同比有所增长的情况下产量大幅下降，主要经济指标表现欠佳，集群规上企业运行情况好于集群全部企业，转型升级步伐加快，对集群发展的带动作用明显。具体来看，2019年集群纺纱产能同比增长0.4%，各类纱线产量累计同比下降9.1%，其中规上企业同比下降5.9%；织布产能同比增长1.3%，其中无梭织机产能同比增长2.0%，布产量同比下降3.8%，其中规上企业布产量同比下降2.5%；主营业务收入同比下降7.9%，其中规上企业同比下降2.2%，利润同比下降9.3%，其中规上企业同比下降4.0%。

将跟踪的棉纺织产业集群情况与跟踪的企业情况进行对比，可以看出，集群企业纱产量降幅大于跟踪企业、布产量降幅小于跟踪企业，结合调研情况看，集群纱线产量下降除了受市场形势影响外，还与企业逐步提高纱线支数相关，布产量降幅较小则得益于设备的升级改造，无梭织机的增加促使生产效率大幅提升；集群企业主营业务收入降幅大于跟踪企业、利润降幅小于跟踪企业，集群企业产品附加值相对较低，在严峻的市场形势下，集群政府对企业的各项扶持政策有效改善了集群企业的经营状况。

2.景气指数

从中棉行协每月发布的景气指数走势可以看出（图3），2019年棉纺织景气指数持续低于50，处于欠佳状态。中美贸易摩擦是影响景气指数走势的一条主线，1~4月中美贸易磋商不断释放缓和信号，景气指数相对较好；5~9月美国公布并实施对我国输美商品加征关税，加上7~8月为行业传统淡季，市场行情低迷，景气指数微弱；10~12月中美贸易谈判取得实质性进展，加上储备棉轮入消息提振，市场信心逐渐恢复，景气指数稳步回升。

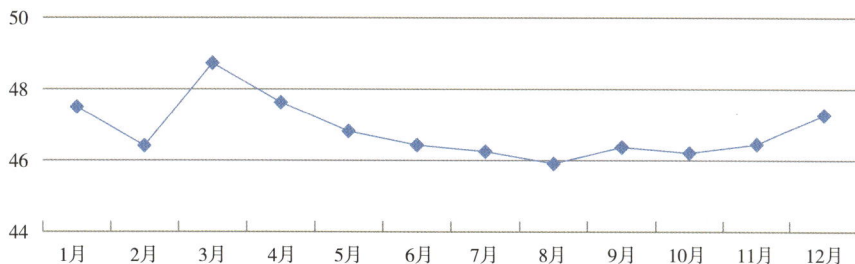

图3　2019年中国棉纺织景气指数
数据来源：中国棉纺织行业协会

（三）进出口

1.棉花进口情况

2019年，我国继续增发80万吨棉花进口滑准税配额，为纺织企业进口外棉提供了充足条件，棉花进口主要呈现三个特点：一是进口量创2015年以来新高，达到185万吨；二是进口来源国发生明显变化，美棉受加征关税影响，进口量同比下降31.8%，巴西取代美国成为我国最大的棉花进口来源国，巴西棉进口量同比增长171.5%；三是进口棉花品质较高，巴西棉和澳棉因质量指标一致性较好，能满足我国棉纺织企业生产高档纺织品的需要，进口量排在前两位，相比之下，印度棉因质量指标相对较低，进口占比较小（表2）。

表2　2019年我国棉花进口情况

国家和地区	数量（万吨）	同比（%）	占比（%）
全球	184.9	17.5	100.0
巴西	50.5	171.5	27.3
澳大利亚	39.8	−6.1	21.5
美国	36.1	−31.8	19.5
印度	20.6	19.8	11.1
乌兹别克斯坦	7.7	24.2	4.2

数据来源：海关总署

2.棉纱进口情况

2019年，我国轮出的储备棉基本能满足企业生产中低支纱线的需求，且全年内外棉价差处于合理水平，我国棉纱进口量同比减少5.4%（表3）。

分国别看，越南依然是我国第一大纯棉纱进口国，进口量同比增长22.4%，占全部进口比重的46.2%，依托便利的地理条件和零关税优势，预计后期进口量仍有较大的上升空间；印度和巴基斯坦的棉纱因与国内棉纱相比竞争优势下降，进口量同比大幅降低；乌兹别克斯坦政府大力推动纺织业发展及出口，为当地企业提供了多项出口优惠政策，促使我国对其纯棉纱的进口量同比增长40.3%。

表 3　2019 年我国棉纱进口情况

国家和地区	数量（万吨）	同比（%）	占比（%）
总量	195.3	−5.4	100.0
越南	90.2	22.4	46.2
印度	31.9	−28.2	16.3
乌兹别克斯坦	17.9	40.3	9.2
印度尼西亚	14.1	15.1	7.2
巴基斯坦	11.3	−65.3	5.8

数据来源：海关总署

3.棉制纺织品服装出口形势

2019年，三大传统市场对出口均形成负拉动作用，我国棉制纺织品及服装出口下滑明显。受中美贸易摩擦影响，对美国出口降幅最大，同比下降15.7%，远高于对全球出口下降6.5%的幅度（表4），对美国出口的市场占有率降至15.0%，同比下降1.6个百分点。

对东盟保持出口增长的正向拉动作用。在当前承接我国纺织产业海外转移的地区中，东盟处于较为成熟和稳定的发展阶段，并呈现出巨大的潜力。通过产业间的融合协作，我国与东盟间纺织品服装双边贸易关系更加紧密。2019年，我国棉制纺织品及服装对东盟出口同比增长3.8%，其中棉制服装同比增长10.7%。

表 4　2019 年我国棉制纺织品及服装出口分地区情况

国家和地区	出口额合计（亿美元）	同比（%）	棉纺织品出口额（亿美元）	同比（%）	棉制服装出口额（亿美元）	同比（%）
美国	112.3	−15.65	15.2	−11.14	97.1	−16.31
日本	49.6	−4.40	7.2	−7.31	42.4	−3.89
欧盟	101.3	−9.43	11.9	−7.44	89.3	−9.69
东盟	140.7	3.78	83.1	−0.52	57.5	10.71
全球	746.7	−6.50	244.7	−5.89	502.0	−6.79
美国占比	15.0%		6.2%		19.3%	

数据来源：海关总署

二、2019年行业发展特点

1.原料保障市场平稳运行

（1）棉花。

2019年，储备棉轮换、棉花配额改革及棉花目标价格改革等政策措施在保障我国棉纺织用棉需求、稳定棉花市场价格、降低纺织企业用棉成本等方面发挥了重要作用。

储备棉轮换方面，随着储备棉去库存进入尾声，2019年我国对储备棉实行轮换政策，除保障国内市场棉花供应外，将进一步优化储备结构、提高储备质量。2019年5～9月，储备棉累计挂牌销售116.2万吨，轮出期间，国内外棉价差大幅缩小，国内棉纱性价比优势明显。同时，为了加强中央储备棉管理，国家计划轮入50万吨新疆棉，截至2019年12月底，累计挂牌采购新疆棉15.4万吨。

棉花进口配额方面，为保障纺织企业用棉需要，2019年国家在发放89.4万吨1%关税配额的基础上增发80万吨滑准税进口配额，这是连续第二年发放滑准税棉花进口配额，并委托中棉行协继续对申报配额的企业进行了核查，体现了配额发放过程的公开、公平、公正，为纺织企业签约进口外棉提供了充足的条件。

棉花目标价格改革方面，2019年国家继续深入推进新疆棉花目标价格改革政策，目标价格为18600元/吨。棉花目标价格改革不仅是补贴政策，其核心是建立以市场供需为基础的农产品价格形成机制，对缩小内外棉价差、提高棉花品质、提升棉纺织品国际竞争力等具有重要作用。

（2）非棉纤维。

随着消费需求的升级，消费者对消费体验的多样性增加，多种纤维的混纺交织已经成为纺织产业时尚化的主流。化纤工业的发展壮大，促使新型纤维的研发及应用迅速发展，在丰富原料种类、缓解价格压力、优化产品结构及功能等方面发挥了巨大作用，也为棉纺织产品的创新、纺纱工业技术的进步奠定了基础，给棉纺织行业带来新的发展空间。

近年来，棉纺织企业逐步摆脱对棉花的依赖，对非棉纤维的应用持续增长，2019年棉纺织行业非棉纤维用量占比达64.1%，较2018年增加1.7个百分点。非棉纤维已成为棉花很好的替代品，有效填补了我国棉纺织原料缺口，减轻了对进口棉的依赖，而且与棉纤维相比，非棉纤维市场化程度高、稳定性好，生产不受环境约束、供应较充足，能够规避或减小棉花非市场因素风险，降低企业在原料采购方面的资金占用压力。

此外，随着科技水平的不断提高，传统非棉纤维（涤纶、粘胶短纤维）的性能逐步得到完善，各项指标接近甚至超越棉花，产品效益优势更加突出。具有特殊截面形状的纤维相继诞生，差别化纤维的概念进一步融入棉纺织产业的创新中，在完善品质、提高功能性的基础上，纤维品种得到进一步扩充。非棉纤维与棉纤维的多元竞争，推动纤维品质整体向好发展，对我国棉纺织行业原料保障发挥了较大的促进作用。

2.科技创新使企业保持竞争优势

随着我国经济的快速发展，"品质消费"成为消费新需求，同时，新一代年轻人的择业观也发生了变化，行业普遍面临工人短缺的问题。为了适应环境变化，棉纺织企业通过科技创新努力保持竞争优势，同时也可为企业吸引和培养人才。

（1）智能制造。

为了应对劳动力紧缺的问题，结合制造业发展趋势，有实力的棉纺织企业对装备进行了大量的自动化改造。据中棉行协统计，截至2019年底，我国粗细联、细络联数量达到940万锭；新型转杯纺、喷气涡流纺、环锭纺自动落纱长车等先进设备的使用量大幅提升，自动络筒机占比达到98.5%；织造领域重点对整经自动装筒、浆纱自动调浆、自动穿综以及自动验布机等装备进行了自动化改造，喷气织机占比达到82%。

"两化融合"快速推进，一些企业通过引入互联网技术改造提升自身的各项管理系统，发挥其信息传递及时、准确的优势，有效地保障了产品质量稳定，大幅提高了生产效率，推动企业向智能制造方向发展。

（2）产品结构。

产能、产量、效益继续向优势企业集中，自动化、智能化装备的大量应用推动企业科技进步明显加快，各类新纤维应用量增加，新型差别化纤维纱线产量不断提升。据中棉行协统计，2019年我国应用新型差别化纤维纱线的比重达11.1%，较2015年提升了约5个百分点。新型纤维材料的应用，为下游棉织物的开发开辟了新的思路和广阔空间，产业及产品结构不断优化，推动我国棉纺织行业向高质量发展。

从生产工艺看，随着消费者对产品舒适度、功能性、环保及个性化方面的需求增加，色织、牛仔类织物所生产的衬衣等服装普遍得到消费者欢迎，近年来，色织布、牛仔布产量合计占比稳定在10%左右。从织物幅宽来看，2019年我国棉织物的生产以常规幅宽为主，主要用于制作服装，其产量约占总产量的65%（图4）；随着人们对美好的生活不断追求，推动了家用纺织品及相关装饰类产品需求的不断增长，用于制作家用纺织品类产品的宽幅织物比重近年来上升较快，约占总产量的三分之一；窄幅织物主要用来制作民族特色服装，也有部分用于院校、医院、养老及军队用床单等，占比较小。

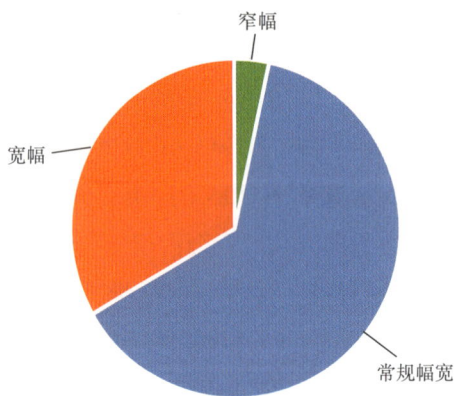

图4 2019年各类主要幅宽棉织物产量占比情况
数据来源：中国棉纺织行业协会

（3）节能环保。

在环保政策不断升级的形势下，棉纺织企业不断通过纺织装备技术改造推动节能减排工作，采用新工艺、新技术及新材料以减少废水的排放。随着企业节能措施的不断提升，棉纺织产品单位产出综合能耗均有所下降。

近年来，中棉行协在行业内持续开展节能减排技术推荐活动，发布节能减排创新应用技术目录，推介在行业节能减排创新工作方面表现突出的企业，鼓励棉纺织企业重视节能降耗、绿色发展。截至2019年，活动已发布七批《中国棉纺织行业节能减排技术及创新应用目录》，征集约240个技术，主要包含设备升级与改造、能源/动力系统改造、循环利用技术、生产工艺创新和智能化生产五个方面。从各类技术占比看，设备升级改造类技术占比最大，其中包含较多风机、电动机的同类型改造，就技术涉及面而言，生产工艺创新类技改涉及技术种类最广（图5），活动的开展对行业节能减排工作起到了很好的促进作用。

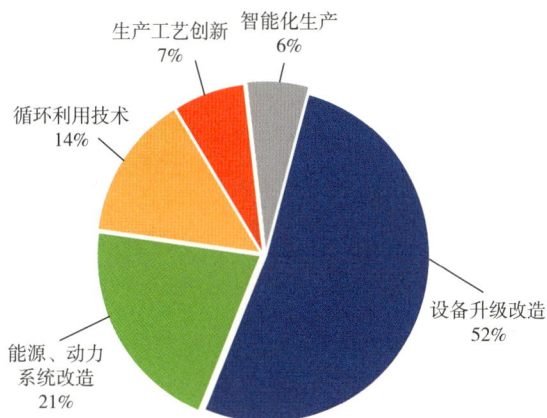

图5 节能减排创新型棉纺织企业项目结构
数据来源：中国棉纺织行业协会

三、2020年行业发展展望

1.国内外市场形势复杂多变

当今世界正处于大发展、大变革、大调整时期，国际形势正发生着极为深刻复杂的变化，贸易保护主义、单边主义势头增强，威胁全球自由贸易进程。2020年初爆发的新冠肺炎疫情对世界经济造成显著冲击，全球经贸环境更加严峻，不确定性急剧升高。

2020年，我国经济正处于从高速增长阶段转向高质量发展阶段，经济下行压力加大，行业增速放缓，但影响是暂时的，我国经济长期向好的基本面没有改变，在"科技、时尚、绿色"的新定位下，行业将不断推进高质量发展，迎接复杂多变的外部环境和挑战，为行业创新、可持续发展做出积极的努力和贡献。

2.消费升级进入新阶段

2019年，我国经济社会实现持续健康发展，人均国内生产总值超过1万美元，迅速扩大的中产阶层群体对产品和服务提出更高的要求，呈现出个性化、多样化、高端化、体验化的消费特点。

国内市场规模进一步扩大，内需已成为我国经济发展的主引擎。2020年3月，国家发展改革委发布的《关于促进消费扩容提质 加快形成强大国内市场的实施意见》中提出："为顺应居民消费升级趋势，加快完善促进消费体制机制，进一步改善消费环境，发挥消费基础性作用，助力形成强大国内市场。"国内市场规模不断扩大和居民消费结构持续升级，对行业的发展提出了新的要求。

3.企业运营注重高质量的提升

（1）随着中美第一阶段贸易协议的签订，中美贸易摩擦趋于缓和，我国外贸形势有望得到改善，行业信心逐渐恢复。

（2）国家重视制造业发展，党和国家领导人指出，制造业是实体经济的基础，实体经济是我国发展的本钱，要振兴实体经济、推动经济高质量发展，出台一系列措施支持制造业发展。

（3）棉花体制改革政策的逐步完善，将有利于保障棉花市场的稳定发展，同时，随着化纤工业持续不断的技术进步，新型纤维不断涌现，棉纺织行业应用非棉纤维的积极性与实际效果不断提升，竞争力不断增强。

（4）我国纺织工业具有全球最大、最完备的产业体系，规模与效益优势明显；研发投入和创新产出不断提升，高性能、功能性纤维不断涌现；纺织装备的智能化、绿色化水平不断提高，整体水平和制造能力位居世界前列；人才队伍建设取得积极进展，供给体系不断改善；可持续发展成为行业共识，产业体系向生态化、绿色化方向转变。展望2020年，棉纺织行业运行质效有望稳步提升，为我国全面建成小康社会贡献力量。

撰稿人：徐潇源

2019年中国化纤行业运行分析与2020年运行预测

中国化学纤维工业协会

2019年，国内外经济形势依然复杂严峻，全球经济增长放缓，行业发展面临的国内外风险挑战明显增多。化纤行业需求端延续走弱，供需矛盾压力加大；受原油市场、国际贸易争端等多种因素拖累，产品价格下降，行业盈利下滑；固定资产投资欲望不足、投资额缩减，行业新增产能放缓。但行业运行中也不乏亮点：三大民营炼化项目相继投产，产业链"一体化"进程加速；首家5G智慧车间诞生，行业向智能化发展更近一步；CV联盟获得国际认可，行业绿色发展卓有成效；头部企业、差别化细分领域企业仍保持较强竞争力，这些都在助推化纤行业高质量发展。

一、2019年化纤行业运行基本情况

（一）供需情况

据化纤协会统计，2019年化纤产量为5827万吨，同比增长7.8%。其中，涤纶产量为4751万吨，同比增长8.3%；锦纶产量为350万吨，同比增长5.9%；粘胶短纤产量为394万吨，同比增长3%。与2015年相比，"十三五"期间化纤产量以平均每年4.8%的速度增长，略高于"十三五"规划预估值（表1）。

表1　2019年中国化纤产量完成情况

产品名称	2019年产量（万吨）	同比（%）
化学纤维	5827	7.8
其中：粘胶纤维	412.4	2.8
短纤	394	3.0
长丝	18.4	0.5
涤纶	4751	8.3
短纤	1020	9.7
长丝	3731	7.9
锦纶	350	5.9

产品名称	2019年产量（万吨）	同比（%）
腈纶	58	−5.7
维纶	9.2	−5.4
丙纶	38.5	7.2
氨纶	72.7	9.2

注 涤纶短纤中包含部分再生涤纶短纤；涤纶长丝中包含部分加弹产品。

资料来源：中国化学纤维工业协会、国家统计局

从化纤主要细分行业开工率来看，涤纶长丝行业平均开工率较2018年略低；受益于再生涤纶开工率下降，原生涤纶短纤行业开工率较2018年有明显提升；锦纶长丝行业平均开工率与2018年基本持平；粘胶短纤行业开工率较2018年进一步下降。不同细分行业开工率还有一个共性的特点，即弹性加大。2019年纺织产业链整体景气度下行，下游企业为了减少原料备货和产成品库存损失，矛盾会快速向上游传导，化纤企业防风险意识也不断提升，随着市场阶段性的供需变化，只能通过调节负荷来争取合理的库存和效益。

从需求面看，国内外纺织终端需求压力加大。2019年，我国纺织服装内销增速较2018年明显放缓，根据国家统计局数据，1~12月，全国限额以上服装鞋帽、针纺织品类零售额同比增长2.9%，增速较2018年放缓5.1个百分点；全国网上穿着类商品零售额同比增长15.4%，继续保持两位数的良好增长水平，但较上年放缓6.6个百分点。化纤直接下游行业也表现平平，织机开机率在70%左右，加弹开机率在75%左右，经编、圆机、花边的负荷指数较去年同期均有所下降，化纤直接下游棉混纺纱、化学纤维纱、棉混纺布和帘子布等产品产量同比有不同程度下降。受外需减弱及贸易环境风险上升影响，纺织行业出口形势较为严峻，根据中国海关数据，2019年我国纺织品服装累计出口金额为2807亿美元，同比减少1.5%，增速低于2018年5.3个百分点。

（二）进出口

2019年化纤进口量为91.81万吨，同比减少4.15%。但涤纶短纤进口量同比增长14.46%，主要是弥补国内再生涤纶短纤的不足。2019年化纤出口量为506.17万吨，同比增加16.08%。美国是我国涤纶短纤出口主要市场之一，受中美贸易摩擦的影响，涤纶短纤出口量同比减少4.24%，对美出口同比大幅减少35.12%；粘胶短纤由于全球资源配置，国外新工厂对我国国内和出口市场都造成一定冲击，致使我国进口量增加，出口量减少（表2）。

表2 2019年化纤主要产品进出口情况

产品名称	进口量			出口量		
	2019年（吨）	2018年（吨）	同比（%）	2019年（吨）	2018年（吨）	同比（%）
化学纤维	918051.2	957788.4	−4.15	5061681.4	4360589.0	16.08
其中：涤纶长丝	111345.2	128042.5	−13.04	2721434.1	2296579.0	18.50
涤纶短纤	219377.0	191669.0	14.46	994699.5	1038689.4	−4.24

产品名称	进口量			出口量		
	2019 年（吨）	2018 年（吨）	同比（%）	2019 年（吨）	2018 年（吨）	同比（%）
锦纶长丝	87776.6	118463.0	−25.90	270431.5	239928.2	12.71
腈纶	89540.5	149471.8	−40.10	25771.2	19361.3	33.11
粘胶长丝	4666.3	5125.6	−8.96	89320.4	83900.3	6.46
粘胶短纤	227932.8	196674.3	15.89	365414.9	377653.8	−3.24
氨纶	27981.7	30907.2	−9.47	74001.4	64612.4	14.53

资料来源：据中国海关数据整理

从出口市场结构来看，受中美贸易摩擦的影响，2019年我国对美出口化纤同比减少39.03%，占化纤出口总量的比例下降4.02个百分点。而同期对东盟及"一带一路"沿线主要国家出口化纤有明显增长，反映了全球纺织产业布局的调整。总体来看，由于我国化纤出口市场较为分散，美国所占份额不到5%，因此中美贸易摩擦虽然导致我国对美出口化纤大幅下降，但基本可以通过寻求其他替代市场来弥补（表3）。

表3　2019 年我国化纤出口市场分布情况

出口市场	出口量（吨）	同比（%）	占出口市场份额（%）	同比（百分点）
总计	5061681.4	16.08	100.00	
土耳其	582438.2	34.76	11.51	1.60
越南	502078.7	20.66	9.92	0.38
巴基斯坦	376396.2	10.75	7.44	−0.36
埃及	294478.1	8.75	5.82	−0.39
印度尼西亚	282130.2	−20.09	5.57	−2.52
巴西	268170.5	30.02	5.30	0.57
古巴	264161.7	159610.82	5.22	5.22
韩国	251667.5	34.29	4.97	0.67
美国	225020.8	−39.03	4.45	−4.02
印度	212059.2	70.13	4.19	1.33

资料来源：据中国海关数据整理

（三）市场

在经历过2018年四季度深度调整后，2019年一季度化纤市场逐步企稳，部分产品价格甚至有所上升，但在4月之后，受原油、中美贸易摩擦等多重因素影响，化纤行业景气度下滑，化纤市场以振荡下行为主，其间虽有小反弹，但都难以扭转下跌的大趋势，氨纶和粘胶短纤市场受产能过剩的双重影响更是毫无悬念一路下行，化纤主要产品市场价格接连刷新近三年新低。市场持续下跌的主要原因在于原料成本大幅回落、终端需求增速下滑以及部分环节产能阶段性过剩（图1~图5）。

（元/吨）

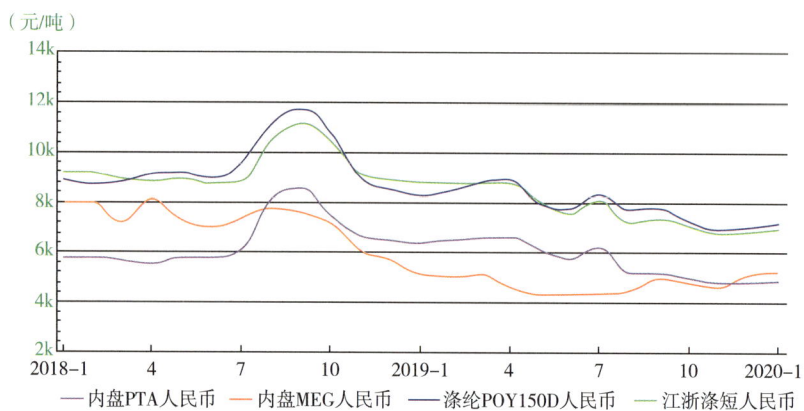

图1　2018~2019年涤纶及其原料价格走势图
资料来源：中纤网

（元/吨）

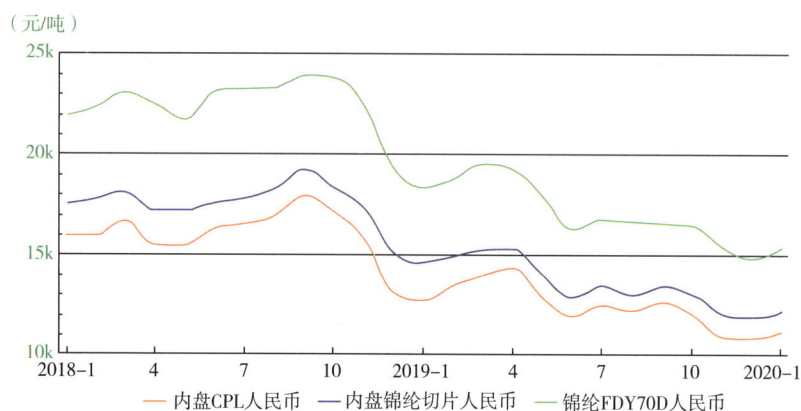

图2　2018~2019年月锦纶及其原料价格走势图
资料来源：中纤网

（元/吨）

图3　2018~2019年腈纶及其原料价格走势图
资料来源：中纤网

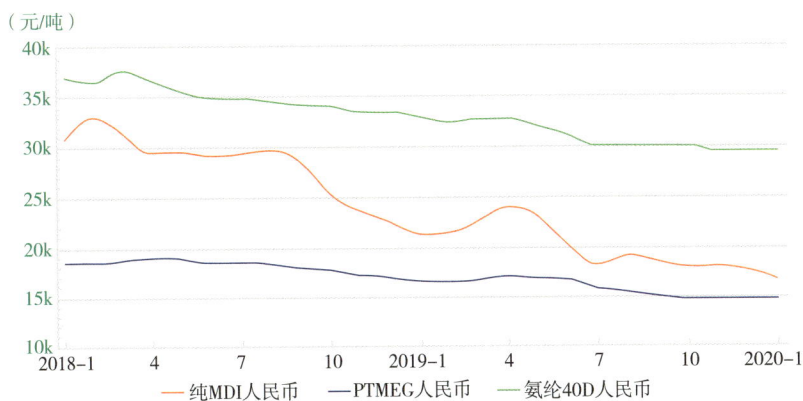

（元/吨）

图4　2018~2019年氨纶及其原料价格走势图

资料来源：中纤网

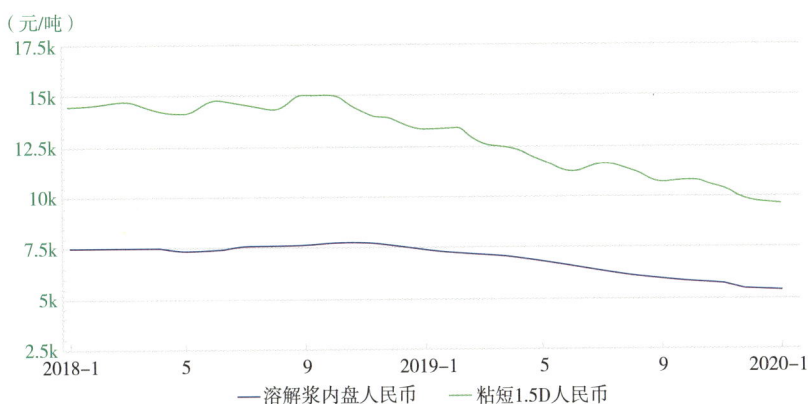

（元/吨）

图5　2018~2019年粘胶短纤及其原料价格走势图

资料来源：中纤网

（四）质效

2019年，中国化纤行业实现主营业务收入8571.21亿元，同比增长4.00%；实现利润总额311.01亿元，同比减少19.77%。行业亏损面22.11%，比2018年扩大了3.88个百分点，亏损企业亏损额同比也大幅增加73.23%。

2019年，化纤行业景气度下滑，市场价格持续降低，产品与原料价差也逐渐缩小，导致行业盈利大幅收缩。分行业来看，涤纶行业实现利润总额173亿元，同比减少20.06%。锦纶行业实现利润总额33亿元，同比减少16.14%；人造纤维行业利润总额同比减少38.29%，这其中还包括高利润的醋酸纤维行业，粘胶纤维行业实际全面亏损，只有少数产业链配套企业勉强保持盈亏平衡。库存跌价损失也是造成盈利下降的重要原因（表4）。

2019年化纤行业运行压力加大，部分运行质量指标较2018年有所下滑。盈利能力明显下降，营业收入利润率为3.63%，同比降低1.07个百分点；偿债能力也随之下降，已获利息倍数同比降低0.55；发展能力也受到影响，营业收入增长率同比下降8.42个百分点。行业困难之时，反而倒逼企业提升了营运能力以保障现金流，降低风险，应收账款周转率和产成品周转率同比都有所加快，同时，三费比例同比下降0.18个百分点。

表4　2019年化纤行业经济效益情况

产品名称	利润总额			亏损企业亏损额		
	1~12月（万元）	去年同期（万元）	同比（%）	1~12月（万元）	去年同期（万元）	同比（%）
化学纤维	3110052	3876447	−19.77	636967	367690	73.23
其中：再生纤维素纤维	639245	1035959	−38.29	284806	84690	236.29
锦纶	325101	387671	−16.14	49807	45964	8.36
涤纶	1728371	2161957	−20.06	161008	100902	59.57
腈纶	−11278	−3088	—	15183	8418	80.36
维纶	56154	1477	3701.90	8574	10179	−15.7
丙纶	54041	39519	36.75	3317	4949	−32.98
氨纶	135260	86661	56.08	41395	68897	−39.92
其他合成纤维	116258	94293	23.29	31738	24967	27.12

资料来源：国家统计局

二、影响化纤行业运行的主要因素

（一）国际油价

2019年，在地缘政治紧张、主要产油国延长减产协议和供需变化等因素叠加影响下，国际原油市场保持振荡运行，整体价格重心低于2018年。一季度低位反弹，贸易战加征关税推迟、OPEC减产等因素助力原油大涨，4月出现增长高峰，随后下跌，6月由于对中东局势的担忧导致油价有所走强，之后窄幅振荡，9月沙特阿拉伯油田爆炸导致油价飙升，但也只是昙花一现，很快跌破爆炸前价位，直到10月，在中东地区地缘政治紧张、OPEC等产油国深化减产、中美经贸高级别磋商取得实质性进展的情况下，国际原油价格开始逐步回升。2020年1月，中国爆发新冠肺炎疫情，出于对中国经济增长和原油需求的担忧，油价快速回落。2月中旬，中国疫情得到有效控制，油价出现小幅反弹。但随着疫情在全球蔓延，加重了对全球经济增长的担忧情绪，油价出现更大幅度的下跌。3月6日，OPEC会议并未就减产达成新的协议，随后OPEC主力国沙特阿拉伯主动打响原油价格战，导致油价暴跌，跌幅历史罕见，击穿了2008年的低点。

2020年，国际油价仍将受到多重因素交织影响。供应端方面，美国已成为全球最大石油生产国，预计2020年仍将继续增产；OPEC+能否达成新的减产协议，为2020年全球原油供给埋下了不确定因素；此外，地缘政治风险对国际油价的影响不容忽视。需求端方面，美国大选、英国脱欧、贸易摩擦及疫情的发展等仍令2020年世界经济增长前景面临不确定性。综合判断，2020年国际油价可能会在低位区间保持振荡（图6）。

图6　2018~2020年3月WTI油价走势图

资料来源：中纤网

　　随着近几年我国化纤产业链的进一步完善，油价波动经过多个环节传导至化纤行业时已有所弱化，但对于行业内多数"油头"产品仍会产生较大影响，至少会在心态上产生影响。以3月9日原油的暴跌为例，加重了化纤市场的看跌心态，导致PTA、EG期货跌停，化纤主要产品现货报价均明显下调，下游纺企观望气氛更浓，价格下跌还会造成化纤企业原料及产品库存损失。长期来看，原油价格低位运行将降低化纤行业原料成本，有利于保持利润空间，低价格也有利于刺激需求增长。同时，化纤行业当前格局已不同于2008年金融危机之时，行业集中度在近几年得到大幅提升，有一定的抗跌性，化纤产品未必保持和油价同步的跌幅。另外，短期内风险叠加爆发，将会加速行业优胜劣汰整合，进一步推动供给侧结构性改革。化纤行业企业应充分把握危中之机，波动虽有风险，但只要屹立不倒，波动一定会产生价值。

（二）中美贸易摩擦

　　2019年中美贸易摩擦不断升级，美国自5月10日起将从中国进口的2000亿美元清单商品加征的关税税率由10%提高到25%，9月1日起又对剩余3000亿美元商品中的清单A加征15%关税，至此，我国纺织品服装绝大部分产品都遭遇了被加征关税的命运。纺织化纤行业在如此严峻形势下实现了相对平稳发展，这样的成绩着实来之不易。

　　根据初步评估，中美贸易摩擦对化纤行业的影响主要体现在：一是进口方面对部分对美依赖度较高的原料产品影响较大。例如尼龙66的原料己二腈和再生纤维素纤维用溶解浆，短时间内无法对美国产品完全替代，以上行业原料成本增加。二是对进口美棉加征25%的关税后将大幅增加纺企的用棉成本，纺企除了寻找其他进口源代替美棉外，也可能会调整产品结构，加大非棉纤维的用量，利好涤纶短纤和粘胶短纤。三是出口方面被美加征关税后，一些传统对美出口品种如涤纶短纤、尼龙工业丝帘子布出口竞争力会受到一些影响，可能部分被其他国家地区产品替代。四是最为关键的一点，纺织行业出口受阻直接影响对化纤产品的需求和市场信心。

　　从更深层次来看，中美贸易摩擦使得我国纺织工业持续发展能力受损。表现在一是中间产品出口受阻，国际采购转移订单，将造成我国纺织产业逐步被排除在全球供应链体系之外的风险，无法公平、有效参与全球产业分工与国际市场竞争。二是我国纺织企业以规避贸易摩擦风险为目标的境外投资将有所增加，对国内生产、投资及就业产生负面影响。三是增加国际采购商（包括非美国采购商）及中国企业担忧情绪，影响订单及生产经营稳定性，已有国际采购商要求我国纺织企业在2~3年内将订单加工全部转移至国外。

2020年1月15日，中美签署了第一阶段经贸协议，这有益于改善我国外贸环境与市场预期，减轻出口企业压力。但也要保持清醒的认识，随着美国大选、全球疫情蔓延等更多不确定因素凸显，后续政策走向的不确定性也在增加，不排除出现反复的可能性，还需要随时关注后期进展。

（三）固定资产投资

由于2019年行业景气度下滑，企业投资也偏向谨慎，在前两年固定资产投资较快增长的基础上快速降温，投资规模有所缩减，部分项目产能投放进度推迟。根据国家统计局数据，2019年化纤行业固定资产投资额同比减少14.1%。据协会调研了解到，企业的投资主要聚焦在技术改造和规模扩张，技术改造有差异化生产的需要，但多数仍以提高生产效率为主，尤其是涤纶、锦纶、粘胶纤维和氨纶等行业较为突出。但值得一提的是，行业新增产能向优势企业集中趋势明显，特别是聚酯涤纶行业的骨干企业内生增长和兼并重组的步伐加快，行业集中度进一步提升。

（四）炼化一体化发展

2019年，民营炼化一体化发展取得重要进展，恒力石化大连长兴岛项目、恒逸文莱炼化一期项目和浙江石化一期项目陆续投产。随着这些项目的逐步投产运营，化纤行业实现了从"原油炼化到化纤纺织"的全产业链发展模式。从综合竞争力来看，化纤民营炼化项目从产出品的结构上是"大炼化、小油头"，尽可能不出成品油，"能芳则芳、能烯则烯"，丰富了品种结构，提高了产品利润，避免与传统大炼化的同质化竞争。此外，以上项目具备后发优势，产业链自下而上，企业自身具有PX到聚酯的整个芳烃产业链一体化的综合成本优势。从对聚酯产业链的影响来看，以往集中在PX环节的利润将向下游PTA、聚酯环节转移，从而促进PX—PTA—聚酯产业链利润分配趋于均衡，进一步提高行业综合竞争力。在化纤企业成本结构中，原材料成本占比较高，易受到产业链源头原油价格波动的影响，但随着炼化一体发展，原材料波动对行业的冲击会逐步减小，虽然短期来看，会由于供应量的增加而导致原料价格下行，但长远来看，有利于进一步稳定化纤原料供应，有利于提升产业链整体竞争优势。民营炼化一体化发展将改变我国甚至是改变世界聚酯产业链格局。2020年将是PTA投产高峰期，预计将有1000万吨新增产能，PX—PTA—聚酯三个环节新增产能错配，利润也将重新分配，聚酯及纺丝环节有望保持一定的加工区间。

三、2020年化纤行业运行预测

（一）行业运行背景

2020年是全面建成小康社会和"十三五"规划的收官之年，新年伊始，我国经历了新冠肺炎疫情的爆发和国际油价的暴跌，以一个不寻常的开端预示着我国纺织化纤行业面临的形势将更趋复杂严峻，发展前景不确定性增强。

财经作家吴晓波认为，企业在经营发展过程中一般会经历三种危机。一是全球范围内周期性产业变革、金融变革造成的经济周期危机，二是技术变革导致的产业波动危机，三就是突发性疫情危机。2020年，企业所面临的可能是这些危机的"三位叠加"。

目前，新冠肺炎疫情在中国已得到有效控制，但却在全球范围内快速蔓延。全球贸易摩擦不断、疫情蔓延、油价暴跌或引发连锁反应，给全球经济带来更多不确定性。国际货币基金组织（IMF）3月5日表示，将因疫情影响下调2020年全球经济增长预期，预计2020年全球经济增长率将低于2019年的2.9%，但现在还难以预计低多少，影响有多持久。3月23日，IMF表示，目前新冠肺炎疫情造成的人员损失已经无法估量，全球更应携手共同应对，"2020年全球经济增长或将出现衰退，至少像金融危机一样糟或更糟，但我们期待2021年能够出现反弹。"

疫情暴发期间，我国采取了强力防控措施，取得了"战疫"的阶段性胜利。2020年中国经济增长无可避免受到影响，但中国经济长期向好的基本面没有改变，中国的产业经济仍然在进步，新冠肺炎疫情让我们承受了巨大的痛苦，但也为中国进一步的改革开放腾挪出了新的空间。疫情过后，政策层面将会加大逆周期调节来应对疫情对经济的负面冲击，中国经济应该会有明显回升。坚定信心，坚持深化改革，挖掘内需市场潜力，经济增长依然可期。

2020年，我国纺织行业国际贸易面临的压力更大，除了中美贸易摩擦影响持续存在以外，疫情防控升级对全球纺织供应链的影响将更为严重。随着海外疫情加速蔓延，目前多个国家已宣布进入紧急状态，出台了一系列封国、封城等措施，对全球进出口贸易产生巨大冲击。主要表现在，一是影响全球物流和供应链的正常运行，例如运输费用上涨、清关效率下降、交货期可能延长、原辅料供应不稳定等。二是终端消费全球范围内大幅萎缩，伴随着封城措施的实施，大量品牌零售店被关闭，多家国际服装品牌零售商开始大量取消订单。我国纺织行业刚刚从国内延迟复产复工的第一波压力中走出来，短时间内又迎来了海外订单取消的第二波压力，撤单的影响将波及整个纺织产业链，包括化纤行业。

据我国海关总署快报数据，2020年1~2月，我国出口纺织品服装297.8亿美元，同比下降20.1%，这主要是由春节放假以及延迟复工导致的，海外撤单的影响可能会体现在4月之后的数据中。目前，海外疫情仍呈加速蔓延的趋势，何时结束尚无法判断，2020年国际贸易形势将会非常困难。

（二）行业运行预测

2019年底曾做出判断："行业已处于历史低位，2020年不会更差"。但2020年开年在新冠肺炎疫情突袭之下，化纤企业的生产运行面临重重压力。在各级政府的政策支持下，化纤企业边防疫边复工，行业生产情况正在逐渐好转。

展望2020年，对于化纤行业来说将是个难熬的冬天，疫情危机叠加、原油暴跌，全球经济动荡风险提升，化纤行业运行发展压力加大，但同时积极因素仍然存在，行业抵御下行风险的韧性日渐增强，也不具备进一步长期持续下行的空间，针对疫情的影响，国家已开始出台各种扶持政策，帮助企业逐步缓解经营压力。

根据宏观经济运行趋势、行业生产、价格走势、结构调整变化以及新冠肺炎疫情等因素综合分析判断，化纤行业下半年有望从疫情影响中逐步恢复，全年来看将呈现前低后高、企稳回升态势。初步预计，全年化纤产量同比增长3%左右，利润总额比2019年将有所下降，理想状态下保持持平。进口与上一年度持平或略有下降，出口增长5%左右。

疫情过后还要发展，化纤行业应静心思考未来该怎么做，未雨绸缪。疫情将催生新的业态和受益行业，化纤行业要认真研判，从中发现机会，研究如何利用好新业态的工具，适时调整业务结构和流程，来更好地适应疫情过后的新业态和新经济。要洞察某些可能引起变革的力量，它们既会深刻地改变当下，又会拉动未来发展。

化纤行业平稳发展依然是大趋势，要着眼于行业长远发展，提升产业整体竞争力，把握产业优化升级、提升科技创新能力、加快绿色发展等新机遇，要着力化解风险，加强行业自律，避免不良竞争，集中精力把自己的事情做好，把国内市场做好，把外部压力变为加快深化改革开放、推动行业高质量发展的强大动力。

撰稿人：吴文静

2019/2020中国印染行业发展报告

中国印染行业协会

一、2019年印染行业经济运行情况

2019年是决胜全面建成小康社会的关键之年，也是纺织强国目标基本实现、印染行业转型升级取得积极进展的重要一年。在科技引领、时尚赋能和绿色发展的三重驱动下，行业加快转型升级和结构调整，推动经济高质量发展迈出新步伐。2019年全行业发展稳中有进，产量、利润、出口等主要经济指标实现正增长，但不确定、不稳定的因素仍较多，行业总体生产经营形势依然严峻，企稳基础有待进一步夯实，加快形成发展新动能更加迫切。

（一）生产增速小幅回升

2019年，规模以上印染企业印染布产量537.63亿米，同比增加2.80%，增速较2018年提高0.17个百分点。"十三五"以来，印染行业逐步由数量规模型向质量效益型转变，生产增速整体维持在合理区间（图1）。

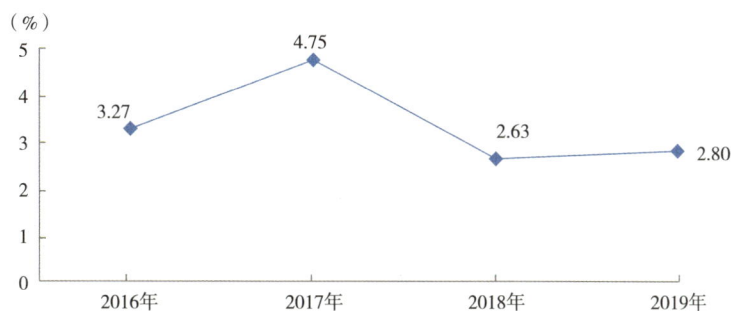

图1 "十三五"以来规模以上印染企业印染布产量增速情况
资料来源：国家统计局

（二）运行质效继续改善

1.运行质量稳中向好

2019年，印染行业规模以上企业主要运行效益指标见表1。规上企业三费比例6.72%，同

比增加0.16个百分点，其中棉印染精加工企业为6.44%，化纤织物染整精加工企业为8.92%；成本费用利润率6.06%，同比增加0.39个百分点；销售利润率5.59%，同比增加0.30个百分点，高于纺织行业1.04个百分点，为历史最高点（图2）。其中棉印染精加工企业为5.65%，同比增加0.35个百分点，化纤织物染整精加工企业5.14%，同比减少0.12个百分点；产成品周转率21.72次/年，同比降低0.80%；应收账款周转率8.17次/年，同比提高8.74%；总资产周转率1.10次/年，同比增加1.44%。

表1 2019年规模以上印染企业运行效益指标

项目	印染企业	其中1.棉印染精加工企业	其中2.化纤织物染整精加工企业
三费比例(%)	6.72	6.44	8.92
同比（百分点）	0.16	0.12	0.29
成本费用利润率（%）	6.06	6.12	5.54
同比（百分点）	0.39	0.45	−0.09
销售利润率（%）	5.59	5.65	5.14
同比（百分点）	0.30	0.35	−0.12
产成品周转率（次/年）	21.72	21.20	27.13
同比（%）	−0.80	−1.97	10.58
应收账款周转率（次/年）	8.17	8.14	8.38
同比（%）	8.74	9.57	1.30
总资产周转率（次/年）	1.10	1.13	0.91
同比（%）	1.44	2.23	−2.68

资料来源：国家统计局

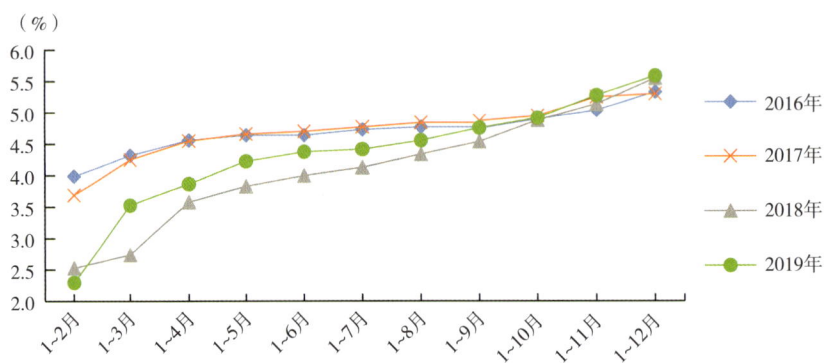

图2 "十三五"以来规模以上印染企业销售利润率情况
资料来源：国家统计局

2.盈利能力有所提高

根据国家统计局公布的数据，2019年，1633家规模以上印染企业实现主营业务收入2831.53亿元，同比增加0.83%，增速较2018年回落2.15个百分点；实现利润总额158.35亿元，同比增加6.49%，增速较2018年减少11.44个百分点；主营业务成本2424.81亿元，同比减少0.58%，占主营业务收入的比重达85.64%；出口交货值414.69亿元，同比增加0.31%。2019年，国家出台一系列减税降费政策，赋能企业发展和产业转型升级，印染行业主营业务收入和利润实现增长，但企业成本负担依然较重，如何提质降本增效成为企业生存和发展的关键问题。

2019年，规模以上印染企业亏损企业户数309家，亏损面18.92%，较2018年扩大1.25个百分点，近年来印染行业亏损面变化情况见图3。亏损企业亏损总额17.11亿元，同比增加9.76%，增速较2018年增加21.24个百分点。"十三五"以来行业亏损面呈逐年扩大态势。

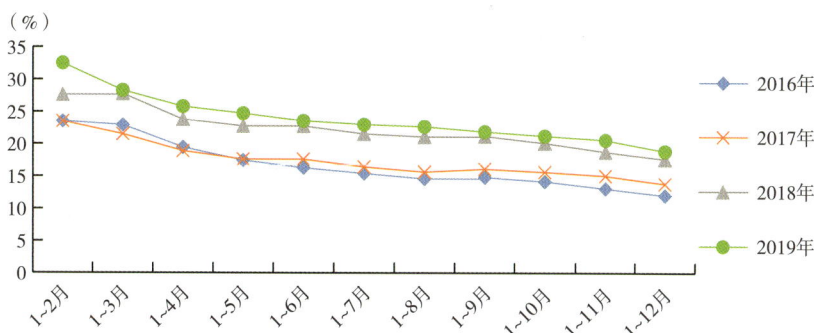

图3 "十三五"以来规模以上印染企业亏损面变化情况
资料来源：国家统计局

（三）进出口情况

2019年，印染八大类产品进出口总额291.44亿美元，同比增加7.34%，增速较2018年同期提高0.69个百分点；贸易顺差256.89亿美元，同比增加10.40%，增速较2018年同期提高1.87个百分点。

1.进口继续减少

2019年，印染八大类产品进口数量8.78亿米，同比减少12.62%，增速较2018年回落8.40个百分点；进口金额17.27亿美元，同比减少10.94%，增速较2018年回落7.69个百分点；进口平均单价1.97美元/米，同比增加1.92%，增速较2018年提高0.86个百分点。

2.出口保持增长

2019年，印染八大类产品出口数量268.23亿米，同比增加12.83%，增速较2018年提高10.13个百分点；出口金额274.17亿美元，同比增加8.75%，增速较2018年提高1.24个百分点；出口平均单价1.02美元/米，同比减少3.62%，增速较2018年回落8.57个百分点。由图4可知，2016～2019年，印染八大类产品出口数量逐年增加，出口平均单价有所波动，2019年呈现量价齐升的态势，出口情况整体良好。

（1）大类产品出口情况

2019年，印染八大类产品出口数量均有所增加，出口平均单价除棉混纺印花布上升和涤纶短纤织物持平以外，其余六大类产品的出口平均单价同比均有不同程度的下降，其中棉混纺染色布同比下降13.33%，T/C印染布同比下降9.23%，下降幅度相对较大。印染八大类产品中，纯棉染色布、合成长丝织物和人纤短纤织物出口数量和金额均呈现两位数增长，见表2。

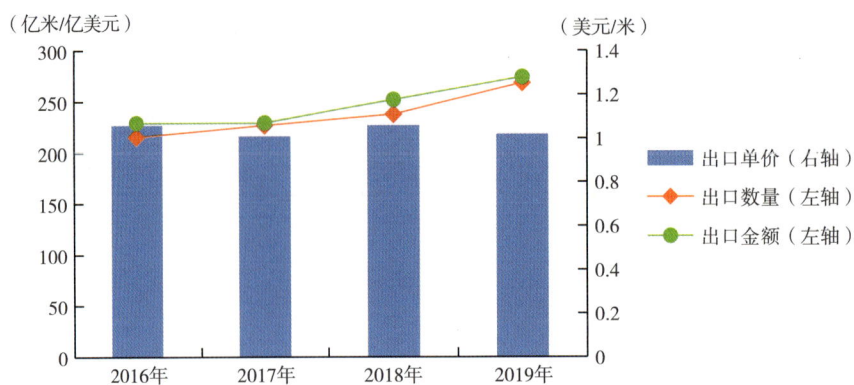

图4　"十三五"以来印染八大类产品出口情况

资料来源：中国海关

表2　2019年印染八大类产品出口情况

品种	数量（亿米）	金额（亿美元）	单价（美元/米）	数量同比（±%）	金额同比（±%）	单价同比（±%）
纯棉染色布	17.90	31.80	1.78	26.00	17.95	−6.32
纯棉印花布	18.18	22.08	1.21	0.81	−1.43	−2.42
棉混纺染色布	4.51	8.81	1.95	13.17	−1.87	−13.33
棉混纺印花布	0.60	1.28	2.14	2.89	5.82	2.88
合成长丝织物	170.10	151.24	0.89	14.44	11.58	−2.20
涤纶短纤织物	12.95	10.51	0.81	6.09	6.61	0
T/C印染布	14.96	17.71	1.18	0.25	−8.37	−9.23
人纤短纤织物	29.05	30.74	1.06	15.42	10.46	−4.5
合计	268.23	274.17	1.02	12.83	8.75	−3.62

资料来源：中国海关

（2）主要出口市场情况

2019年，印染八大类出口市场前十位依次为越南、尼日利亚、印度尼西亚、孟加拉国、巴基斯坦、巴西、贝宁、缅甸、阿联酋和菲律宾（表3）。前十位市场出口数量合计120.70亿米，占总出口数量的45.00%；出口金额130.76亿美元，占总出口金额的47.69%。其中越南仍是最大的出口市场，占出口总量的7.80%。2019年，对尼日利亚、巴基斯坦、阿联酋和菲律宾的出口大幅增加，增速均达40%以上。同2018年相比，前十位出口市场中，菲律宾和阿联酋分别取代了美国和印度，位列出口市场的第九和第十位。

表3　2019年印染布主要出口市场情况

国家和地区	数量（亿米）	金额（亿美元）	单价（美元/米）	数量同比（±%）	金额同比（±%）	单价同比（±%）
越南	20.92	32.04	1.53	4.95	−0.72	−5.40
尼日利亚	20.32	13.27	0.65	41.14	45.50	3.09
印度尼西亚	14.03	14.31	1.02	11.25	5.49	−5.18
孟加拉国	13.75	19.85	1.44	−2.53	−5.80	−3.36

国家和地区	数量（亿米）	金额（亿美元）	单价（美元/米）	数量同比（±%）	金额同比（±%）	单价同比（±%）
巴基斯坦	10.43	11.62	1.11	51.22	64.56	8.83
巴西	9.39	7.73	0.82	11.73	7.98	−3.36
贝宁	9.01	6.77	0.56	29.63	10.42	−14.82
缅甸	8.46	9.37	1.11	12.77	19.35	5.84
阿联酋	7.63	8.15	1.07	62.46	54.79	−4.72
菲律宾	6.76	7.65	1.13	56.96	88.96	20.39

资料来源：中国海关

（3）传统出口市场情况

2019年，受产业转移、国际市场需求放缓和中美贸易摩擦等影响，我国纺织品服装出口美国、欧盟和日本三大传统市场都呈现下降走势。印染八大类产品对传统市场出口情况见表4。2019年，多重因素导致市场缺乏回升动力，欧盟市场表现依旧低迷，虽然对欧盟市场出口数量和出口金额同比实现小幅增加，但出口下行压力持续存在。2019年受制造业持续低迷、投资和出口疲弱以及非金融企业债务风险不断上升，美国经济下行压力加大，加之中美贸易冲突的长期性、艰巨性和复杂性，印染八大类产品对美出口下滑明显，出口数量、金额和单价均呈现负增长态势。日本是我国纺织品服装出口主要市场之一，2019年印染布对日本出口继续回暖，出口数量和金额同比分别增加5.90%和0.56%，但出口平均单价减少5.04%，表明出口日本市场竞争激烈，提供深加工、高质量的产品同时提升产品附加值及品牌服务对开拓日本市场具有重要意义。

表4　2019年印染布传统出口市场情况

国家和地区	数量（亿米）	金额（亿美元）	单价（美元/米）	数量同比（±%）	金额同比（±%）	单价同比（±%）
欧盟	18.01	19.51	1.08	2.97	0.15	−2.74
美国	5.99	5.67	0.95	−11.09	−19.14	−9.06
中国香港	2.14	3.57	1.67	−28.68	−21.74	9.72
日本	1.72	1.36	0.79	5.90	0.56	−5.04

资料来源：中国海关

（4）新兴市场出口情况

2019年，印染布对东盟等新兴市场出口表现良好（表5）。当前中国与新兴市场和发展中国家贸易增长强劲，发展潜力大。随着中国与东盟自由贸易协定全面实施，有力地推动了中国东盟双边贸易迅速增长。2019年，印染八大类产品对东盟出口数量同比增加12.11%；出口金额同比增加8.65%。2019年，俄罗斯对外贸易市场逐步回暖，印染八大类产品对俄出口数量同比增加4.91%，出口金额同比增加7.43%。2018年，印度上调20%纺织服装进口关税，但2019年上调纺织品服装基本关税并未实施，印度对纺织服装产品进口关税仍具有较大不确定性。2019年，印染八大类产品对印度的出口数量和出口金额分别增长8.47%和15.55%。

表5　2019年印染布出口新兴市场情况

国家和地区	数量 （亿米）	金额 （亿美元）	单价 （美元/米）	数量同比 （±%）	金额同比 （±%）	单价同比 （±%）
东盟	61.25	76.61	1.25	12.11	8.65	−3.10
俄罗斯	4.53	4.66	1.03	4.91	7.43	2.40
印度	6.62	5.86	0.89	8.47	15.55	6.53

资料来源：中国海关

二、2019年印染行业主要影响因素

（一）世界经济增长动能减弱

2019年，世界主要经济体贸易出口明显减弱，一些国家出口更是持续下滑，导致全球货物贸易增长严重减缓，包括美国在内的主要发达国家对经济衰退的担忧不断加剧，整体经济增长放缓。美国经济维持扩张但增长放缓，制造业持续萎缩，企业固定投资和出口仍然疲软；全球贸易紧张局势和英国"脱欧"不确定性对欧元区冲击加剧，加上内部制造业遇冷和投资不足，欧元区经济放缓幅度超过预期；受外部需求不振、自然灾害以及消费税上调的三重打击，日本经济增长疲态显露，出口持续下降，消费面临挑战；受全球贸易摩擦加剧、经济增长放缓导致需求疲软的影响，再加上自身一些结构性问题制约，2019年新兴经济体和发展中国家经济增长动能减弱，贸易疲软，投资不振，经济增速普遍回落。

（二）中美贸易摩擦

近年来，单边主义、贸易保护主义阴霾始终笼罩着全球经济，成为影响全球经济可持续增长前景的威胁之一。2019年，受中美贸易摩擦影响，我国纺织行业出口持续承压，全年纺织品服装出口数量同比增加3.98%，出口金额同比减少1.5%，呈现"量升价跌"的态势。中美贸易摩擦的持续性和不确定性对市场信心造成较大影响，市场普遍对中美贸易局势的走向担忧，国际采购商对采购战略和供应链布局进行大幅调整，部分国际采购商和国内生产企业的订单转移至国外，削弱我国纺织品服装的出口竞争力。作为纺织产业链重要环节的印染行业，2019年中美贸易摩擦对行业出口和运行产生较大影响。尽管中美贸易摩擦给中国纺织印染行业带来了较大影响，但同时也加快了行业转型升级的速度，倒逼印染行业深度调整转型。

（三）国内经济下行压力加大

2019年，中美贸易战、英国脱欧、地缘政治等全球不确定因素增多，我国经济下行压力持续加大。2019年我国经济增速为6.1%，较2018年降低0.5个百分点，下行幅度为近五年之最；全社会投资表现持续低迷，消费出现比较明显的放缓，出口增速则出现显著下滑。相关宏观数据显示，2019年我国社会经济增长动能不足，市场信心有待恢复，社会各界盼望进一

步出台结构性改革、扩大内需市场及扩大开放等政策。宏观经济下行压力加大,印染行业面临更为复杂多变的市场环境。

（四）市场需求

2019年，世界主要经济体经济呈现同步减速趋势，全球制造业活动普遍疲软，同时由于全球贸易紧张局势不时升级及其带来的不确定性凸显，国际贸易体系受到扰乱，对我国纺织品进出口、外商直接投资和供应链造成破坏并直接拖累需求，致使市场需求动力不足。2019年以来，我国纺织品服装出口规模缩减，内销增速较2018年明显放缓。面对压力，印染行业深挖内需潜力，提升供给能力，积极调整市场结构，优化产品结构，拓展多元化国际市场，对新兴市场和"一带一路"国家出口表现良好。2019年，印染八大类产品对"一带一路"沿线国家出口数量132.85亿米，同比增加14.06%；出口金额157.99亿美元，同比增加11.07%。当前我国与"一带一路"沿线国家贸易合作潜力正在持续释放，成为拉动我国纺织品服装外贸发展的新动力。

（五）产业转移

近年来，随着我国人口老龄化加速，有效劳动力减少，人口红利逐渐消失，加之东南亚地区劳动力、原材料等生产要素及关税、贸易壁垒等方面的比较优势，我国积极布局纺织业海外转移路径，东南亚地区已成为我国纺织印染行业转移的主要地区，中美贸易摩擦导致的国际订单转移加速了这一进程。产业转移尽管会在一定程度上削弱我国纺织品服装出口竞争优势，但对优化全球资源配置，提升行业国际竞争力具有促进作用。产业转移促使我国印染行业由中低端向高端及上下游产业环节延伸，提升产品附加值，推动国内企业由加工型向品牌企业转型，提升我国在全球纺织产业链中的地位。

（六）环保形势

当前在我国环境问题日益严峻的形势下，印染行业作为全国污染减排的重点行业之一，其环保治理以国家环保政策为导向。2019年，随着《污染源源强核算技术指南 纺织印染工业》《国家先进污染防治技术目录（水污染防治领域）》《中国严格限制的有毒化学品名录》（2020年，全氟辛基磺酸等）《污水监测技术规范》《规划环境影响评价技术导则 总纲》、固定污染源排污许可分类管理名录（2019年版）等多项与生态环境建设相关的政策法规落地实施，印染行业环保监管力度进一步加大，企业的环保压力和投入持续增加。

三、2020年印染行业发展环境与趋势

展望2020年，印染行业面临国内外形势更加复杂严峻。新冠肺炎疫情给全球经济带来自2008年金融危机以来的最严峻挑战，2020年上半年世界经济增长将急剧放缓。经合组织下调了大多数经济体2020年的经济增长预期，对市场需求回暖的支撑力度减弱，国际市场需求将进一步低迷。疫情短期内对中国经济发展和经济增长带来冲击，增大了全年经济下行压力，

但是并不会改变中国经济长期向好的根本趋势。为应对疫情，我国政府加大了宏观政策调节力度，各级政府及时出台政策举措，在保障物资供应、恢复生产运营、扶持中小企业、保障就业民生等方面有力有效，将降低疫情对经济的负面影响。同时，各级政府出台的很多政策对纾缓民营企业疫情冲击起到积极作用。从国内外宏观经济环境看，印染行业发展面临的形势较为严峻，继续保持平稳运行的压力较大，转型发展任务依然艰巨。

(一)全球经济增速放缓，出口形势较严峻

受新冠肺炎疫情、全球贸易摩擦、英国脱欧和金融不稳定性等下行风险影响，经合组织将2020年的全球经济增速预期由2.9%下调至2.4%。如果疫情在亚太、欧美地区继续蔓延或长期持续，2020年的全球经济增长预期将进一步降至1.5%。在全球经济下行压力加大的背景下，主要发达经济体经济增速放缓，美国经济维持扩张难度越来越大，欧洲和日本经济仍可能继续走弱，传统市场对纺织品服装需求恐进一步放缓。与此同时，中美贸易局势的变化增加了经济的不确定性，虽然中美贸易谈判取得积极进展，第一阶段协议已经完成，中美同意随协议进展分阶段取消加征关税，涉及15个纺织服装产品税号，后续执行阶段及第二阶段协议的谈判进程依然存在较大不确定性，中美贸易摩擦具有长期性和日益严峻性，出口仍面临较大压力。随着"一带一路"建设稳步推进、东盟等新兴经济体释放经济增长潜力，加上区域全面经济伙伴关系协定RCEP协议即将达成等影响出口积极因素的不断显现，将给行业出口增长带来新动能。2020年，印染行业出口仍面临较大压力，预计对传统市场出口呈下降态势，对东盟等新兴市场出口有望保持增长。

(二)多策并举，为行业经济平稳运行提供有力保障

新冠肺炎疫情给中国2020年的经济带来了下行风险，疫情的全球蔓延又进一步加大了中国经济企稳的难度，但疫情对我国宏观经济的影响是暂时的，我国经济长期向好、高质量发展的基础没有改变。2020年一季度，印染企业由于受到疫情的影响，推迟复工导致部分企业无法按时完成原有的订单，加上物流运输不能正常运行，订单减少、库存积压、贷款到期、资金周转等困难叠加，企业生产运营受到一定影响。随着全国疫情得到较好的控制以及有关部门制定并出台对冲疫情影响的政策措施，工业企业陆续复工复产，产能利用率逐渐上升，企业运营将出现回暖趋势。此外，2020年，中央将深化金融供给侧结构性改革并进一步优化减税降费政策，实现巩固和拓展减税降费成效，民营和中小微企业融资难、融资贵问题将得到更好缓解，企业生产成本有望进一步降低，为印染行业经济平稳运行提供重要保障。总体来看，2020年规模以上印染企业运行将呈现先降、后增、再稳的增长趋势。

(三)市场竞争压力或加剧

从全球情况来看，新冠肺炎疫情仍在多地蔓延，处于"上升期"。受疫情影响，国际订单出现断崖式下降，不少外贸企业出口受阻或订单量减少，萌生外贸转内贸想法，势必会加剧内贸市场竞争。2019年我国纺织品服装内销市场增长速度较2018年已有所放缓。叠加疫情因素和部分企业出口转内销的压力，2020年上半年，国内纺织服装市场压力或将进一步增

加，对上游印染行业内销市场竞争带来明显影响。随着国内疫情的逐渐缓解，春节以来被疫情压制的纺织品生产需求可能在未来某一时段集中出现，并刺激纺织品服装消费出现阶段性恢复。同时，2020年全面建成小康社会进入决胜阶段，经济营商环境将持续改善，消费增长的体制机制将进一步完善，制约消费增长的因素有所缓解，全年内需消费增长将会继续向好，为进一步激活纺织印染业市场主体的内生动力和释放内销需求潜力发挥支撑性作用。

（四）高质量发展进程加快推进

新冠肺炎疫情对行业发展产生影响，同时也将促使企业加快改革创新，加快技术进步，培育竞争新优势。中央经济工作会议指出，2020年将坚持稳中求进工作总基调，在深化供给侧结构性改革上持续用力，确保经济实现量的合理增长和质的稳步提升。这意味着未来不会简单地追求经济增速，而是兼顾质与量的平衡，甚至更加重视经济发展的质量。在此经济环境下，印染行业也将进一步加速由数量规模型向质量效益型转变，加快推进高质量发展进程。

撰稿人：林琳

2019年中国缝制机械行业经济运行及2020年发展展望

中国缝制机械行业协会

2019年，我国缝制机械行业发展面临的内外部风险挑战明显增多，行业全面贯彻国家高质量发展战略，加大技术创新，推进结构调整，加快智能转型，培育增长动能，展现出较强的发展韧劲和坚定的发展信心。但在经济下行压力增大、内外市场需求放缓、中美贸易争端持续升级等多重压力下，行业主要经济运行指标均明显下滑，由恢复性增长步入阶段性调整，工业缝制设备总体产销规模回落到2017年水平。

一、2019年行业经济发展概况

（一）经济效益明显下滑，成本费用有效控制

据国家统计局数据显示（图1），2019年缝制机械行业238家规上企业累计主营业务收入为276.4亿元，同比下降11.80%；累计利润总额为15.46亿元，同比下降29.35%。

协会统计跟踪的百家整机企业数据显示，2019年百家整机企业主营业务收入为197.3亿元，同比下降9.35%；利润10.62亿元，同比下降33.23％。

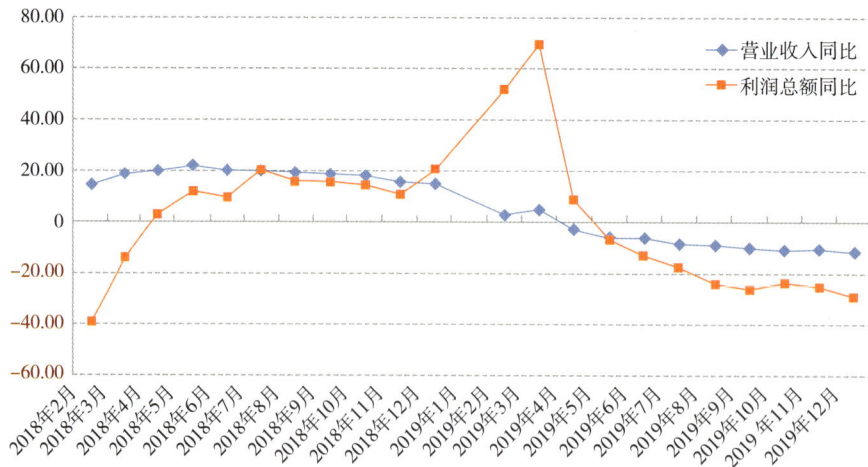

图1 2018~2019年规上企业月度营收、利润走势图
数据来源：国家统计局

2019年，随着国家各项减税降费及支持制造业发展的政策落地，企业积极挖潜降本，成本费用得到有效控制。据国家统计局数据显示（表1），2019年行业规上企业累计成本费用255.89亿元，同比下降10.95%；三费比重为12.09%，较上年下降0.21个百分点；百元营业收入成本80.49元，较上年减少0.57元，远低于我国规模以上工业企业84.08元的均值。

表1 2019年我国规模以上缝制机械生产企业效益成本费用情况

指标名称	全国总计	同比（%）
成本费用（千元）	25589295	−10.95
营业成本（千元）	22247727	−12.43
销售费用（千元）	1198520	−4.94
管理费用（千元）	2005505	1.01
财务费用（千元）	137543	60.48

数据来源：国家统计局

（二）生产总体下行，智能类产品增长

2019年以来，行业生产逐步放缓，并在二季度步入负增长，全年各主要品种生产均呈较快下行态势。全年行业规上企业累计工业增加值增速为−7.5%，低于全国规上工业增加值增速13.2个百分点。

据初步测算，2019年行业累计生产各类家用及工业用缝制设备（不含缝前缝后）约997万台，同比下降13.3%。另据协会跟踪统计的百家整机企业数据显示，2019年百家骨干整机企业累计生产缝制机械614.68万台，同比下降17.68%。

1.工业缝纫机

据初步测算，2019年全行业工业缝纫机总产量约697万台，同比下降17.02%，产量回落到2017年水平。

2019年，协会跟踪统计的百家骨干整机企业累计生产工业缝纫机417.08万台（图2、图3），同比下降22.20%，约占全行业估算总产量的60%。其中，市场主导性产品平缝、包缝、绷缝产量同比下降约23%，特种工业机产量同比下降8.10%，自动模板机产量同比下降38.81%，电

图2 2010~2019年我国工业缝纫机年产量变化情况（估算）
数据来源：中国缝制机械协会

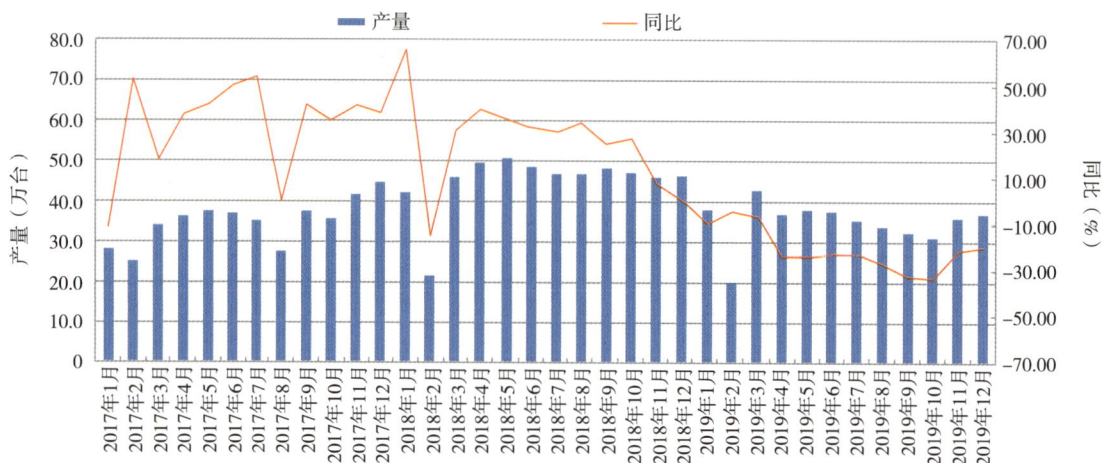

图3　2017~2019年协会统计百余家整机企业工业缝纫机月度产量情况

数据来源：中国缝制机械协会

子花样机产量同比增长5.57%，自动缝制单元产量同比增长52.98%，电脑刺绣机产量同比下降16.34%。

2.缝前缝后设备

据协会统计的11家缝前缝后设备整机企业显示，2019年累计生产各类缝前缝后设备（含裁剪刀、裁床、拉布机、整烫设备等）共47.80万台，同比增长3.66%。

据调研了解，受用工及成本上涨、下游推进智能工厂建设等因素驱动，高效率的自动拉布、裁床以及吊挂系统等近年来市场需求呈现逐步增长态势，行业从事自动裁床研发生产的企业已达十余家，市场竞争日趋激烈，产品售价不断下滑。2019年整体市场需求走弱，下游投资有所放缓，裁床、吊挂等主要缝前缝后设备销量呈小幅微增，但销售收入同比明显下降。

（三）市场趋于饱和，内销持续低迷

2019年，受国内经济下行压力加大、中美贸易争端升级以及市场阶段性饱和等影响，服装等下游需求明显萎缩，缝制设备内销快速放缓至负增长。据协会统计测算，2019年工业缝纫机内销308万台，同比下降约30%（图4），销量略低于2017年水平。同时，2019年国内市场还从国外引进各类工业缝制设备6.56万台，同比下降2.11%。

2019年，国内市场形势总体呈"L"型走势。一季度行业内销继续延续上年增长势头，在传统小旺季市场的带动下，内销依然保持正增长，但是增速在2月、3月有所放缓。二、三季度，在中美贸易冲突持续升级、贸易政策不确定性加大等影响下，下游行业订单减少，观望态势加深，发展信心不足，导致对缝制设备需求大幅锐减。从协会对广东、浙江、江苏、安徽、山东、河南、河北等区域市场调研反馈情况来看，二季度特别是进入5月后，国内市场呈现从东南向西北递次减少和断崖式下跌态势，下滑最严重的广东地区内销同比下降50%以上，浙江杭州等重点区域市场下降约50%，中西部下降30%左右，新疆、山西、陕西受产业扶贫政策和监狱需求增加等带动，下滑约15%。进入四季度，中美贸易冲突趋向缓和，市场信心有所恢复，内外经济企稳回升态势加大，下游服装行业进入春装的生产备货高峰，整机企业加大营销力度，经销商补库动力有所增强，市场对缝制设备的需求又呈弱回升态势。

图4　2010~2019年工业缝纫机内销及同比情况

数据来源：中国缝制机械协会

（四）产销率低位徘徊，库存小幅收缩

据协会跟踪统计的百家整机企业月度产销数据显示（图5），2019年一季度行业工业缝纫机普遍供给趋紧，产销率均超过100%。自二季度起，受市场需求萎缩影响，企业生产放缓较快，市场供给大于需求的态势持续显现。由于对2020年行业形势相对谨慎，三、四季度企业主动减产收缩库存，产品库存压力有所减轻。

图5　2019年行业百家企业工业缝纫机月度产销情况

数据来源：中国缝制机械协会

据协会统计显示（表2），2019年底行业百余家整机企业产品库存量约90.69万台，同比

表2　2019年行业百家主要整机生产企业产销存情况

产品分类	产量（台）	产量同比（%）	销量（台）	销量同比（%）	产销率（%）	库存（台）	库存同比（%）
家用缝纫机	1497923	−9.04	1,489,526	−8.01	99.4	100,035	24.08
工业缝纫机	4170830	−22.20	4,225,181	−15.19	101.3	789,472	−6.39
缝前缝后设备	478020	3.66	483,208	3.94	101.1	17,383	−36.04
总计	6146773	−17.68	6,197,915	−12.27	100.8	906,890	−4.65

数据来源：中国缝制机械协会

下降4.65%。其中，家用机库存为10万台，同比增长24.08%；工业机库存为78.95万台，同比下降6.39%；缝前缝后设备库存为1.74万台，同比下降36.04%。

（五）进出口保持增长，增速有所放缓

据海关总署数据显示（图6），2019年中国缝制机械产品累计进出口贸易额达33.19亿美元，同比增长2.38%；贸易顺差16.52亿美元，较上年同期收窄0.90亿美元。

内需低迷，进口大幅放缓。据海关总署数据显示（表3），2019年我国累计进口缝制机械产品8.33亿美元，同比增长5.86%，增速较上年下降42.5个百分点。其中，工业缝纫机累计进口量4.65万台，进口额1.06亿美元，同比分别下降8.67%和27.81%；缝前缝后设备累计进口1.91万台，进口额6.33亿美元，同比分别增长18.65%和19.71%。

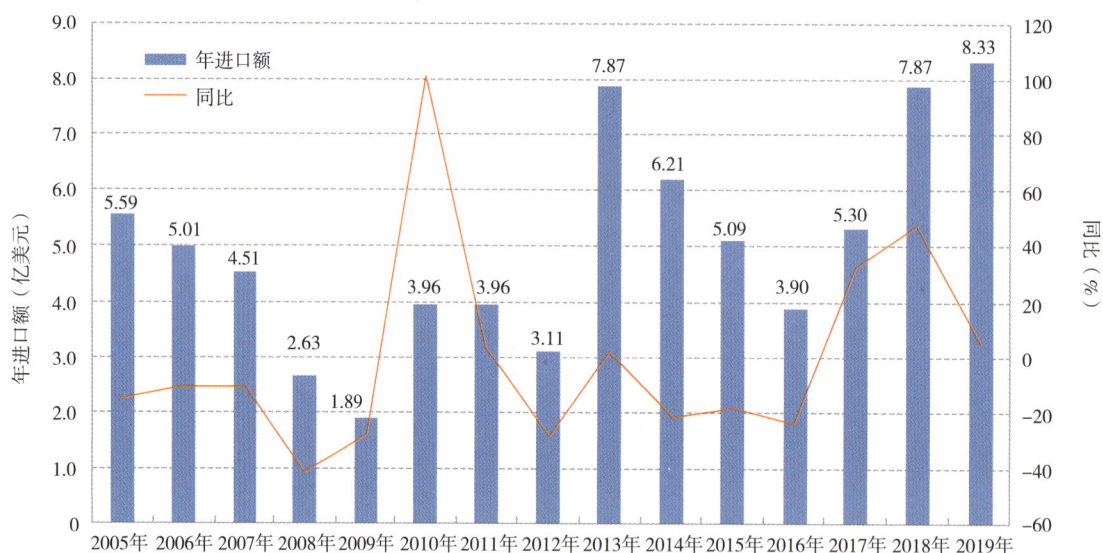

图6　我国缝制机械产品年进口额变化情况
数据来源：海关总署

表3　2019年我国缝制机械分产品进口情况

产品分类	进口量		进口额	
	数量（台）	同比（%）	金额（美元）	同比（%）
家用缝纫机	95774	4.97	8643725	6.16
工业缝纫机	46547	−8.67	106447685	−27.81
刺绣机	1168	5.61	8933970	−21.39
缝前缝后设备	19102	18.65	633311806	19.71
缝纫机零部件	1878207	−12.88	75878075	−16.69
总计	—	—	833215261	5.86

数据来源：海关总署

从进口国家来看（表4），2019年我国从日本进口缝制机械产品总额达3.84亿美元，同比增长8.01%，占行业进口比重的46.13%；从德国进口缝制机械产品总额2.80亿美元，同比增长

16.89%，占行业进口比重的33.56%。另外，随着部分日本等外资企业在越南不断布局和扩大缝制设备产能，2019年我国从越南的缝制设备进口额也呈两位数中速增长。

表4　2019年我国缝制机械产品进口地区情况

进口地区	进口额（美元）	同比（%）	比重（%）	比重增减
日本	384344818	8.01	46.13	3.42
德国	279657538	16.89	33.56	4.85
中国台湾	48577205	−19.49	5.83	−1.41
意大利	42682107	24.68	5.12	1.01
越南	32899379	28.38	3.95	0.87
捷克	9599512	−18.67	1.15	−0.26
美国	5819801	11.67	0.70	0.07
法国	5639618	−33.73	0.68	−0.34

数据来源：海关总署

二、2019年行业发展特点及问题

（一）内外经济放缓，行业步入周期与结构性调整

2019年，受国际经济持续低迷及国际贸易冲突影响，世界经济增速比上一年明显下降，全球贸易增速持续下滑。据有关权威机构发布的数据显示，2019年全球经济增长率比上年下降0.6个百分点，中国GDP增速比上年下降0.5个百分点。

近年来，在经济低速增长、需求疲软的国际大环境下，我国缝制机械已经由增量市场步入存量调整，行业在需求释放、市场饱和之间逐步呈现两至三年的短周期转换特征。自2016年下半年以来，行业已历经两年的恢复性中高速增长，2018年四季度产销放缓、库存高企、市场阶段性饱和等迹象显现。在内外需求疲软、行业周期规律的双向作用下，2019年行业产销增速由正转负，并呈现两位数下降，步入周期性和结构性调整。

（二）市场需求下行，企业经营压力增大

2019年，在内需萎缩、外需放缓的市场低迷形势下，企业产销下行、竞争加剧。企业一方面以降价、体验机、以旧换新等各种促销活动积极拉动销售，另一方面普遍加大创新投入和新品研发，导致各项成本费用大幅上涨和利润明显下降，生产经营压力增大。

据统计数据显示，2019年规上企业营业收入、利润等均呈两位数下滑，营业收入利润率同比下降19.90%，低于全国规模以上工业企业同指标数0.27个百分点；产成品（存货）增长3.04%；三费同比增长0.29%，其中受汇率波动等影响，导致财务费用同比增长60.48%；亏损单位数量增长78.26%，亏损额增长498.6%。据不完全调研显示，2019年，整、零企业开展技术改造和产业升级的投入规模和数量均明显下降，近30%的企业为零投入。

产品同质化程度仍比较高，拼价格、拼账期依然是市场重要竞争手段，量大的主导性产品平均单价有5%的下降，行业毛利率仅微增3.03%；制造及供给能力发展不平衡，80%的企业仍集中在平、包绷等单机产品生产，智能化、差异化的高附加值缝制单元品种不多，占工业机总量的比例仅为0.6%左右，部分关键零部件如控制系统、挑线杆、高精密运动件等产能不足，整零产品结构性过剩和紧缺现象并存；基础研究相对薄弱，高水平科研人才缺乏，跟随式创新、创新同质化和低效创新投入等依然严重，企业知识产权争端不断升级；质量与品牌建设仍显滞后，高质量的整机和零部件供给不足，出口产品结构和技术附加值有待大幅提升，主导性产品尚未全面进入国际中高端市场。

三、行业高质量发展持续深入推进

在国家高质量发展战略引领下，协会适时研究发布《关于推动行业高质量发展的指导性意见》，骨干企业纷纷聚焦高质量发展，贯彻"三品"战略，加快技术创新和新动能培育，行业高质量发展格局基本形成，高质量发展成效持续显现。

（一）创新发展深入

1.创新能力持续提升，创新交流面不断扩大

截至2019年底，行业共有国家级、省级及省级以下政府认定的企业技术中心近50余家，规上企业科研人员占员工总数的比例达14.49%，行业科研投入占销售收入的比例达4.74%，同比增长10.3%；行业在各专业领域举行4次技术交流研讨，与服装、家纺等下游行业举行5次技术交流和产业对接活动。从展会新产品展示和专利申请主体信息来看，中小企业主导的差异化创新、微创新活动明显增多，创新企业数量同比增长超过10%。

2.创新成果增多，市场拉动作用增强

2019年，行业公告发明专利1920项，虽然同比下降3.96%，但发明占全部专利的比重比上年末继续提升约3个百分点；CISMA2019共评选出智慧缝制主题示范产品62项，技术水平、新品数量均明显超过CISMA2017，行业企业共有近18个科技项目获得国家和省部级奖励；舒普、智谷、奥拓美盛、元一、名菱、翔科、杜马、凌志等一批创新型企业在新产品拉动下实现产销20%以上的逆势增长，新产品销售占企业销售比重超过30%。

（二）结构调整加快

1.合资合作持续推进，集中度不断提升

2019年，行业格局持续分化，企业合资合作持续推进，资源进一步向优势企业集中。如顺发、大森合资成立尼森公司研制裁床；杰克参股嘉兴新亚和公司，与上海欧洛特合资成立浙江衣科达公司；美机与重机、胜家开展生产及品牌运营合作；大豪与澳大利亚WILCOM成立合资公司等。据统计显示，2019年行业规上企业数量增长8家，产销规模超越6亿元的整机企业增加2家，行业前20强骨干整机企业销售收入占百家整机比重达78.5%，较上年继续提升近1个百分点。

2.产品结构持续调整，技术升级加快

普通产品占比下降，智能平缝机、智能包缝机、自动类特种机及缝制单元类高附加值技术设备企稳增长，占比提高约10%。如多轴步进控制智能平缝机产量比上年增长473%，自动缝制单元产品同比增长45%，电子花样机同比增长15.7%，高速、带刺绣装置的高附加值刺绣机同比增长约15%，自动裁床、拉布机及吊挂输送设备产量增长3%，在下游应用面持续扩大；工业机出口均价增长5.23%，缝前缝后设备出口均价增长26.58%。

（三）智能转型提速

1.智能化产品比重加大，服务软实力提升

据统计测算，电控类缝制设备产品占比已经达到92%，电脑平缝机占平缝机总产量的比重由上年的80%提升到85%；各类特种、专用的智能缝制单元设备品种增加约30%，智能化缝制设备销售额同比增长约25%；行业智慧工厂管理系统及云平台的研发企业增长到近14家，部分企业利用工业物联网建立"智慧缝制共享工场"，推动缝制设备企业由单一的设备提供商向制造服务和整体解决方案提供商转型。

2.智能制造不断推进

2019年，企业继续通过引进自动生产加工流水线、多功能加工中心、机械手等方式，加大投入提升智能制造水平。整机企业如宝宇投资数百万引进先进的自动涂装流水线，镨美科投入上千万引进涂装、抛丸除锈及五面体加工线；零部件企业如德鹰投资五千万引进上百台五轴自动加工中心，组建旋梭智能加工流水线，进一步提升加工自动化和生产效率。

（四）增长质量改善

1.推进技术改造，产品质量提升

行业重点零部件调研和质量提升工作持续推进，骨干整机企业的产品质量提升工作已形成常态化机制，杰克、舒普、汇宝、玛雅等骨干企业均投资上千万元进行生产线技术改造，德鹰、祥瑞、凯斯等近20余家骨干零部件企业投资数百万元继续引进先进智能加工装备等。从骨干整机企业2019年质量工作总结反馈信息来看，零部件合格率、整机出厂合格率等指标相比上年大幅提升15%。

2.成本有效管控，效率持续提升

企业发展更加注重提升经营质量与效率。据统计显示，2019年行业营业成本下降12.43%，成本费用下降10.95%，百元营业收入成本减少0.57元，销售费用下降5%，规上企业平均资产负债率同比下降2.27%。效率有所提升，规上企业总资产周转率同比提高1.07%，流动资产周转率同比提高1.52%，产成品周转率同比提高8.89%。

四、2020年行业形势展望

2020年行业经济将继续下行。一是新冠肺炎疫情影响下全球经济持续低迷的大环境不支撑行业回升，与缝制设备密切相关的服装、制鞋、箱包等消费品行业受增长疲软、消费低迷、经营压力加大等影响，预计对缝制设备的投资需求将继续放缓；二是从行业发展的周期性规律来看，今年行业经济仍处于周期性调整和缓慢探底过程中；三是国际市场支撑作用阶段性减弱。受疫情的全球性扩散影响，欧美等发达经济体股市及金融动荡，经济下行、消费低迷、物流阻断，依托发达经济体需求的国际服装等加工业订单将大幅萎缩，我国缝制设备外销将受到阶段性大幅下滑的挑战。

（一）全年形势

2020年全行业经济增长总体将继续呈下行态势，产销规模预计逐步回落至2016年水平甚至低于2016年水平。上半年，预计国内疫情影响不断减弱并将持续到4月底，受下游需求低迷、疫情全球扩散的冲击和影响，上半年行业发展面临的内外部形势较为严峻，预计行业营收、利润等指标大幅下降；下半年，预计疫情影响将逐步得到控制，国内外经济将逐步恢复甚至出现局部性反弹。乐观估计，在全球共同努力下，疫情在三季度初步结束，各国拯救经济措施逐步发力，东南亚、南亚等国际热点市场将逐步企稳并恢复增长势头，机器换人再次在下游行业掀起智能化设备销售热潮，预计四季度开始内外市场需求有望企稳并出现恢复性反弹，预计行业全年营收等指标降幅较上半年明显收缩。

（二）内销方面

新冠肺炎疫情对国内市场的影响主要集中在一季度，由于国内疫情得到及时有效控制，下游企业全面复工复产，经销商补库动力增强，预计二季度开始国内市场逐步恢复。但是由于大量外贸型中小下游企业受国外疫情影响，短期内大面积取消订单或减产停工，预计上半年国内缝制设备需求将总体保持低迷。下半年，随着国际疫情防控成效、国内外经济形势的日趋明朗，加之国内完善的产业链优势，预计外贸定单有所回流，下游行业有望信心增强、市场回暖，智能化、自动化工业缝制设备将逐步热销，行业全年内销预计将继续回落到2015~2016年的水平。

（三）出口方面

受新冠肺炎疫情影响，据国家海关统计显示，1~2月行业出口额同比下降21.26%，预计一季度行业出口同比下降15%。随着疫情在欧美等发达国家快速扩散甚至在亚非拉等发展中国家不断蔓延，下游订单纷纷出现交货延迟或取消现象，新增订单大幅萎缩，缝制设备出口预计将在二、三季度遭受需求较快回落甚至局部市场如欧洲、印度等完全停滞的严峻影响，出口将快速下行。下半年特别是四季度，随着疫情逐步结束和全球经济企稳，诸多国际性专业纺织及缝制设备展会陆续开幕，"一带一路"沿线国家等终点市场需求逐步回升，预计行业出口将迎来反弹。初步估算，全年行业出口降幅呈两位数下滑。

2020年是我国实现第一个百年目标和全面建成小康社会的收官之年，也是"十三五"规划收官及"十四五"谋划的关键一年。面对全球经济增速放缓、新冠肺炎疫情突发等影响与挑战，行业应正确认识当前经济形势，坚决贯彻落实党中央对经济工作的决策部署，坚定发展信心，坚持高质量发展，努力推动行业平稳可持续发展。

附　录

2019年度中国纺织工业联合会奖项

2019年度中国纺织工业联合会产品开发贡献奖获奖企业名单（家纺）

达利丝绸（浙江）有限公司

苏州太湖雪丝绸股份有限公司

江苏悦达家纺有限公司

山东魏桥嘉嘉家纺有限公司

2019年度纺织行业智能制造示范企业（家纺）

企业名称	示范名称
愉悦家纺有限公司	家用纺织品智能工厂
临沂东隆家纺有限公司	沙发套智能生产线

2019年度"纺织之光"中国纺织工业联合会科学技术奖获奖名单（家纺）

技术发明奖

奖项	项目名称	主要完成单位	主要完成人
一等奖	蚕丝生物活性分析技术体系的建立与应用	苏州大学、鑫缘茧丝绸集团股份有限公司、江苏宝缦家纺科技有限公司	王建南、陆维国、李明忠、卢神州、殷音

科技进步奖

奖项	项目名称	主要完成单位	主要完成人
二等奖	硅藻土改性纤维产业化关键技术及其在家纺领域的应用	上海水星家用纺织品股份有限公司	沈守兵、陈秀苗、宋春常、梅山标、汪和春、开吴珍

奖项	项目名称	主要完成单位	主要完成人
二等奖	植物染料工业化生产及其环保染色关键技术	常州大学、中国纺织建设规划院、常州美胜生物材料有限公司、上海之禾服饰有限公司、上海嘉麟杰纺织科技有限公司、宁波广源纺织品有限公司、愉悦家纺有限公司	陈群、纪俊玲、冯德虎、马志辉、汪媛、陈海群、黄险峰、陈筱漪、孟丹蕊、程彦
二等奖	GB/T 35266—2017 纺织品织物中复合超细纤维开纤率的测定	山东滨州亚光毛巾有限公司、中纺标检验认证股份有限公司、必维申美商品检测（上海）有限公司、苏州天华超净科技股份有限公司、东莞市中港净化用品科技有限公司	高铭、王红星、刘雁雁、韩玉茹、裴振华、王珣、庾伟洪

2019年度十大类纺织创新产品家纺获选产品名单

申报品类	产品名称	公司名称
时尚创意产品	"迷之西西里"真丝数码印花床品	宁波博洋家纺集团有限公司
	"倾听物语"色织双丝光大提花床品	江苏悦达家纺有限公司
	"蝴蝶缎"四件套床品	浙江凯喜雅国际服份有限公司
	牦牛绒毛毯	上海龙头家纺有限公司
	"塞纳风尚"欧式印花床品	深圳市富安娜家居用品股份有限公司
	"陌上花开"蕾丝绣花床品	无锡万斯集团有限公司
	"卡洛琳"3D多色家纺产品	青岛莫特斯家居用品有限公司
	"Matting"仿席编织装饰窗帘	海宁市千百荟织造有限公司
	"呦呦鹿鸣"数码印花床品	湖南梦洁家纺股份有限公司
	"霓娜"红豆绒四件套床品	红豆集团（无锡）纺织品有限公司
	"SADI"成品窗帘	吉林省（东樱）美家纺居室用品有限公司
非遗创意产品	"锦绣江山"床上用品	江苏堂皇集团有限公司
	"三峡风光"荣昌夏布折扇	重庆市荣昌区易合纺织有限公司
	"鲁风新绣"纯棉床品	威海市芸祥绣品有限公司
	"演墨"仿扎染床品	无锡万斯集团有限公司
	欧式卷草电脑抽纱刺绣桌布	山东圣润纺织有限公司
智能科技产品	御养智能升降床垫	江苏全球康功能纺织品有限公司
舒适功能产品	雪域吊吊绒净静白鹅绒被	宁波博洋家纺集团有限公司
	植物染色婴幼儿床品	宁波广源纺织有限公司
	天然抗菌汉麻超柔床品	华纺股份有限公司
	传奇7号零压厚床垫	梦百合家居科技股份有限公司
	抗菌防螨功能被	紫罗兰家纺科技股份有限公司
健康保健产品	舒爽型冰丝床品套件	上海珍奥生物科技有限公司

申报品类	产品名称	公司名称
生态环保产品	原液着色竹丽尔生态毛巾	孚日集团股份有限公司
	高低毛隐纬缎组织毛巾	孚日集团股份有限公司
	舒弹丝®随芯配旅行枕	安睡宝（上海）家用纺织品有限公司 & 福建省海兴凯晟科技有限公司
	"竹韵花沁心"环保印花床品	华纺股份有限公司
	一次织造成型石墨烯立体无缝羽绒被	山东魏桥嘉嘉家纺有限公司 & 魏桥纺织股份有限公司
	羽绒靠垫	上海东隆羽绒制品有限公司

"海宁家纺杯" 2019中国国际家用纺织品创意设计大赛获奖名单

一、家纺创意画稿组

金奖

序号	作品名称	参赛作者	所在单位
1	夏	蒋聪	山东工艺美术学院

银奖

序号	作品名称	参赛作者	所在单位
1	云溪戏鱼	王佳林	鲁迅美术学院
2	归鸟·越重山	魏娅林	湖北美术学院
3	雾格云窗	于婉宁	鲁迅美术学院

铜奖

序号	作品名称	参赛作者	所在单位
1	梦荷	刘春晓	江南大学
2	墨韵	苗梦迪	湖北美术学院
3	戏	邱俞皓	清华大学美术学院
4	瓷韵	张弼超	青岛大学
5	一揽芳华	张弼超	青岛大学

优秀奖

序号	作品名称	参赛作者	所在单位
1	威仪·磅礴	范才兴	广州美术学院
2	百乐园	高瑀阳	鲁迅美术学院
3	影	何茂平	济宁如意家纺有限公司

序号	作品名称	参赛作者	所在单位
4	盛世·太平	李苗	青岛大学
5	融	李娅	苏州大学
6	朝凤	李雨轩	天津美术学院
7	海色	马心悦	山东工艺美术学院
8	镜	尚凯锋	海宁许村胜宇纺织品设计工作室
9	荷	孙烨	湖北美术学院
10	桃源山居	王雅琪	青岛大学
11	境中有意	吴南雅	广州美术学院
12	山之城	吴南雅	广州美术学院
13	浪	闫璐瑶	苏州大学
14	竹与花	杨东豪	湖北美术学院
15	山水之间	杨青霞	浙江理工大学
16	蝶影流年	余亚玲	贵州民族大学
17	高山流水	张智超	青岛大学
18	山叠	章雨昕	湖北美术学院
19	佛山松	长沙莫尼品牌策划有限公司	长沙莫尼品牌策划有限公司
20	黑白格	朱桂均	苏州大学

二、整体软装设计组

金奖

序号	作品名称	参赛作者	所在单位
1	朝绯	黄明智	成都纺织高等专科学校

银奖

序号	作品名称	参赛作者	所在单位
1	梦回	韦依伶	云南民族大学
2	境·源	张璐	北京服装学院
3	梦回	韦依伶	云南民族大学

铜奖

序号	作品名称	参赛作者	所在单位
1	内心深处的情怀	孟锐	成都纺织高等专科学校
2	花窗	山东柏可文化创意有限公司	山东柏可文化创意有限公司

序号	作品名称	参赛作者	所在单位
3	疆土—丝绸记忆	王卿	浙江科技学院
4	千峰对	王晓诗	南京艺术学院
5	吊脚楼	张艳琴	凯里学院

优秀奖

序号	作品名称	参赛作者	所在单位
1	靛	陈慧琪	湖北美术学院
2	千丝万缕	陈云阳	南京艺术学院
3	春晨	成都纺织高等专科学校	成都纺织高等专科学校
4	黛蓝	黄明智	成都纺织高等专科学校
5	余音	李燕	成都纺织高等专科学校
6	红豆生南国	李镒雯	景德镇陶瓷学院
7	东方美	娄国荣	景德镇陶瓷学院
8	汽·息	卢紫芸	南京艺术学院
9	橘·居	倪书轶	南京艺术学院
10	青云	汪云璁	景德镇陶瓷学院
11	凝·蓝	王杰	成都纺织高等专科学校
12	红酥手	魏一	鲁迅美术学院
13	锦瑟	魏一	鲁迅美术学院
14	无间	杨博浪	华中科技大学
15	知秋	杨默冉	中原工学院
16	苗·记	杨晓英	凯里学院
17	闹秋容	叶嘉蕙	广东职业技术学院
18	舞忆	余月强	广州美术学院
19	烟云供养	张璐	北京服装学院
20	潇湘山景	张艺菡	中国美术学院

"张謇杯"2019中国国际家用纺织品产品设计大赛获奖名单

金奖

序号	作品名称	参赛作者	所在单位
1	意素	陈梁钰、刘连科	江苏南星家纺有限公司
2	秘语轻尘	于灿	江苏悦达家纺有限公司
3	As flowers bloom and fall, Nostalgia（胡同）	朴润淑（韩国）	HAWA ART QUILT

银奖

序号	作品名称	参赛作者	所在单位
1	千寻	林昊光	江苏金太阳家用纺织品有限公司
2	湖韵	乔鹏武	江苏大唐纺织科技有限公司
3	童趣乐萌	路璐、韩佳惠、张玉华	济宁如意家纺有限公司
4	爱的翅膀	汤怀东	南通大东有限公司
5	漫步云端	赵艳	孚日集团股份有限公司
6	Mother's garden（妈妈的庭院）	朴美铃 （韩国）	HAWA ART QUILT

铜奖

序号	作品名称	参赛作者	所在单位
1	卢森	余威	南通联发天翔印染有限公司
2	归一	陈虹	北方家用纺织品有限公司
3	烯·生活	姜磊、丁吉利	山东魏桥嘉嘉家纺有限公司
4	格雅	蔡琳莉	江苏卓泰微笑艺术家居营销股份有限公司
5	"静日和"系列	张作仁、薛瑞芬	孚日集团股份有限公司
6	移步换景		广州市源志诚家纺有限公司
7	随想	韩佳惠	济宁如意家纺有限公司
8	HS879—2（布艺编号）		浙江豪士纺织有限公司
9	Small Waterfall（小瀑布）	郑素暎（韩国）	HAWA ART QUILT

中国家纺品牌文化奖

序号	作品名称	设计师姓名	参赛单位
1	克林姆斯	余威	南通联发天翔印染有限公司
2	倾之未央	单欣	江苏悦达家纺有限公司
3	加冕	张镇凯	福建佳丽斯家纺有限公司
4	画韵山水	熊倚凝	南通和研悦色文化创意有限公司

中国家纺原创产品设计大奖

序号	作品名称	设计师姓名
1	四季吟	巩彦葛

中国家纺未来设计师之星

序号	作品名称	设计师姓名
1	日出，日落	曹海山、司银龙、袁梦凡、朱婷婷、陈果
2	万花棱	刘恋
3	青韵	耿男男

中国家纺原创设计网络人气奖

序号	作品名称	设计师姓名
1	火凤凰	谈桔红
2	亲亲大自然	谢海漪
3	寻色	马秋野
4	紫络澜	马与浓
5	玩乐丛林	刘温欣
6	重返当代	董思纯
7	四季吟	巩彦葛
8	二十四节气之潇湘听雨	廖婷婷
9	日出，日落	曹海山、司银龙、袁梦凡、朱婷婷、陈果
10	灵动世界	杨雯燕

第四届"震泽丝绸杯"中国丝绸家用纺织品创意设计大赛获奖名单

金奖

空缺

银奖

序号	海派风情	丁咪咪	中国美术学院
1	陶隅	陈丛汝	苏州大学
2	逝水年华	马心悦	山东工艺美术学院
3	燕归来	姚兰	武汉纺织大学

铜奖

序号	作品名称	参赛作者	所在单位
1	皈依	高敬瑶	苏州大学
2	丝鹿	李傲兰	青岛大学
3	丝忆城市	罗明军、周雨晨	浙江理工大学
4	生肖狂想	毛科菲	温州大学瓯江学院
5	塞上曲	徐学文	青岛大学

最佳创意设计题材奖

序号	作品名称	参赛作者	所在单位
1	迥	程思沂	浙江理工大学
2	丝·忆江南	董蕾 / 许文娟	扬州市职业大学
3	期待	于雯霞	青岛大学
4	文墨文心	张晗	江汉大学
5	迥	程思沂	浙江理工大学

最佳创意设计应用奖

序号	作品名称	参赛作者	所在单位
1	童年·蚕忆	徐琪	绍兴文理学院
2	忆·华年	张弼超	青岛大学
3	盛唐·丝夜	张倩书琴	温州大学瓯江学院
4	瑶	张庆龄	成都纺织高等专科学校
5	融	周煜晨	天津美术学院

最佳传统纹样表现奖

序号	作品名称	参赛作者	所在单位
1	文瑶	陈燕欣	武汉纺织大学
2	青风徐来	高瑀阳	鲁迅美术学院
3	京·影	林宇晴	湖南工程学院
4	蒙古情画	李楠 / 刘天骄	江苏工程职业技术学院
5	琵琶·雁曲	王亚楠	绍兴文理学院

优秀奖

序号	作品名称	参赛作者	所在单位
1	鸟语花香	蔡捷	武汉纺织大学
2	涂鸦物语	蔡捷	武汉纺织大学
3	瓷·间	陈丛汝	苏州大学
4	忆江南	段晓丹	武汉纺织大学
5	一帘丝梦	付好	武汉纺织大学
6	斑斓	何丹 / 秦臻	湖南女子学院
7	苍·苍	李兰芝	苏州大学
8	重·山	李雨婷	苏州大学
9	时空流忆	李雨婷	苏州大学
10	藕遇	刘芮彤	鲁迅美术学院
11	乐活	娄颖杰	—
12	忆象	罗明军、蔡欣成、郭颖琪	浙江理工大学
13	适变未来	罗明军、周雨晨	浙江理工大学、河南省新蔡县疾病预防控制中心
14	破茧成蝶	潘婉婷	苏州大学
15	忆·丝路	朴昭妍	鲁迅美术学院
16	吴侬软语	山鹰、冷小英	苏州集粹时尚创意设计有限公司
17	纨转	王姣惠	苏州大学
18	丝·鹿	王锐	青岛大学
19	朝尘暮瑜	王雅娉	鲁迅美术学院
20	舞狮·新语	吴茂林	青岛大学

序号	作品名称	参赛作者	所在单位
21	都市新忆	宿轩鼎	鲁迅美术学院
22	忆·桃花源	杨昌毅	宜兴中大纺织有限公司
23	水墨山海	于然云	山东工艺美术学院
24	逍遥游	张弼超	青岛大学
25	清婉	张弼超	青岛大学
26	丝有画	张晶	苏州太湖雪丝绸股份有限公司
27	爱莲说	张静	武汉纺织大学
28	北山白云里	张静	武汉纺织大学
29	破茧·成蝶	张湄彬	鲁迅美术学院
30	丝·苗	周燕	凯里学院

表1　2019年年末人口数及其构成

指标	年末数（万人）	比重（%）
全国总人口	140005	100.0
其中：城镇	84843	60.60
乡村	55162	39.40
其中：男性	71527	51.1
女性	68478	48.9
其中：0~15岁（含不满16周岁）[11]	24977	17.8
16~59岁（含不满60周岁）	89640	64.0
60周岁及以上	25388	18.1
其中：65周岁及以上	17603	12.6

表2　2019年居民消费价格比上年涨跌幅度（%）

指标	全国	城市	农村
居民消费价格	2.9	2.8	3.2
其中：食品烟酒	7.0	6.7	7.9
衣着	1.6	1.7	1.2
居住[14]	1.4	1.3	1.5
生活用品及服务	0.9	0.9	0.8
交通和通信	−1.7	−1.8	−1.4
教育文化和娱乐	2.2	2.3	1.9
医疗保健	2.4	2.5	2.1
其他用品和服务	3.4	3.5	3.1

表3 2019年房地产开发和销售主要指标及其增长速度

指标	单位	绝对数	比上年增长（%）
投资额	亿元	132194	9.9
其中：住宅	亿元	97071	13.9
房屋施工面积	万平方米	893821	8.7
其中：住宅	万平方米	627673	10.1
房屋新开工面积	万平方米	227154	8.5
其中：住宅	万平方米	167463	9.2
房屋竣工面积	万平方米	95942	2.6
其中：住宅	万平方米	68011	3.0
商品房销售面积	万平方米	171558	−0.1
其中：住宅	万平方米	150144	1.5
本年到位资金	亿元	178609	7.6
其中：国内贷款	亿元	25229	5.1
个人按揭贷款	亿元	27281	15.1

表4 2019年居民消费价格月度涨跌情况

项目	1月	2月	3月	4月	5月	6月	7月	8月	9月	10月	11月	12月
月度同比（%）	1.7	1.5	2.3	2.5	2.7	2.7	2.8	2.8	3.0	3.8	4.5	4.5
月度环比（%）	0.5	1.0	−0.4	0.1	0.0	−0.1	0.4	0.7	0.9	0.9	0.4	0.0

表5 2015~2019年国内生产总值及其增长速度

项目	2015年	2016年	2017年	2018年	2019年
数值（亿元）	688858	746395	832036	919281	990865
增幅（%）	7.0	6.8	6.9	6.7	6.1

表6 2015~2019年国全部工业增加值及其增长速度

项目	2015年	2016年	2017年	2018年	2019年
数值（亿元）	234969	245406	275119	301089	317109
增幅（%）	5.7	5.7	6.2	6.1	5.7

表7 2015~2019年全国居民人均可支配收入及其增长速度

项目	2015年	2016年	2017年	2018年	2019年
数值（元）	21966	23821	25974	28228	30733
增幅（%）	7.4	6.3	7.3	6.5	5.8

《中国家用纺织品行业年度发展报告》

——中国家纺行业白皮书

行业专著 梳理现状 前瞻发展 市场动态

产业热点 上游下游 数据详实 视角多维

中国家用纺织品行业协会 编著

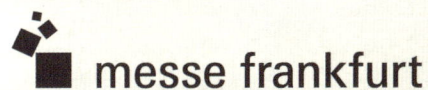

intertextile

SHANGHAI home textiles

中国国际家用纺织品及辅料(秋冬)博览会

China International Trade Fair for Home Textiles and Accessories - Autumn Edition

2021年8月

中国 国家会展中心（上海）
National Exhibition and
Convention Center (Shanghai),
China

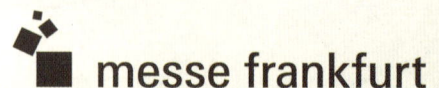

中家纺
CHTA

纺织贸促会
CCPIT TEX

messe frankfurt